百家廊文丛
BAIJIALANG WENCONG

宋代北方地区新建建制城市的考古学研究

王子奇 著

本书受中国人民大学科学研究基金项目暨中央高校基本科研业务费专项资金支持

中国社会科学出版社

图书在版编目（CIP）数据

宋代北方地区新建建制城市的考古学研究 / 王子奇著. --北京：中国社会科学出版社，2024.5（2025.7 重印）

（百家廊文丛）

ISBN 978-7-5227-3693-8

Ⅰ.①宋… Ⅱ.①王… Ⅲ.①古城遗址（考古）—研究—中国—宋代 Ⅳ.①K878.34

中国国家版本馆 CIP 数据核字（2024）第 107616 号

出 版 人	季为民
责任编辑	郭 鹏 马 明
责任校对	孟繁粟
责任印制	李寡寡

出　　版	中国社会科学出版社
社　　址	北京鼓楼西大街甲 158 号
邮　　编	100720
网　　址	http://www.csspw.cn
发 行 部	010-84083685
门 市 部	010-84029450
经　　销	新华书店及其他书店

印　　刷	北京明恒达印务有限公司
装　　订	廊坊市广阳区广增装订厂
版　　次	2024 年 5 月第 1 版
印　　次	2025 年 7 月第 2 次印刷

开　　本	710×1000　1/16
印　　张	19.5
插　　页	2
字　　数	275 千字
定　　价	99.00 元

凡购买中国社会科学出版社图书，如有质量问题请与本社营销中心联系调换
电话：010-84083683

版权所有　侵权必究

给我看你的城市，我就知道你的人民

王子奇的博士论文《宋代北方地区新建建制城市的考古学研究》在筛选宋代新建城市文献资料、开展田野调查的基础上，用古今重叠型城市的研究方法，选取了数座城市进行了重点复原，进而讨论了宋代地方城市新建的背景、类型、等级等相关问题，这是过去城市考古研究中比较薄弱的内容。

"万物有所生，而独知守其根。"城市作为社会关系的总和，保留了丰富的历史记忆，理应受到重视，所以，考古学一直将古代城市的研究作为主要的研究方向之一。但是，由于力量有限，过去这种研究主要集中于都城考古中。历史文化名城制度的实施，使得一批保存地面文物古迹比较多的城市得到比较有效的保护，还有更多的现代城市，其实都是建立在古代城市的基础之上，这些古今叠压型的城市，不可能开展大规模的考古工作。加强对于这类城市发展过程的研究，对于保护城市文脉有着至关重要的作用。

经历"五胡入华"的社会动荡，隋唐重新"安定四方"之后，各地新建了一批城市，其中有许多沿用至今。如汉代的长安城，一直沿用到北周，隋文帝杨坚建立隋朝之后，鉴于"此城从汉，凋残日久，屡为战场，旧经丧乱"，于是决定在汉长安城东南方向的龙首原另建一座新城，这就是隋大兴城，后来被唐长安城沿用，成为现在西安古城的基础。这种古今重叠型的城市在地方上也普遍存在，如我现在工作的大同，其老城直接延续的是唐开元年间建造的云州城。对于这种类型城市的研究，建筑史界的赵正之，考古界的宿白、徐苹芳、徐光冀等先生摸索出了一套行之有效的方法。

古今重叠型地方城址的研究遵循考古工作的一般规律，需要利用现在遗留的考古材料，由今及古地做出复原图。徐苹芳先生将这种工作形象地描述为地层学在城市复原工作中的运用。城市研究中需要利用的研究材料是多方面的，如考古发掘的地下材料，古代建筑和建筑遗迹、金石碑刻，甚至古树名木、地名等。每一座城市在文化和空间上都有独特的设计，体现了地理环境、人地关系和历史发展的综合信息，这些信息在城市历史的研究中都是需要加以关注的。

在古今重叠型地方城址的研究中，考古发掘工作依然需要受到重视，但对于地方城市的考古发掘工作有两个误区需要澄清：一个是，对于城市的研究而言，既需要重视田野的发掘工作，又需要认识到鉴于其"古今重叠"的特点，使得这种类型的城市研究，不能也不可能只靠发掘的材料。由于考古学自身发展限制，掌握古今重叠型城市研究方法的专业人员比较少，甚至对这种方法有所误解，以至于在评论古今重叠型城市考古的学位论文时，同学们时常需要面对评议者给出的"不够考古"的意见。这里所谓的"不够考古"，是指田野的发掘做得不够，但是，城市遗址面积大，至今中国考古学研究的城址，不论早晚，没有一座是经过了全面发掘才进行研究的。著名的二里头遗址总面积300万平方米，发掘工作持续了60多年，目前发掘面积5万余平方米，考古界却发表了大量的研究论著。所以"不够考古"，其实是对城市考古工作"不够了解"；另一个是，考古不是挖宝。地方城市在最近几十年的大规模基本建设过程中，有很多揭露面可供我们开展研究工作。

在王子奇调查山东聊城的时候，正值聊城改造，从他现场调查的照片里，可以看到挖土机开挖的地层和遗物。笔者曾经撰文强调地方城址的考古工作，关键还要依靠地方的考古工作人员，因为他们时时接触地方的建设。不能因为地方城市开展基本建设时所发现的遗迹遗物等级不高，就不重视甚至视而不见。

王子奇的本科就读于北京大学考古文博学院古代建筑方向，硕士和博士阶段均从事古代城市和建筑的研究，对于古今重叠型城市的研究方法有比较多的认识。他的博士论文想要从城市考古的角度对唐宋城市变革展开讨论。如前所述，古今重叠型的很多城址是沿用隋唐城市的，将宋代因为政治、经济、军事、水患等原因新建的城市独立研究，便于从一个新的视角对比唐宋之间在城市建设中的变化，进而探讨相关的问题。王子奇的博士论文重点讨论基于考古资料和文献记载而对新建城市的复原，这也是我们保护城市文脉中的基础工作，在这些基础工作之上，我们可以对宋代地方城市展开更多的讨论。如《宋会要辑稿·方域八》"棣州故城"中提供了很多棣州城新建的信息，在新建之前，"棣州河流高于郡城者丈余"，造成黄泛区城市地上"悬河"的景观，所以面临"凌冰下尚有冲注，如解冻之后，河流迅奔，必有决溢之患"的困境，棣州城进行了迁建，新建的棣州城位于"州之西北七十里阳信县界八方寺，即高阜居之"。迁建规划照顾到老城的格局，"旧城广袤九里，今总十二里，郡民所居悉如旧而给之，其外创营宇廨舍"。说明即使是迁建的城市，考虑到古代社会私有制下的资产安置，也要照顾到旧城的规划。学术界谈及北宋时期的城市建设，往往重视宋初为防止地方割据局面的再现而对江南、荆湖、京东西、川峡、淮浙等路州郡城郭实施的毁城政策，对于这项政策的认识，王子奇的论文中已有辨析。其实宋代的城市建设有严格的管控措施，"棣州新城毕，以图来上"，宋代的城图需要定期上报中央政府，现存的平江府城图碑、靖江府城图碑都是留存至今的实证。

只有加强对于地方城市的研究，才能切实为我们今天的城市文脉保护和传承打好基础，这也是王子奇博士论文专辟一节，讨论"对未来城市考古工作和历史文化名城保护的思考"的用意吧。

杭 侃

2024年4月

目 录

第一章 绪论 ··· 1
  第一节 宋代城市考古工作的基本情况 ················· 1
  第二节 研究对象 ······································ 31
  第三节 工作程序 ······································ 36
  第四节 调查和研究方法 ······························· 39
  第五节 案例的叙述体例和本书结构 ··················· 50
  第六节 本研究的目的与意义 ·························· 52

第二章 宋代北方地区新建建制城市个案研究 ········· 53
  第一节 实例的遴选 ··································· 53
  第二节 实例的调查 ··································· 57

第三章 有关问题的讨论 ······························· 178
  第一节 因水患迁址新建城址的背景及原因 ············ 178
  第二节 新建城址的布局和类型 ························ 193
  第三节 新建城址的规模和等级 ························ 200
  第四节 宋代北方地区新建城址反映的几个历史问题 ··· 209
  第五节 对未来城市考古工作和历史文化名城保护的思考 ····· 217

第四章 结语 ……………………………………………………… 220

附录一 新建城址大事年表长编 ………………………………… 222

附录二 河北省定兴县金代城址调查及其相关问题 …………… 253

参考文献 …………………………………………………………… 278

后 记 ……………………………………………………………… 298

第一章 绪论

城市是一个时期、一个地区的社会、政治、经济的集中反映。可以说,在中国文化遗产中没有哪一项,可以比城市更能涵盖中国文明的各个方面。

唐宋之际,中国古代城市制度发生了一次较大的变革。这个变革,是当时社会、政治、经济、文化发展的必然结果。使得城市居民的生活得到了飞跃的发展,反映着中国封建社会从中期向后期的转变。有的学者将其称为一次"城市革命"[①]。与隋唐时期相比,宋代社会商品经济发展,人身依附关系减弱,城市面貌发生了显著变化。但是认识和研究这一转变的基础工作——考古学的调查与研究工作,长期以来一直是中国考古学乃至整个学术界的一个薄弱环节。

造成这一薄弱环节的原因是多方面的,从考古学研究出发,有必要首先梳理宋代城市考古领域已开展的工作和研究情况。

第一节 宋代城市考古工作的基本情况

宋代城市的考古调查与发掘工作,发轫于民国时期的北平历史博物馆对钜鹿故城的发掘,但当时的发掘仅注意出土的文物而未能着眼

---

① Mark Elvin, "The Revolution in Market Structure and Urbanization", *The Pattern of the Chinese Past*, Part II, Stanford University Press, 1973, pp164-178.

于城市的布局①。宋代城市的考古工作，实际是在1949年以后随着基本建设而展开的。

两宋都城东京城和临安城的考古工作，都开始于20世纪80年代。北宋建都开封，称东京城，相沿于唐代汴州城，叠压于今天的开封城之下。由于历代黄河水患淤沙堆积，东京城深埋于地下，北宋文化层距地表深达8—11米，加之地下水位较高，使得北宋东京城的考古工作长期难以开展。1981年春，开封旧城区东北隅龙庭东湖（潘湖）在清淤过程中，发现了明代周王府的部分遗迹和叠压于其下的早期遗迹，由此拉开了宋代开封城考古工作的序幕。此后，对开封城进行了一系列考古工作。勘探、实测了北宋东京外城、内城，基本探清了外城、内城的方位、范围和轮廓，对城门和城墙局部做了发掘，了解了内外城城墙的年代和叠压关系；探明了皇宫的方位和四至，发现了皇宫内的一些建筑遗迹，对其性质做了初步探讨；对城内外的一些重要遗迹如州桥、金明池、蔡河等一些重要遗迹进行了勘探和发掘②。

通过这些考古发现，大体探明了北宋东京城的布局（图1-1）。北宋东京城目前勘探发现了三重城垣，重重相套。依据考古勘探的发

---

① 关于钜鹿故城考古发掘的情况与影响，参见张保卿《钜鹿故城的发现及相关研究》，《华夏考古》2016年第3期。

② 丘刚、孙新民：《北宋东京外城的初步勘探与试掘》，《文物》1992年第12期；丘刚：《北宋东京外城的城墙和城门》，《中原文物》1986年第4期；开封宋城考古队：《北宋东京内城的初步探勘与测试》，《文物》1996年第5期（以上三文后收入开封市文物工作队编《开封考古发现与研究》，中州古籍出版社1998年版，第134—148页、156—162页。）；河南省文物考古研究院等：《河南开封北宋东京城顺天门遗址2012—2017年勘探发掘简报》，《华夏考古》2019年第1期；丘刚、董祥：《北宋东京皇城的初步勘探与试掘》，载开封市文物工作队编《开封考古发现与研究》，中州古籍出版社1998年版，第163—172页；开封宋城考古队：《明周王府紫禁城的初步勘探与发掘》，《文物》1999年第12期；李克修、董祥：《开封古州桥勘探试掘简报》，《开封文博》1990年第1、2期合刊，后收入开封市文物工作队编：《开封考古发现与研究》，中州古籍出版社1998年版，第189—193页；周润山：《河南开封北宋东京城州桥遗址》，《大众考古》2022年第9期；李合群：《北宋东京金明池的营建布局与初步勘探》，载开封市文物工作队编《开封考古发现与研究》，中州古籍出版社1998年版，第194—196页。

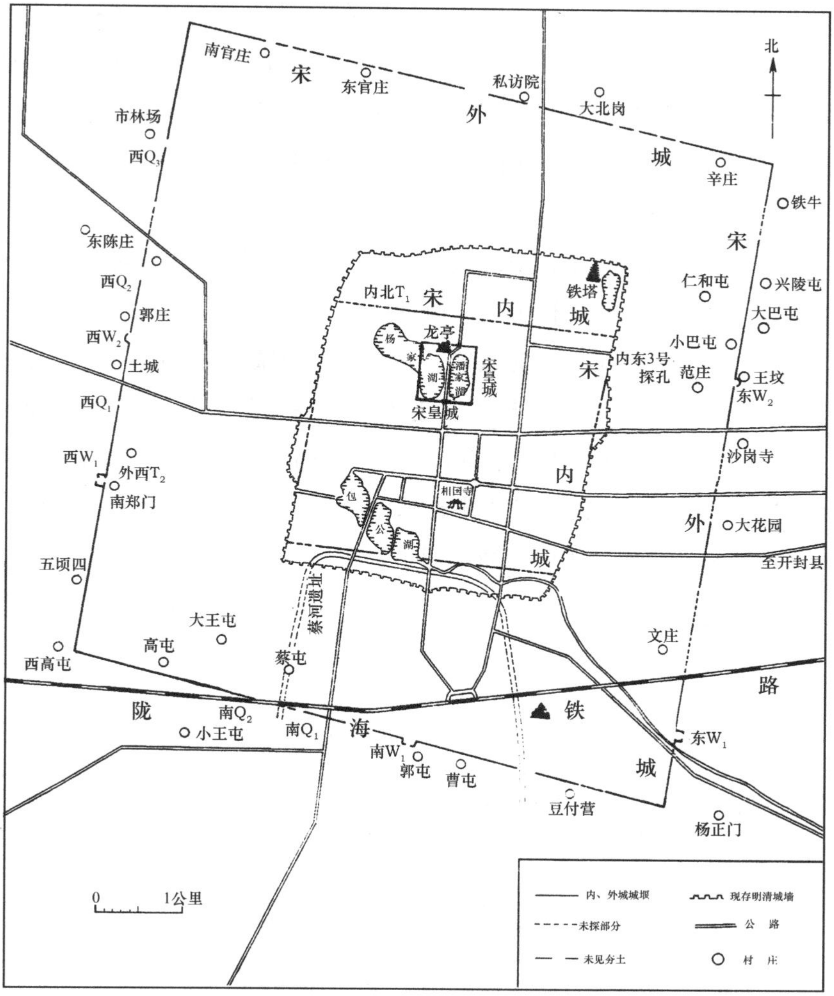

图 1-1 北宋东京城平面实测图
（采自丘刚、孙新民《北宋东京外城的初步勘探与试掘》，《文物》1992年第12期）

现，城市自外城南熏门经内城朱雀门、州桥至皇宫两处建筑及"龙亭大殿"遗迹，可以确知北宋东京城贯穿内外三重城垣的中轴线，且这一中轴线沿用至今。内城沿自唐汴州城，尚能依稀看出"坊"的痕迹；外城由于考古工作受到各方面条件限制开展较为有限，还不十分清楚道路情况和城市格局，但从文献和传世绘画知道，至北宋晚期已经采用了开放的街巷制，临街贸易，城市面貌大为改观。但仍有一些关键问题尚不清楚，如北宋皇城与宫城的关系及其布局，北宋内城及唐代汴州城的关系和布局等问题，都有待未来有条件时进一步的考古工作和综合研究。

临安城是南宋都城，遗址被今天杭州市所叠压。对临安城的考古勘探始于20世纪80年代中期。通过历年来对南宋临安城的考古勘探和试掘工作，发现了外城北城墙、西城墙、南城墙、东城墙的部分遗迹，并对局部做了解剖，基本确定了宋代临安外城城墙的范围和位置[1]；先后数次对皇城进行了勘探，基本确定了皇城的范围和丽正门的位置[2]，发现了皇城内多处建筑基址，但皇城的平面格局、宫苑的确切位置和建筑形制等问题尚不明了[3]。

在城内先后清理了御街[4]、德寿宫[5]、太庙[6]、五府官署[7]、三省

---

[1] 唐俊杰：《武林旧事：南宋临安城考古的主要收获》，载何忠礼主编《南宋史及南宋都城临安研究（下）》，人民出版社2009年版，第867—873页；唐俊杰、杜正贤：《南宋临安城考古》"第三章 御街与城墙遗址"，杭州出版社2008年版，第45—49页。

[2] 朱岩石、何利群：《二〇〇四年度杭州南宋临安皇城考古取得突破性进展》，《中国文物报》2004年11月17日第1版；《杭州南宋临安城皇城考古新收获》，载国家文物局主编《2004年中国重要考古发现》，文物出版社2005年版，第164—168页。

[3] 唐俊杰、杜正贤：《南宋临安城考古》"第二章 皇城遗址"，杭州出版社2008年版，第17—25页。

[4] 杭州市文物考古所：《南宋御街遗址》，文物出版社2013年版；唐俊杰：《武林旧事：南宋临安城考古的主要收获》，载何忠礼主编《南宋史及南宋都城临安研究（下）》，人民出版社2009年版，第867—897页；唐俊杰、杜正贤：《南宋临安城考古》"第三章 御街与城墙遗址"，杭州出版社2008年版，第36—45页；李蜀蕾：《杭州严官巷南宋御街遗址发掘简报》，载《杭州文博（第3辑）》，杭州出版社2006年版，第7—12页。

[5] 唐俊杰、杜正贤：《南宋临安城考古》"第二章 皇城遗址"，杭州出版社2008年版，第26—35页。

[6] 杭州市文物考古所：《南宋太庙遗址》，文物出版社2007年版。

[7] 唐俊杰、杜正贤：《南宋临安城考古》"第五章 衙署遗址"，杭州出版社2008年版，第71—79页。

六部①、府治②、府学③、恭圣仁烈皇后宅④、明代镇海楼即南宋朝天门⑤和白马庙、永福寺、姚园寺等遗址⑥，还有乌龟山官窑和老虎洞官窑⑦、惠民路制药遗址、白马庙巷制药遗址⑧、杭州卷烟厂南宋船坞遗址⑨等。

通过这些考古勘探和发掘的成果，可以初步复原南宋临安城的布局并了解其特点（图1-2）⑩。临安城是一座由外城、皇城两重城垣组成的由地方城市改建而成的都城，外城坐南朝北，平面不甚规整，呈近似的长方形，皇城依山而建偏居一隅。外城内以纵街横巷式的街道系统为基本规划，采用开放式的街巷制。都城受到旧城束缚，礼制性未能充分展开。

北宋时期西京洛阳仍然是一座重要的城市。以往对洛阳的考古工作主要集中在汉魏故城和隋唐东都城，对继承了隋唐东都城的北宋西京关注不足⑪。对宋代西京的考古发掘，除城墙、城门等外主要集中

---

① 唐俊杰、杜正贤：《南宋临安城考古》"第五章 衙署遗址"，杭州出版社2008年版，第86—89页。

② 杭州市文物考古所：《南宋临安府治与府学遗址》，文物出版社2013年版，第3—95页；杭州市文物考古所：《杭州南宋临安府衙署遗址》，《文物》2002年第10期。

③ 杭州市文物考古所：《南宋临安府治与府学遗址》，文物出版社2013年版，第199—262页。

④ 杭州市文物考古所：《南宋恭圣仁烈皇后宅遗址》，文物出版社2008年版。

⑤ 唐俊杰、杜正贤：《南宋临安城考古》"第九章 其他遗址"，杭州出版社2008年版，第129—131页。

⑥ 唐俊杰、杜正贤：《南宋临安城考古》"第四章 寺庙遗址"，杭州出版社2008年版，第59—70页。

⑦ 中国社会科学院考古研究所等：《南宋官窑》，中国大百科全书出版社1996年版；杭州市文物考古所：《杭州老虎洞南宋官窑址》，《文物》2002年第10期。

⑧ 李蜀蕾、赵一杰等：《杭州白马庙巷南宋制药作坊遗址》，载《杭州文博（第6辑）》，杭州出版社2007年版，第43—57、135—136页；唐俊杰、杜正贤：《南宋临安城考古》"第八章 制药遗址"，杭州出版社2008年版，第59—70页。

⑨ 梁宝华：《杭州卷烟厂南宋船坞遗迹发掘报告》，载《杭州文博（第2辑）》，杭州出版社2005年版，第25—31、86—88页。

⑩ 刘未：《南宋临安城复原研究》，北京大学考古文博学院博士学位论文，2011年。

⑪ 近年来围绕北宋西京出现了一些新的综合性研究成果，一定程度上弥补了这一不足。参见韩建华《试论北宋西京洛阳宫城、皇城的布局及其演变》，《考古》2016年第11期；韩建华《试论北宋徽宗时期西京宫城格局》，《故宫博物院院刊》2023年第7期；以及王书林《北宋西京城市考古研究》，文物出版社2020年版。

在隋唐洛阳城西北隅皇城、宫城一带。在隋唐洛阳城宫城一带发现、发掘了若干宋代大型建筑，为讨论西京宫城的布局提供了新的考古材料①。在隋唐东都东城内还发掘了北宋时期扩建的一座"过梁式"木构城门和一处宋代衙署遗址②，为了解这一时期木构过梁式城门的营造和大型衙署的布局提供了新的考古材料。总的来说，隋唐至北宋洛阳城格局没有重大变化。

相较于都城的考古发现与研究，宋代地方城址的考古工作，则显得较为薄弱。总体看，宋代地方城市的考古工作仅零星地有所展开。

在地方城市中，考古工作较充分的以扬州城较有代表性。扬州城自20世纪60年代尤其是1984年发现唐宋时期扬州城南门遗址以来，陆续进行了大量的考古工作，勘探出了不同时期的城址范围和平面布局，发掘了不同时期不同形制的城门、勘探了城门之间的道路，并发掘了城内的部分遗迹③。宋代扬州城，是在唐代扬州的基础上发展而来的，由宋大城、宝祐城、宋夹城三部分组成。五代就在唐代罗城东

---

① 中国社会科学院考古研究所洛阳唐城队：《河南洛阳唐宫中路宋代大型殿址的发掘》，《考古》1999年第3期；中国社会科学院考古研究所洛阳唐城队：《河南洛阳唐宫路北唐宋遗迹发掘简报》，《考古》1999年第12期；中国社会科学院考古研究所洛阳唐城队：《北宋西京洛阳监护城壕的发掘》，《考古》2004年第1期；中国社会科学院考古研究所洛阳唐城队：《河南洛阳市中州路北唐宋建筑基址发掘简报》，《考古》2005年第2期；杨焕新：《略论北宋西京洛阳宫的几座殿址》，《中原文物》1994年第4期。

② 洛阳市文物工作队：《洛阳发现宋代门址》，《文物》1992年第3期；中国社会科学院考古研究所洛阳唐城队：《洛阳宋代衙署庭院遗址发掘简报》，《考古》1996年第6期；中国社会科学院考古研究所洛阳唐城队：《洛阳隋唐东都城1982—1986年考古工作纪要》，《考古》1989年第3期。

③ 南京博物院发掘工作组、扬州博物馆发掘工作组、扬州师范学院发掘工作组：《扬州唐城遗址1975年考古工作简报》，《文物》1977年第9期；罗宗真：《唐代扬州经济繁荣初探——1975—78年手工业作坊遗址的考古收获》，《扬州师院学报》（社会科学版）1979年第1期；南京博物院：《扬州古城1978年调查发掘简报》，《文物》1979年第9期；南京博物院：《扬州唐代寺庙遗址的发现和发掘》，《文物》1980年第3期；扬州博物馆：《扬州唐代木桥遗址清理简报》，《文物》1980年第3期；南京博物院：《扬州唐城手工业作坊遗址第二、三次发掘简报》，《文物》1980年第3期；中国社会科学院考古研究所、南京博物院、扬州市文物考古研究所：《扬州城1987—1998年考古发掘报告》，文物出版社2010年版；中国社会科学院考古研究所等编著：《扬州蜀岗古代城址考古勘探报告》，科学出版社2014年版；中国社会科学院考古研究所等编著：《扬州城遗址考古发掘报告：1999—2013年》，科学出版社2015年版。

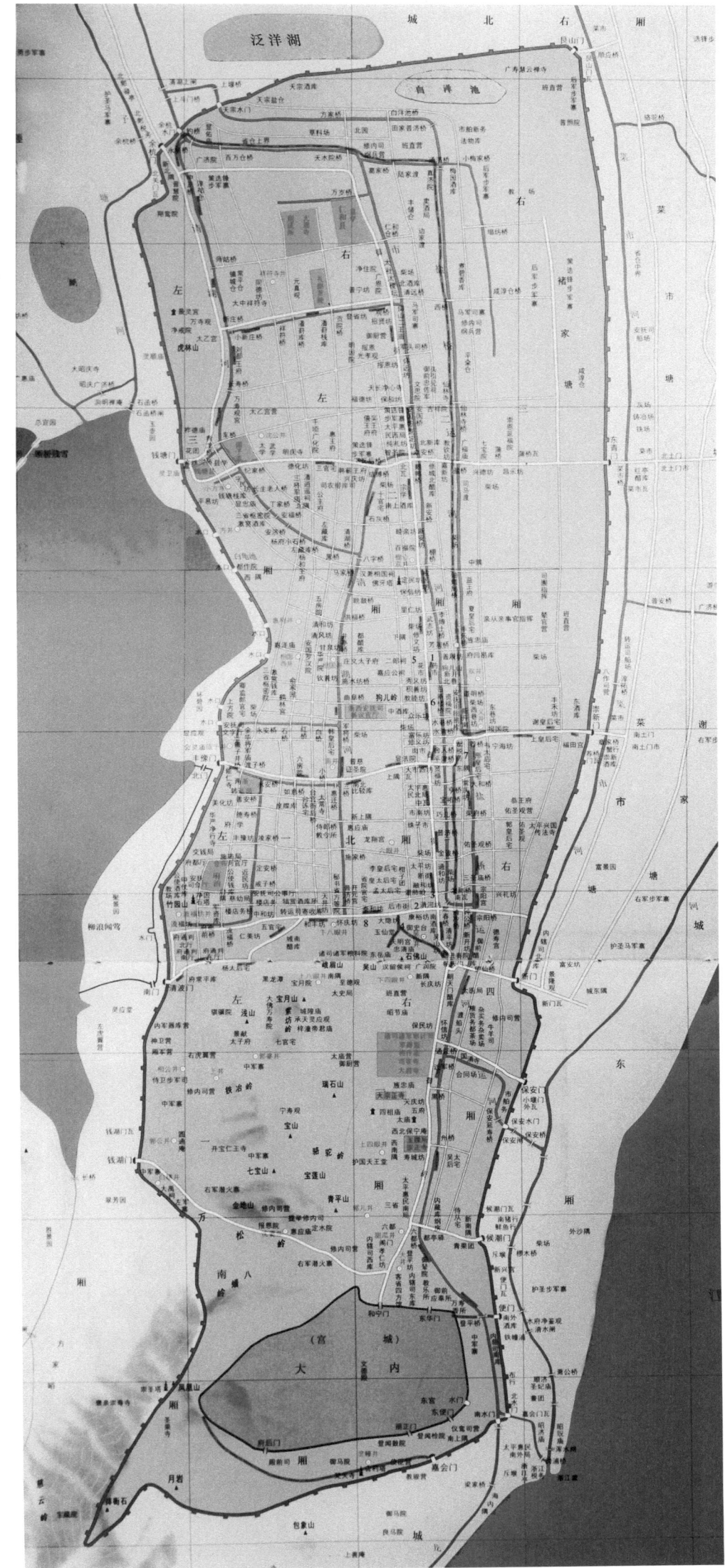

图 1-2 南宋临安城平面复原图

(采自国家地图集编纂委员会《中华人民共和国国家历史地图集》第 1 册,中国社会科学出版社 2014 年版,第 133 页)

南隅兴筑周小城，北宋依其旧，是为宋大城。南宋绍兴年间在唐子城西半隅新筑宝祐城，后又在宝祐城和宋大城之间筑宋夹城，形成扬州"宋三城"的布局（图1-3）。从考古发现看，宋三城基本沿用了隋唐时期扬州城的道路格局。宋大城除道路格局外，城内水系和部分城门也沿用自唐代扬州罗城。这些又为后来的扬州明新城和明旧城所沿用，延续到今天①。

 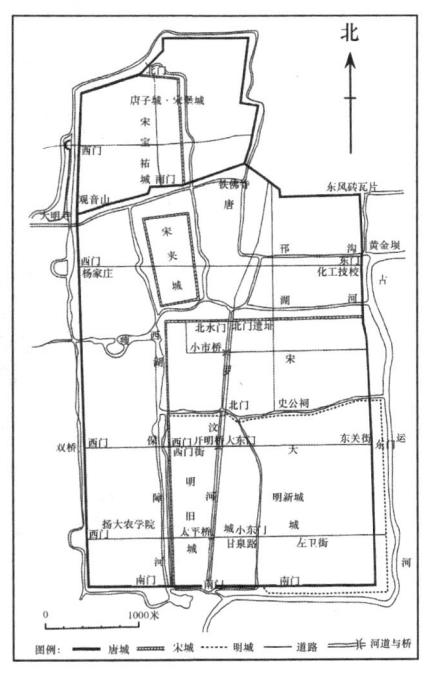

图1-3　宋扬州城址格局图
（采自中国社会科学院考古研究所等编著《扬州蜀岗古代城址考古勘探报告》，科学出版社2015年版，第5页）

---

①　蒋忠义：《隋唐宋明扬州城的复原与研究》，载中国社会科学院考古研究所编《中国考古学论丛——中国社会科学院考古研究所建所40年纪念》，科学出版社1993年版，第445—462页；中国社会科学院考古研究所、南京博物院、扬州市文物考古研究所：《扬州城1987—1998年考古发掘报告》"第六章　结语"，文物出版社2010年版，第254—264页；中国社会科学院考古研究所等编著：《扬州城遗址考古发掘报告：1999—2013年》"第四章　结语"，科学出版社2015年版，第285—296页。

江西赣州城建于章、贡二水合流处，平面略呈三角形，是一座保存较好的地方城址（图1-4）。经过考古调查，赣州城址在南朝时期在今址固定下来，唐代赣州城横街、阳街形成丁字街布局，在横街北部一带建有子城。五代后梁时期经过扩建，奠定了今日赣州城的基础，至宋代又形成了城内的四条主要街道（阴街、斜街、长街、剑街）。由此构成了城内六条主要街道，主街之间又有若干短街相连的格局，沿用至今①。这样主街大体平行，其间以短街相连的格局，正是宋以来流行的纵街长巷式布局的反映，只是由于赣州地形的限制而

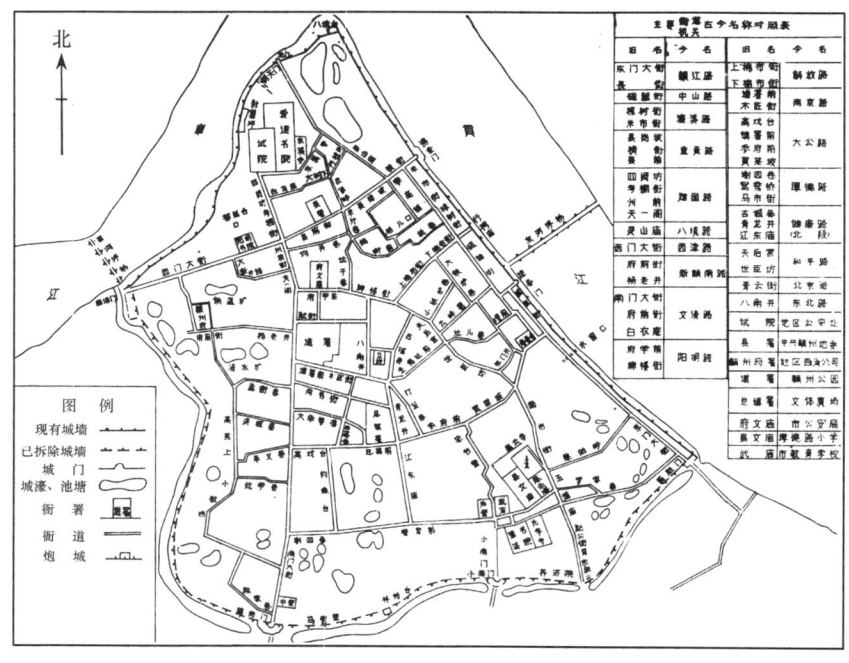

图1-4 赣州旧城示意图
（采自李海根、刘芳义《赣州古城调查简报》，《文物》1993年第3期）

---

① 赣州市博物馆：《赣州市发现宋元时代遗址》，《江西历史文物》1982年第4期；李海根、刘芳义：《赣州古城调查简报》，《文物》1993年第3期；余家栋、张文江、李荣华：《江西赣州市古城墙试掘简报》，《南方文物》1995年第1期；张嗣介：《赣州北宋"第二务"砖窑清理简报》，《南方文物》1996年第2期。

呈现不规则的走向。

镇江城是唐宋时期的润州城，子城沿用自孙吴以来的"铁瓮城"，唐乾符年间展筑罗城，奠定了唐宋润州城的规模，城址平面呈不规则形；南宋嘉定年间整饬罗城，对城垣的范围作了一定调整（图1-5）①。近年来考古调查、勘探了润州的子城和罗城，发掘了多处城垣遗迹和铁瓮城南门及定波门遗址。在子城内发现、发掘了六朝、唐宋互相叠压的衙署基址，在子城外还发掘了大量官署建筑遗址。发现、发掘了罗城内外的大量道路、排水设施、涵洞、渡口、码头、桥梁、手工业作坊、粮仓、佛寺等遗迹②。但从目前的考古工作来看，花山湾古城的性质尚有一定疑义，其与唐代罗城的关系尚不能完全肯定，唐宋时期的罗城范围尚存在一定争议，城市格局由于工作所限尚不清楚。

唐宋时期的罗州城即汉以来蕲春城的治所所在，位于今湖北省蕲春县。经过考古调查与发掘，罗州城整体呈一不规则的圆角长方

---

① 张小军：《镇江唐宋罗城的有关问题研究》，《镇江高专学报》2013年第3期。刘建国认为唐宋时期润州罗城的规模基本一致，且花山湾古城主体年代早于唐，部分为唐大和年间展筑的东夹城。参见刘建国《古城三部曲——镇江城市考古》"第五章 润州城市的扩建第二节唐时润州三重城、第八章 城垣、河道及市井第一节镇江府罗城"，江苏古籍出版社1995年版，第114—120、185—191页；刘建国主编《名城地下的名城——镇江城市考古纪实》"第四章 历代城垣"，江苏人民出版社2006年版，第32—41页。

② 江苏省文物工作队镇江分队、镇江市博物馆：《江苏镇江甘露寺铁塔塔基发掘记》，《考古》1961年第6期；镇江博物馆：《镇江市东晋晋陵罗城的调查和试掘》，《考古》1986年第5期；镇江博物馆考古部：《建馆三十年来的考古工作》，《东南文化》1988年第5期；镇江古城考古所：《铁瓮城考古发掘纪要》，《南方文物》1995年第4期；镇江古城考古所：《镇江市大市口宋代水井清理简报》，《南方文物》1996年第1期；镇江六朝唐宋古城考古队：《江苏镇江市环城东路宋代遗存的发掘》，《考古》1998年第12期；镇江六朝唐宋古城考古队：《江苏镇江市花山湾古城遗址1991年发掘简报》，《考古》1999年第3期；铁瓮城考古队：《江苏镇江市铁瓮城遗址发掘简报》，《考古》2010年第5期；镇江博物馆：《镇江唐宋罗城西垣考古勘探与发掘报告》，载杨正宏编《印记与重塑：镇江博物馆考古报告集（2001—2009）》，江苏大学出版社2010年版，第269—278页；镇江古城考古所、镇江博物馆：《镇江铁瓮城南门遗址发掘报告》，《考古学报》2010年第4期；镇江博物馆、镇江古城考古所：《江苏镇江西津渡遗址发掘简报》，《东南文化》2011年第1期；南京博物院、镇江博物馆：《江苏镇江双井路宋元粮仓遗址考古发掘简报》，《东南文化》2011年第5期；镇江博物馆：《江苏镇江花山湾古城遗址2010年发掘简报》，《江汉考古》2012年第2期。

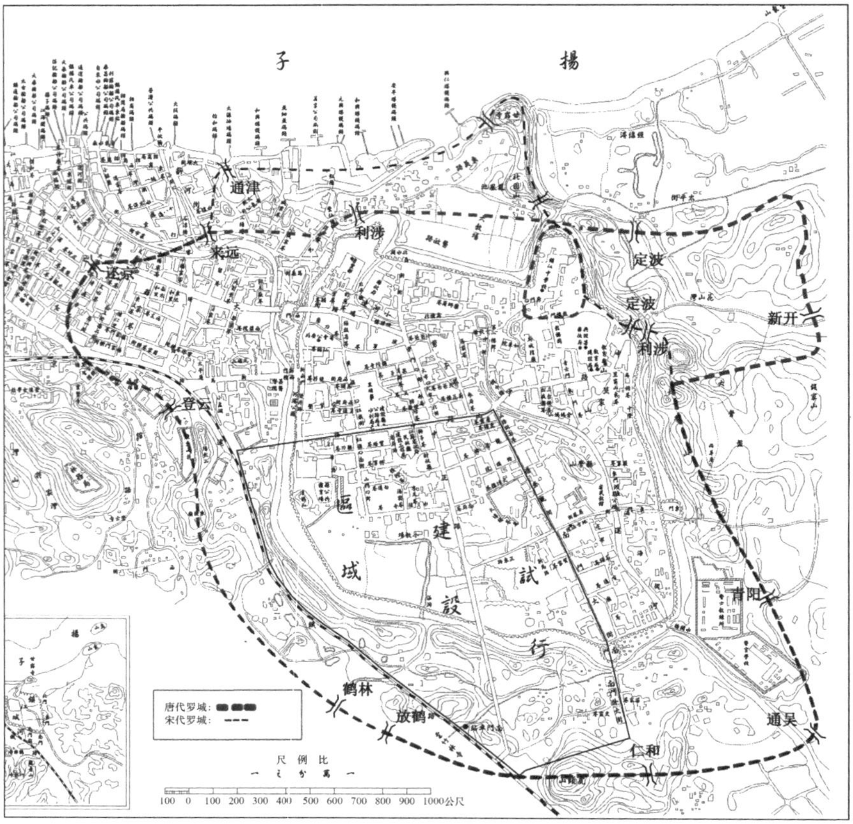

图 1-5 镇江唐宋罗城范围示意图
(采自张小军《镇江唐宋罗城的有关问题研究》,《镇江高专学报》2013 年第 3 期)

形,内外两重城垣,第一重城位于第二重城中部偏西北。从考古发掘的遗迹看,第一重城的始建年代应是战国至汉代,是汉代蕲春县的治所。第二重城的始建年代为隋唐时期,历经两宋屡次修筑,应是唐宋时期罗州城的治所。唐宋时期内城(第一重城)仍然使用,外城(第二重城)东西宽 950、南北长 1350 米,周长约 4.6 公里。外城内还发现了一条南北走向的道路遗迹(图 1-6)。发掘者推测罗州城应是一座城内布置四个坊的较小的州城,而内城中的王城部分是唐宋时期的衙署所在①。

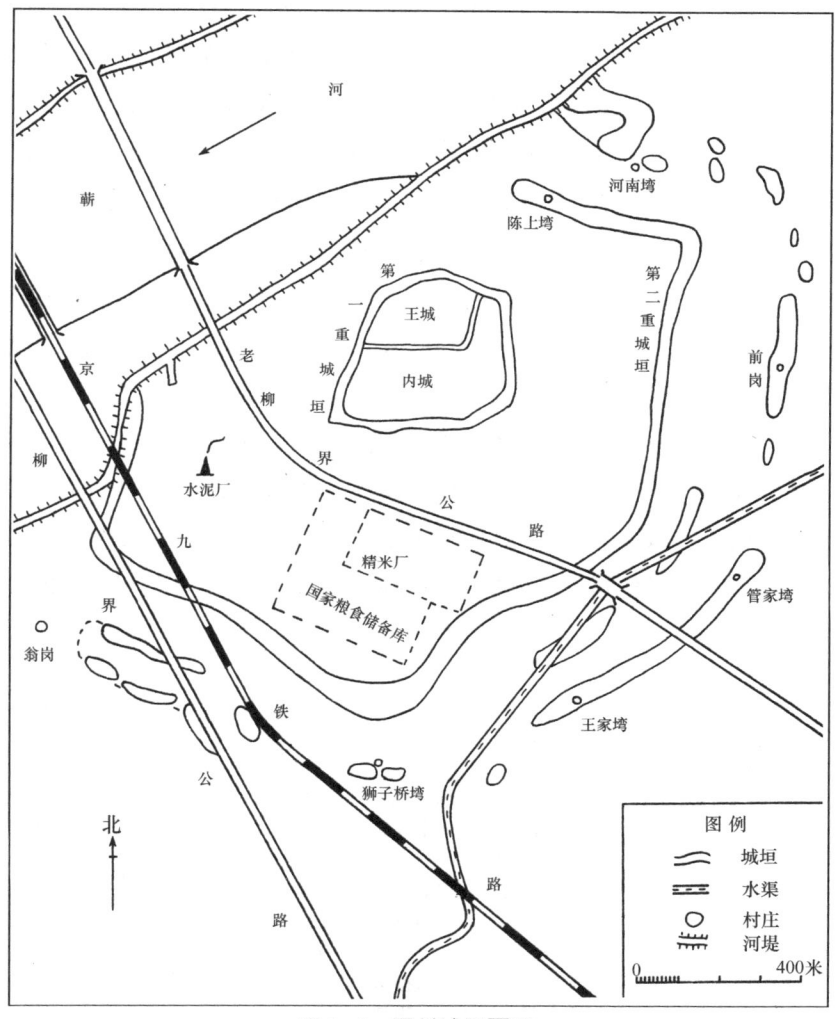

图 1-6　罗州城平面图

（采自黄冈市博物馆、湖北省文物总店编著《蕲春罗州城——2001 年发掘报告》，科学出版社 2007 年版）

---

① 黄冈市博物馆、湖北省文物考古研究所、湖北省京九铁路考古队编著：《罗州城与汉墓》，科学出版社 2000 年版；黄冈市博物馆、湖北省文物总店编著：《蕲春罗州城——2001 年发掘报告》，科学出版社 2007 年版。

对于一些重要的沿海对外贸易城市，也陆续做了一些考古调查与发掘工作。泉州城唐代迁至今址，唐代泉州城方形四门十字街，周围三里。南唐以原唐城为子城，外筑罗城，泉州城市规模大为扩展，城址呈一不规则的梯形，五代末期又在城西北角和东北角陆续增筑，北宋时期大体沿用了五代泉州城的规模。南宋时期泉州城展筑"翼城"，将原城外南部贸易繁荣的地区包入城内，城址约呈一三角形①（图1-7）。泉州作为宋元时期对外交通贸易的重要港口，陆续发现了一些沉船和码头遗迹以及与中西交流有关的建筑、石刻、墓葬等②，特别是近年配合申遗工作，又对一些重要建筑进行了重点发掘，为城市复原研究提供了坐标③。

宋代的广州城也是从唐代广州城的基础上发展而来的。南汉展筑唐城，北宋熙宁年间又先后在南汉新城的两侧修筑了东城和西城，形成了东城、中城、西城三城并列的格局（图1-8）④。1972年发现了越华路西段、广仁路正对处的宋城墙遗址南北向，应是北宋子城的西

---

① 庄为玑：《泉州历代城址的探索》，载中国考古学会《中国考古学会第一次年会论文集》，文物出版社1980年版，第367—379页；周焜民主编：《泉州古城踏勘》，厦门大学出版社2007年版。

② 庄为玑：《宋元明泉州港的中外交通史迹》，《厦门大学学报》（社会科学版）1956年第1期；庄为玑：《续谈泉州港新发现的中外交通史迹》，《考古通讯》1958年第8期；夏鼐：《两种文字合璧的泉州也里可温（景教）墓碑》，《考古》1981年第1期；福建省博物馆等：《泉州清净寺奉天坛基址发掘报告》，《考古学报》1991年第3期；吴文良原著、吴幼雄增订：《泉州宗教石刻》（增订本），科学出版社2005年版；泉州湾宋代海船发掘报告编写组：《泉州湾宋代海船发掘简报》，《文物》1975年第10期；中国科学院自然科学史研究所、福建省泉州海外交通史博物馆联合试掘组：《泉州法石古船试掘简报和初步探讨》，《自然科学史研究》1983年第2期；福建省文物管理委员会考古队：《泉州文兴、美山古码头发掘报告》，《福建文博》2003年第2期。

③ 中国社会科学院考古研究所等编著：《泉州南外宗正司遗址2019年度考古发掘报告》，科学出版社2020年版；中国社会科学院考古研究所等编著：《泉州城遗址考古发掘报告：泉州南外宗正司遗址2020年·泉州市舶司遗址2019—2021年》，科学出版社2022年版。

④ 徐俊鸣：《宋代的广州》，《中山大学学报》（自然科学版）1964年第2期；徐俊鸣：《广州市区的水陆变迁初探》，《中山大学学报》（自然科学版）1978年第1期；曾昭璇、曾宪珊：《宋、明时期广州市历史地理问题》，《岭南文史》1985年第1期；曾昭璇：《从广州宋三城城址看广州市的改造》，《中国历史地理论丛》1985年第2期。

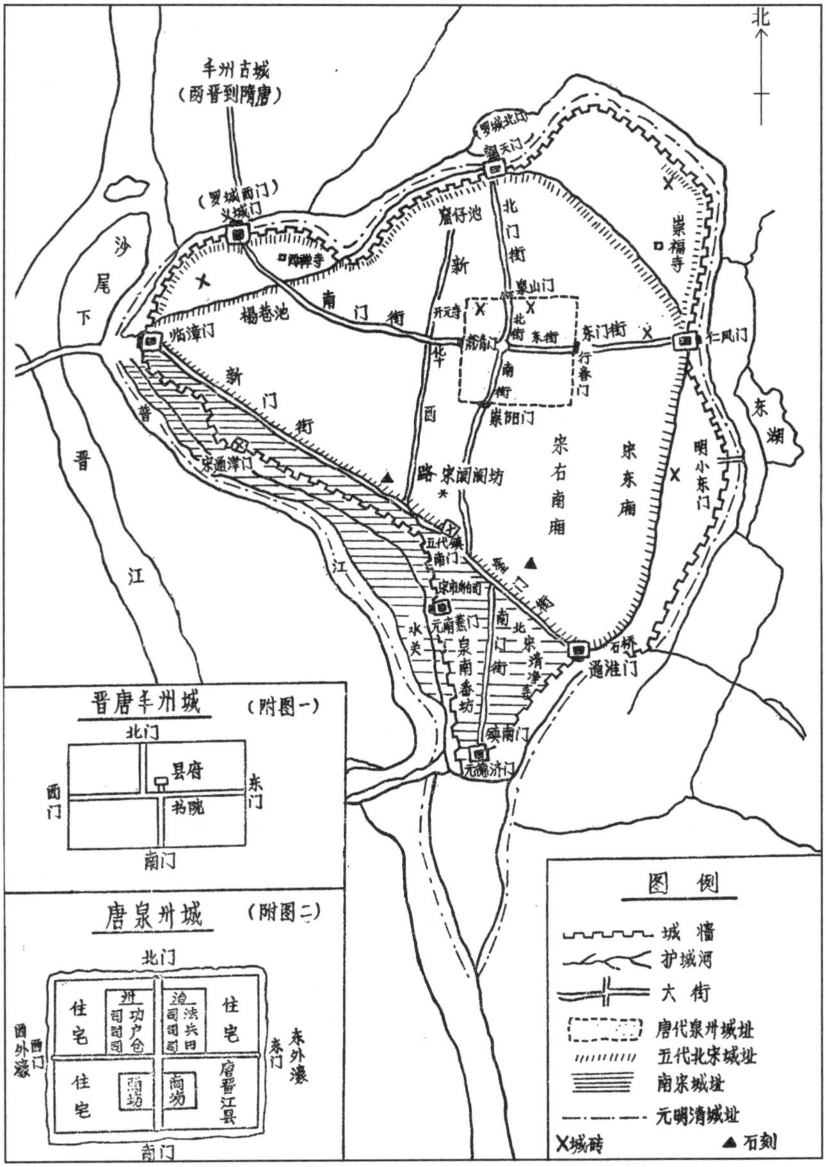

第一章 绪论

图 1-7 泉州城复原图

（采自庄为玑《泉州历代城址的探索》，《中国考古学年会第一次年会论文集》，文物出版社 1980 年版）

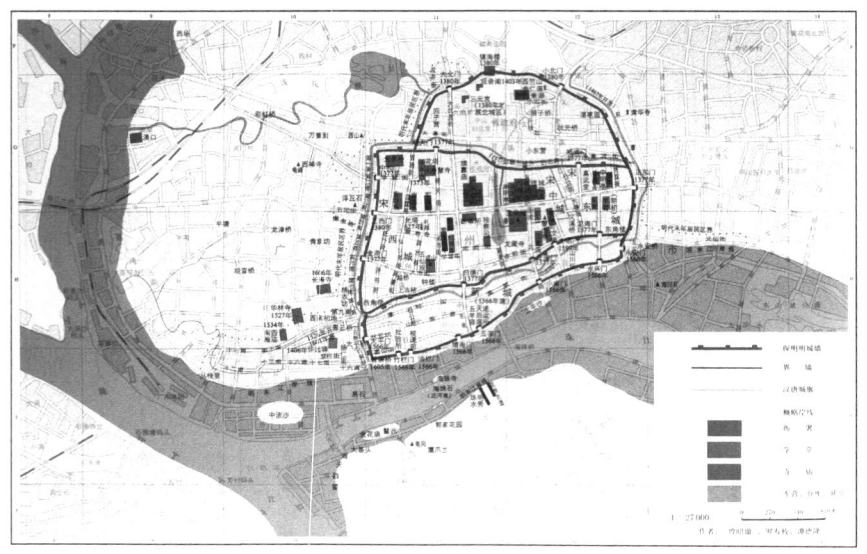

图 1-8 宋至明广州城址演变示意图
（采自国家地图集编纂委员会《中华人民共和国国家历史地图集》第 1 册，中国社会科学出版社 2014 年版，第 148 页）

城墙；1973 年在广仁路与越华路相接处发现了宋代子城西城墙；1996年、1998 年发掘了位于仓边路和越华路交汇处（今银山大厦附楼处）唐宋城墙遗址，其中唐代城墙南北向，应是唐代广州城东墙，宋代城墙东西向，应是宋东城北墙①。从今天的遗迹情况来推测，中城和东城都是以丁字形主街为主干道路格局，衙署居于南北大街之北，而最迟拓展的西城则已经是纵街横巷式的布局方式了。近年来还陆续发掘了北京路遗址，确定了广州城自唐代以来沿用至民国时期的城市中轴线；发掘了中山六路黄金广场遗址、中山四路致美斋南汉与宋代建筑遗址，了解了广州旧城区西部和南汉皇宫区附近的文化遗存；发掘了

---

① 广州市文物考古研究所：《广州市仓边路发现宋代城墙遗址》，载广州市文物考古研究所编《广州文物考古集》，文物出版社 1998 年版，第 202—203 页；广州市文物志编委会：《广州市文物志》"第一章 遗址 旧址第一节 古遗址"，广州出版社 2000 年版，第 24—26 页。

大塘街宋代河堤遗址，了解了宋代广州东南城区的面貌①；发掘了德政中路的南汉和宋代水关遗址，为研究广州唐宋古城的排水设施和确定南汉至宋时期古城南界提供了材料；发掘了中山五路与教育路交汇处的西湖堤坝遗址，是了解广州宋代筑堤工程的重要实例②。

宁波城是唐宋时期的明州城，也是一座比较重要对外商贸城市（图1-9）。今天的宁波城发展始于唐长庆元年（821）移州治于三江

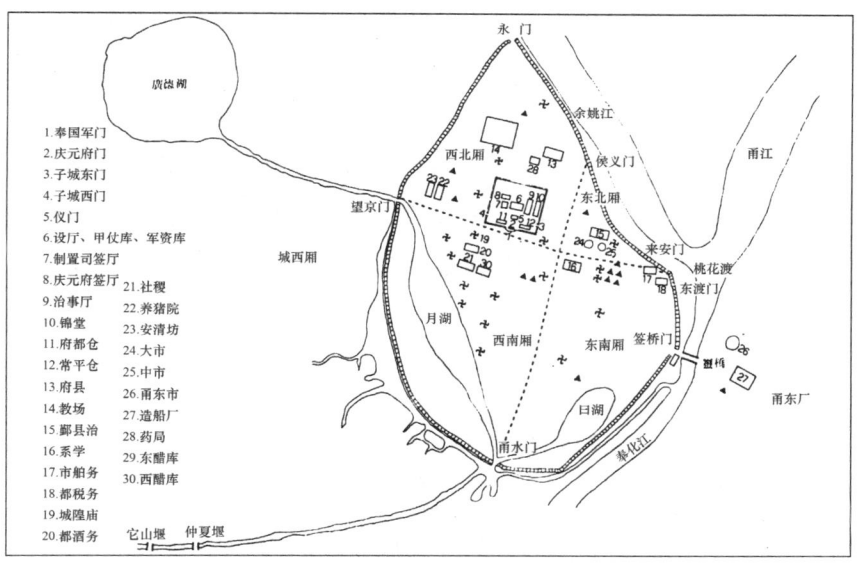

图1-9 南宋时期明州城市复原示意图

（采自吴慧莲《八至十三世纪明州城的发展》，《台湾大学建筑与城乡研究学报》1983年第2期）

---

① 广州市文物考古研究所：《广州市北京路千年古道遗址的发掘》，载广州市文物考古研究所编《羊城考古发现与研究（一）》，文物出版社2005年版，第182—201页；广州市文物考古研究所：《广州市中山六路黄金广场汉六朝唐宋遗址》，载广州市文物考古研究所编《羊城考古发现与研究（一）》，文物出版社2005年版，第202—242页；广州市文物考古研究所：《广州中山四路致美斋南汉与宋代建筑遗址》，载广州市文物考古研究所编《羊城考古发现与研究（一）》，文物出版社2005年版，第243—255页；广州市文物考古研究所：《广州市大塘街宋代河堤遗址发掘简报》，载广州市文物考古研究所编《羊城考古发现与研究（一）》，文物出版社2005年版，第256—277页。

② 广州市文物志编委会：《广州市文物志》"第一章 遗址 旧址第一节 古遗址"，广州出版社2000年版，第25—29页。

口、筑子城。近年来对唐宋明州的子城遗址进行了考古勘探和发掘，基本搞清了唐宋子城的范围和构筑工艺[①]。对多处罗城城墙进行了试掘并发掘了渔浦门遗址和东门口码头遗址，先后发掘了宋元明州市舶司遗址、高丽使馆遗址、孔庙遗址、永丰库遗址、天宁寺（唐国宁寺）东塔遗址、天封塔地宫和塔基遗址、天妃宫遗址、海曙长春塘遗址等[②]。

西南地区的地方城市，以往经过考古调查比较清楚的有唐末高骈展筑宋以降一直沿用的成都城[③]。唐末高骈在成都旧城的基础上，修建了罗城，使成都城的布局从东西并列的"日"字形变成了内城外郭的"回"字形，随之整顿了城市水系，划定了里坊。城内由纵横街道划分成十六个坊（图1-10）。宋代的成都城，即是在唐末五代的成都城的基础上发展而来的。近年成都市配合基本建设做了大量的考古工

---

① 宁波市文物考古研究所：《浙江宁波市唐宋子城遗址》，《考古》2002年第3期。
② 林士民：《浙江宁波东门口罗城遗址发掘收获》，载林士民《再现昔日的文明——东方大港宁波考古研究》，上海三联书店2005年版，第101—105页；宁波市文物考古研究所：《浙江宁波和义路遗址发掘报告》，载浙江省博物馆编《东方博物（第1辑）》，杭州大学出版社1997年版，第243—280页；林士民：《浙江宁波市舶司遗址发掘简报》，《浙东文化》2000年第1期；宁波市文物考古研究所：《浙江宁波宋代孔庙遗址发掘简报》，《浙东文化》1998年第2期；宁波市文物考古研究所：《宁波元代庆元路永丰库遗址发掘简报》，《浙东文化》2002年第2期；宁波市文物考古研究所：《永丰库元代仓储遗址发掘报告》，科学出版社2013年版；宁波市文物考古研究所：《浙江宁波唐国宁寺东塔遗址发掘报告》，《考古学报》1997年第1期；林士民：《浙江宁波天封塔地宫发掘报告》，《文物》1991年第6期；浙江宁波市文物考古研究所：《浙江宁波天封塔基址发掘报告》，《南方文物》2011年第1期；林士民：《浙江宁波天后宫遗址发掘》，载林士民《再现昔日的文明——东方大港宁波考古研究》，上海三联书店2005年版，第307—323页；宁波市文物考古研究所：《永丰库元代仓储遗址发掘报告》，科学出版社2013年版；浙江宁波市文物考古研究所：《浙江宁波海曙长春塘遗址发掘简报》，《南方文物》2014年第3期。
③ 孙华：《秦汉时期的成都》，载何一民、王毅、蒋成主编《文明起源与城市发展研究》，四川大学出版社2004年版，第117—146页；孙华：《唐末五代的成都城》，载宿白先生八秩华诞记念文集编辑委员会主编《宿白先生八秩华诞记念文集》，文物出版社2002年版，第255—290页。

作,为了解唐末以降的成都城提供了新的材料①。

随着配合三峡建设大量考古工作的展开,这一地区许多重要遗址被全面发掘,为认识这一地区的地方城镇提供了极好的机会,地方城址中以巴东旧县坪最具代表性。旧县坪遗址是隋到北宋年间的巴东县治所在地,南宋迁治江南后仍一度作为临时的县治治所。经过考古踏勘和发掘,两宋时期的旧县坪遗址,未发现城垣遗迹。官署区位于一椅子形的山坳,中部为衙署。衙署建筑地处遗址北部中心,是一处地势平坦但海拔较低的地方,居于全城的核心。以衙署为中心,东为居住区,西为商业区、仓储区、庙宇区和居住区,东西两处墓葬区分布在居住区两侧(图1-11)②。除了考古发掘外,还集中对三峡工程淹

---

① 成都市博物馆、四川大学博物馆:《成都指挥街唐宋遗址发掘报告》,载四川大学博物馆成都文物考古研究所编《南方民族考古(第2辑)》,四川科技出版社1990年版,第233—298、312—313、319—327页;成都市博物馆考古队:《成都罗城1、2号门址发掘简报》,载四川大学博物馆成都文物考古研究所编《南方民族考古(第3辑)》,四川科技出版社1991年版,第369—379页;成都市文物考古队、四川大学历史系:《成都市上汪家拐街遗址发掘报告》,载四川大学博物馆成都文物考古研究所编《南方民族考古(第5辑)》,四川科技出版社1993年版,第325—358、407—408、422—426页;雷玉华:《唐宋明清时期的成都城垣考》,《四川文物》1998年第1期;黄晓枫:《成都市江南馆街唐宋遗址发掘简报》,载成都市文物考古研究所编《成都考古发现(1999)》,科学出版社2001年版,第260—277页;谢涛:《成都市1994—1995年城垣考古》,《四川文物》2001年第1期;成都市文物考古工作队:《成都市人民中路发现的唐代钱币窖藏》,载成都市文物考古研究所编《成都考古发现(2001)》,科学出版社2003年版,第236—263页;谢涛:《成都唐宋时期城市考古》,载何一民、王毅、蒋成主编《文明起源与城市发展研究》,四川大学出版社2004年版,第157—164页;成都市文物考古研究所:《成都市中同仁路城墙遗址发掘简报》,载成都市文物考古研究所编《成都考古发现(2002)》,科学出版社2004年版,第266—276页;成都市文物考古研究所:《成都市中同仁路城墙遗址第二次发掘简报》,载成都市文物考古研究所编《成都考古发现(2003)》,科学出版社2005年版,第418—425页;成都文物考古研究所:《成都市内姜街遗址发掘报告》,载成都市文物考古研究所编《成都考古发现(2004)》,科学出版社2006年版,第364—391页;成都文物考古研究所:《成都市下东大街遗址考古发掘报告》,载成都市文物考古研究所编《成都考古发现(2007)》,科学出版社2009年版,第452—539页;成都文物考古研究所:《成都市清安街城墙遗址发掘简报》,载成都市文物考古研究所编《成都考古发现(2008)》,科学出版社2010年版,第411—435页;成都文物考古研究所:《成都市江南馆街唐宋时期街坊遗址》,载王巍主编《中国考古学年鉴·2009》,文物出版社2010年版,第389页;成都文物考古研究所:《成都市博物馆新址发掘简报》,载成都市文物考古研究所编《成都考古发现(2009)》,科学出版社2011年版,第329—416页。

② 国务院三峡工程建设委员办公室、国家文物局主编:《巴东旧县坪》,科学出版社2010年版。

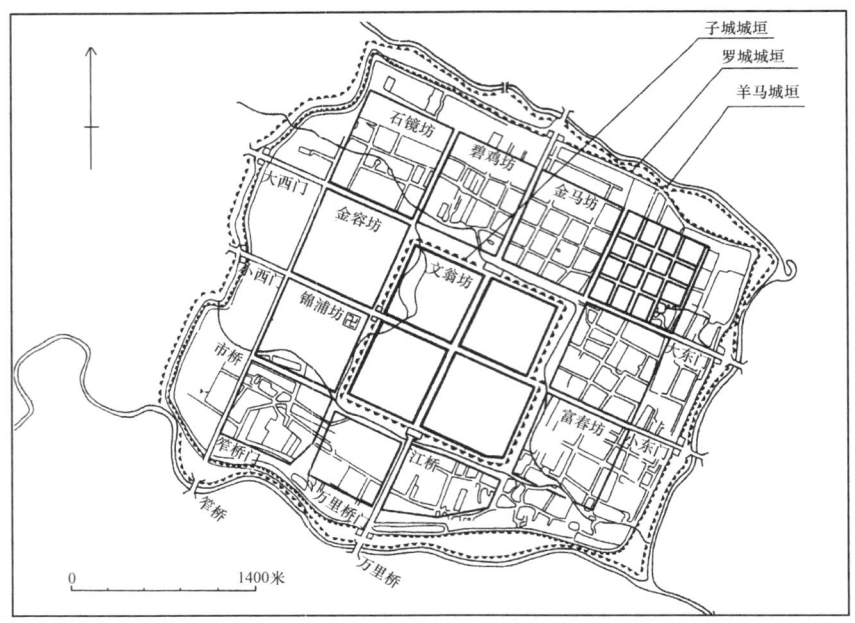

图1-10 唐宋时期的成都城（高骈筑罗城后的成都城）

（以清光绪三十年四川官书局制"成都省城街道图"为底图，采自孙华《唐末五代的成都城》，载《宿白先生八秩华诞纪念文集》，文物出版社2002年版）

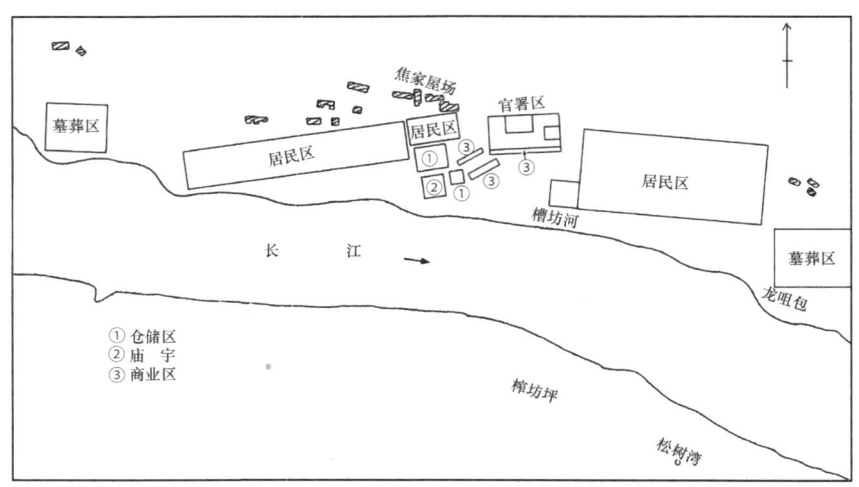

图1-11 北宋巴东县治平面布局示意图

（采自陈曦《六朝至北宋巴东县城的初步研究》，《江汉考古》2009年第2期）

没区的忠州、涪州、丰都、开县、奉节、巫山、归州、大昌、万县天生城、云阳磐石城等城址进行了考古调查。这些城址，可以分为山地城、平地城和抗蒙元山城三类，布局各有特点。虽不全是宋代城址，仍对了解三峡地区的城址类型及其所反映的问题多有裨益①。

针对宋代北方地区的地方城址，以往也已开展了一些考古调查和研究工作。中原北方地区城址在20世纪90年代进行了初步的考古调查，在调查所获考古材料的基础上，确定了一批宋元时期的城址，其中格局形成或奠定于宋代的城址包括桐柏、聊城、修武、芮城、方城、景县、宝丰、光山等。进一步可将调查所获宋元时期的二十四座城址按照街道划分为方形四门十字街和丁字街两大类型；其中丁字街又可细分为四种型式，这些型式有的具有一定的早晚关系②。

宋代城市的一个特点是经济类型城镇的兴起。开展过考古工作的商业城市，以湖北沙市为代表，它从唐代以来的沙头市发展成为了沿江一条街的沙市城（图1-12）③。市镇有江西省吉安市永和镇，它是吉州窑所在地，旧日街迹窑址今仍历历在目，"六街三市"的布局基本保存了下来，前店后厂，是典型的宋代制瓷手工业城镇④（图1-13）。

河南省叶县文集遗址也是一处比较重要的市镇遗址，遗址一直从唐代晚期沿用到元末明初，绝大多数遗迹都位于金代至元代初年的文化层之间。从发掘的遗迹看，一条古道东西横贯遗址中部，将其划为南北两部分，道路南侧有一岔道通往澧河码头，房址大多集中在道路两侧，向路开门，除道路和房址外，还发现大量窖藏、水井、灰坑等

---

① 杭侃：《三峡工程淹没区的城址类型及其所反映的问题》，载许倬云、张忠培编《新世纪的考古学——文化、区位、生态的多元互动》，紫禁城出版社2006年版，第229—262页。
② 杭侃：《中原北方地区宋元时期的地方城址》，北京大学考古系博士论文，1998年。
③ 袁纯富、范志谦：《从出土文物看古沙市位置的变迁》，《江汉考古》1984年第3期。
④ 李德金、蒋忠义：《南宋永和镇的考察》，载中国考古学会编《中国考古学会第七次年会论文集》，文物出版社1992年版，第336—343页。

宋代北方地区新建建制城市的考古学研究

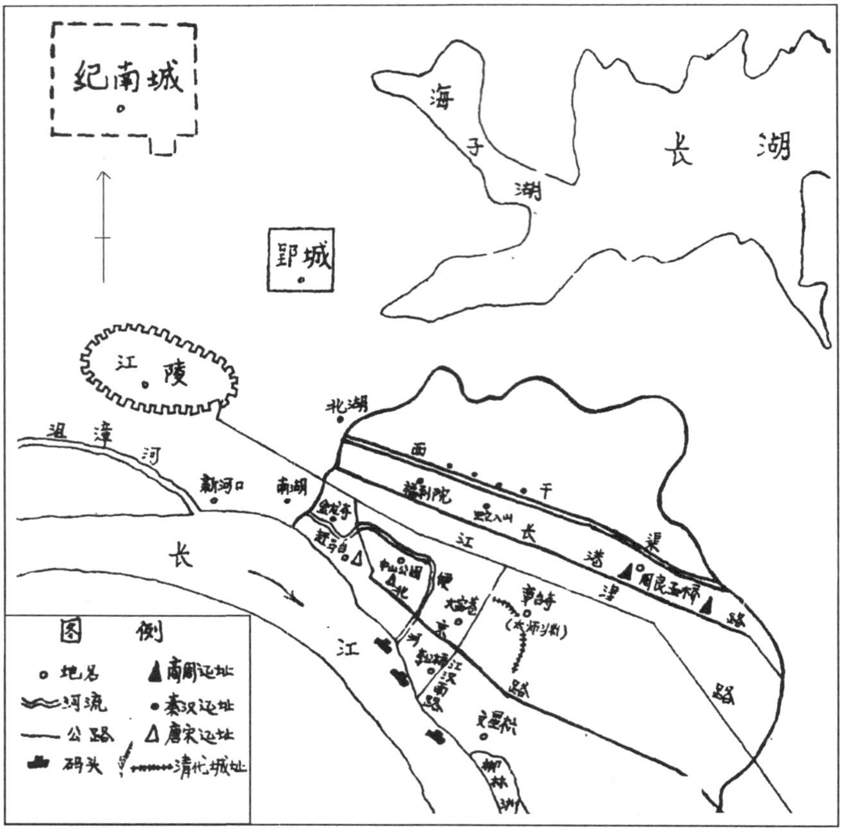

图 1-12 沙市平面图
(采自袁纯富、范志谦《从出土文物看古沙市位置的变迁》,《江汉考古》1984 年第 3 期)

遗迹①。

山东省板桥镇是一处进行了较多考古工作的市镇遗址。板桥镇遗址位于山东省胶州市旧城区，唐武德六年（623）设镇，宋元祐三年

---

① 王龙正、王立彬：《南水北调中线工程——叶县文集遗址》，载国家文物局编《2007 中国重要考古发现》，文物出版社 2008 年版，第 147—153 页；王龙正、王立彬、张明力：《南水北调中线工程叶县文集遗址发掘收获》，载中国文物报社编《发现中国——2008 年 100 个重要考古新发现》，学苑出版社 2009 年版，第 354—358 页。

第一章 绪论

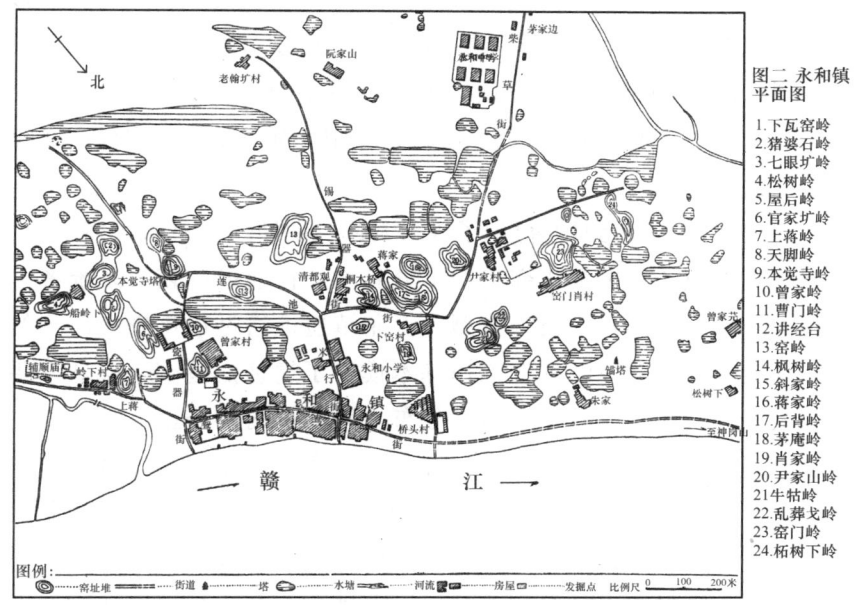

图 1-13 永和镇平面图
（采自李德金、蒋忠义《南宋永和镇的考察》，载《中国考古学会第七次年会论文集》，文物出版社 1992 年版）

(1088) 升板桥镇成为胶西县治所，兼领临海军使，并设立板桥市舶司，为宋代北方唯一一处市舶司。1996 年和 2003 年先后在胶州市政府宿舍和云溪河改造、湖州路市场建设施工中发现了数量巨大的宋代铁钱和大量宋、金、元、明、清时期的瓷片。2009 年在原胶州市政府所在地又发掘了宋以来的公共建筑基址群和客栈及转运仓储设施，出土了 10 余吨宋代铁钱和大量门类较多的遗物[①]。

河北省黄骅市海丰镇也是一处已经发掘的宋金时期重要市镇遗址，发现了大量密集的遗迹，其中以灰坑为主，也发现了少量推测可

---

① 青岛市文物考古研究所：《山东胶州古板桥镇考古发现宋代建筑基址》，《中国文物报》2010 年 8 月 27 日第 4 版；青岛市文物保护考古研究所编著：《胶州板桥镇遗址考古文物图集》，科学出版社 2014 年版。

能为商铺的建筑遗址。瓷器出土量很大,窑口丰富,以金元时期为主。发掘报告编写者认为海丰镇遗址是金元时期有瓷器贸易的港口遗址。同时,金代中期以后登州港关闭,造成板桥港的衰落,原本盐业兴盛的海丰镇崛起,取而代之,也是金代中期朝廷把盐使司设立在海丰镇的原因[①]。

江南市镇在宋元时期得到了很大发展,明清时期进入繁盛阶段。但对江南市镇的考古学研究工作十分有限。目前经过较为系统考古发掘的市镇以上海青龙镇为典型。青龙镇遗址通过近年来大面积的考古探勘和有针对性的发掘工作基本摸清了遗址的范围,遗址主要沿着吴淞江支流——通波塘两岸分布,南北长约3公里,东西最宽处1公里,距河道越近,文化层堆积越丰富。青龙镇遗址沿河分布的特征,体现了江南水乡市镇布局的特点。勘探显示,宋代青龙镇的范围比唐代更大,这与文献中青龙镇形成于唐代、鼎盛在宋代的记载相符。有针对性地发掘了若干重要遗迹,其中隆平寺地宫出土了珍贵文物,更有价值的是出土的大量陶瓷器,反映出青龙镇对外贸易港口的功能,为研究陶瓷贸易与流通和海上丝绸之路考古研究提供了新的材料[②]。

江南地区其他经过考古调查的宋元市镇包括朱家角、新场、同里、黎里、新市、南翔、菱湖、濮院等,通过从水系交通对市镇的影响、市镇核心区形成和变迁、各类建筑分布、镇内行业分布等方面的细致分析,初步将这些市镇大体划分为经过超经济力量人为规划过和顺应经济与地理、交通等因素自然发展起来的市镇两大类,并强调了

---

① 黄骅市博物馆、河北省文物研究所、吉林大学边疆考古研究中心编著:《2000年黄骅市海丰镇遗址发掘报告》,文物出版社2005年版;吉林大学边疆考古研究中心、河北省文物研究所、黄骅市博物馆编著:《华瓷吉彩:黄骅市海丰镇遗址出土文物》,科学出版社2011年版。

② 上海博物馆考古研究部:《上海市青浦区青龙镇遗址2010年发掘简报》,《东南文化》2012年第2期;青龙镇考古队:《上海市青浦区青龙镇遗址2012年发掘简报》,《东南文化》2014年第4期;上海博物馆编:《千年古港——上海青龙镇遗址考古精粹》,上海书画出版社2017年版。

市镇兴起性质及市镇产业结构变化对市镇产生的影响①。

此外，还对三峡地区的市镇进行了考古学工作与综合研究。三峡地区经过发掘和调查的十余处唐宋早期市镇的初步研究显示，根据其成因和功能的不同，可以分为因交通优势而兴起的商业市镇、因资源开发而形成的市镇、因商品经济和交通运输的繁荣而形成的复合型市镇以及服务型市镇四类②。

除了上述这些城镇遗址以外，宋代还有一些军事性质的城址。宋夏对峙时期，因为军事的需要，在今宁夏、陕西、甘肃等地区修建了大量堡寨。宁夏地区泾源、固原等县的堡寨大体可以分为平地的和山地的两大类型。平地城大多平面方形或长方形，山地城则据险而筑，平面形状不规则③。陕西地区也发现了大量的军事堡寨，如银州城、麟州故城、吴堡古城、通秦寨古城、葭芦寨故城、太和寨故城、罗兀故城、怀宁宅故城、安达城故城、石城子遗址、丹头寨故城、万安寨故城、安塞堡故城、龙安寨故城、保安军故城、得靖寨故城、金汤故城、铁边城遗址、白豹古城等④。川峡地区还保留了大量抗蒙元山城，对这批山城陆续进行了田野踏查，如合川钓鱼城、金堂云顶山城、广安大良城、兴文凌霄城、宜宾登高城、剑门苦竹寨、三台寨、南宋运山古城、苍溪大获城、平昌小宁城、万州天生城、云阳磐石城、合江

---

① 杭侃：《宋元时期的地方城镇——以中原北方、川东和江南地区为例》，载侯仁之编《燕京学报》（新23期），北京大学出版社2007年版，第1—98页；张薇薇：《太湖东南地区市镇的考古学调查研究》，北京大学考古文博学院博士论文，2012年。
② 李映福：《三峡地区早期市镇的考古学研究》，四川出版集团巴蜀书社2010年版。
③ 鲁人勇：《固原地区北宋五城寨遗址考》，《固原师专学报》1990年第1期；余军等：《泾源县永丰唐宋古城》，载中国考古学会编《中国考古学年鉴·1993》，文物出版社1995年版，第254—255页；余军等：《固原县马园宋城址》，载中国考古学会编《中国考古学年鉴·1993》，文物出版社1995年版，第255页；余军等：《固原县卧羊山宋城》，载中国考古学会编《中国考古学年鉴·1993》，文物出版社1995年版，第255—256页；余军等：《固原县头营宋元城》，载中国考古学会编《中国考古学年鉴·1993》，文物出版社1995年版，第256页；余军等：《固原县二营宋元城》，载中国考古学会编《中国考古学年鉴·1993》，文物出版社1995年版，第256页；余军等：《固原县胡大堡宋城》，载中国考古学会编《中国考古学年鉴·1993》，文物出版社1995年版，第257—258页。
④ 戴应新：《银州城址勘测记》，《文物》1980年第8期；刘缙：《北宋西北地区城寨述论》，《文博》2004年第5期。

神臂城、宋白帝城、南川龙岩城、通江得汉城、巴中平凉城、渠县礼义城、大竹荣城、富顺虎头城、彭水绍庆城、合江榕山城、乐山三龟九顶城、南充青居城、重庆多功城、涪陵龟陵城等①。

其中，合川钓鱼城、宋白帝城遗址等近年还进行了较系统的考古发掘。钓鱼城遗址位于重庆市合川区东城半岛的钓鱼山上，其地雄关高峙，控扼嘉陵江、涪江、渠江三江。钓鱼城遗址由钓鱼山山顶环城，南、北一字城墙及南、北水军码头共同组成，另有连接水军码头的城墙一道，现存各段城墙总长7320米（图1-14）。环山城城墙连接镇西门、始关门、小东门、新东门、菁华门、出奇门、奇胜门，城墙上散布小型马面和排水孔多处。城内分布有护国寺、古军营、皇城、武道衙门及石照县衙、大草房、范家院子等一批宋元时期遗址②。

---

① 胡昭曦：《南宋云顶山石城遗址》，《成都文物》1984年第1期；胡昭曦：《广安县宋末大良城遗址考察》，《四川文物》1985年第1期；丁天锡：《宜宾地区境内的三座抗元山城遗址》，《四川文物》1985年第2期；何兴明：《南宋抗元遗址——剑门苦竹寨》，《四川文物》1985年第3期；蒲国树、陈世松：《宋末涪州治所——三台寨考察》，《四川文物》1987年第3期；邹重华：《金堂宋末云顶山遗址再探》，《四川文物》1988年第5期；陈言昌：《南宋运山古城遗址》，《四川文物》1988年第4期；王峻峰：《大获城遗址》，《四川文物》1989年第4期；唐唯日：《钓鱼城古战场遗址》，《四川文物》1989年第6期；马幸辛：《平昌发现南宋小宁城遗址》，《四川文物》1990年第3期；滕新才：《宋末万州天生城抗元保卫战》，《四川文物》1993年第1期；潘龙茂：《云阳盘石城初考》，《四川文物》1993年第1期；王庭福、罗萍：《南宋神臂城遗址》，《四川文物》1993年第1期；薛玉树：《宋元战争中四川的宋军山城及其现状》，《四川文物》1993年第1期；陈剑：《汉白帝城位置探讨》，《四川文物》1995年第1期；张钦伟：《南川抗元名城龙岩城》，《四川文物》1996年第4期；岳钊林：《通江得汉城宋元以来的战略地位》，《四川文物》1997年第4期；马幸辛：《宋元战争中川东北山城遗址考》，《四川文物》1998年第3期；唐长寿：《乐山宋代抗元山城三龟九顶城初探》，《四川文物》1999年第2期；龙鹰、王积厚：《南宋抗元遗址淳佑故城》，《四川文物》2003年第2期；郭健：《南宋抗元遗址——礼义城》，《四川文物》2007年第3期；侯博等：《南宋四川山地滨江防卫型城池营建研究——以重庆多功城为例》，《后勤工程学院学报》2014年第1期；符永利、蒋九菊：《四川抗蒙战争遗产：广安大良城考古》，《大众考古》2014年第6期；蒋晓春等：《四川省蓬安县运山城遗址调查简报》，《西华师范大学学报（哲学社会科学版）》2015年第2期；重庆市文化遗产研究院：《忠县皇华城遗址文物调查简报》《重庆云阳磐石城遗址考古发掘报告》《重庆两江新区多功城遗址2017年度考古发掘简报》，载重庆市文化遗产研究院编《江汉考古》2020年增刊（湖北荆门考古报告及论文集）；重庆市文化遗产研究院、涪陵区博物馆：《重庆涪陵区龟陵城遗址2017年调查与试掘简报》，载重庆市文化遗产研究院编《江汉考古》2020年增刊（湖北荆门考古报告及论文集）。

② 袁东山、蔡亚林：《合川钓鱼城古战场遗址取得重要发现》，《中国文物报》，2010年2月5日第12版；袁东山、蔡亚林：《重庆合川钓鱼城南一字城遗址》，《中国文物报》，2012年2月10日第4版。

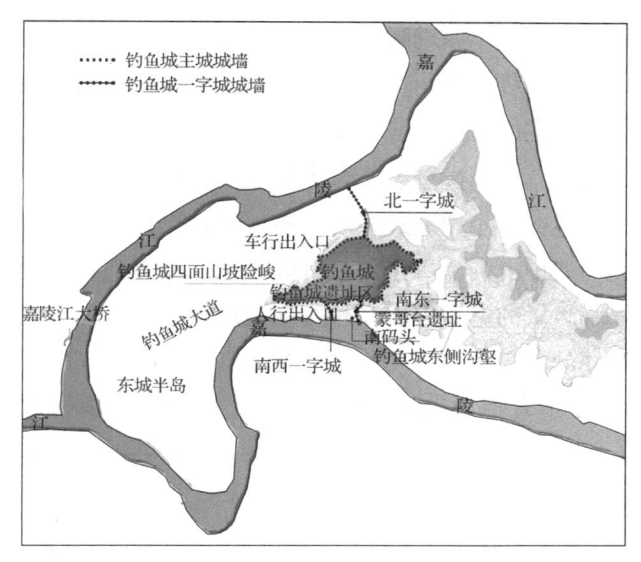

图 1-14 合川钓鱼城平面示意图
（采自孙华《羊马城与一字城》，《考古与文物》2011年第1期）

南宋白帝城坐落在瞿塘峡夔门西口，面积约5万平方米。平面不规整，略呈马形。城门6处，东、西、北各1处，唯靠近长江的南方有大小不同的两座城门，另有水门1座。所谓的东西城门也位于东西两头南边靠近长江的地方，可以反映出此城对长江水道的依赖。宋瞿塘关和子阳城间，以一字城相连，从一字城的走向看主要为了防御西来之敌。整座山城前带大江，后枕重岗，城内高差401米，城的大小和城墙走势受地形的制约，城内布局被自然山势分割成独立的三大片区。城附近还发现了几处军事城堡或设施[①]。

总体看，这些山城都依山形水势、据险而筑，多位于交通要道，彼此呼应联系，侧重防御设施如一字城、羊马城等设施的修筑。有学

---

① 袁东山：《瞿塘天险战略要地——奉节白帝城遗址的勘探与发掘》，载徐光冀主编《永不逝落的文明——三峡文物抢救纪实》，山东画报出版社2003年版，第120—127页；袁东山：《白帝城遗址：瞿塘天险 战略要地》，《中国三峡》2010年第10期；重庆市文化遗产研究院、奉节县文物管理所：《重庆奉节白帝城遗址2017年度发掘简报》，载重庆市文化遗产研究院编《江汉考古》2020年增刊（湖北荆门考古报告及论文集）。

者进一步对已调查的山城进行分析，一方面根据其行政等级将其归拢为制司一级、路一级、府州军监一级、县一级四个等级，另一方面又根据这些山城所在的地理形势将宋代四川的地区的山城划分为：山顶类型、半岛类型、岛洲类型、复合类型四个类型[①]。

近年来，还针对土司城址开展了不少考古工作，其中以贵州遵义播州土司关囤遗址群的考古工作最具代表性。关囤遗址主要分布在以海龙囤为核心区域的周边山巅。海龙囤遗址位于汇川区高坪镇海龙囤村，遗址现存城垣总长5773米（含"新王宫"院墙477米），所围合的面积近38万平方米（图1-15）。其中，囤顶"大城"南、北城垣

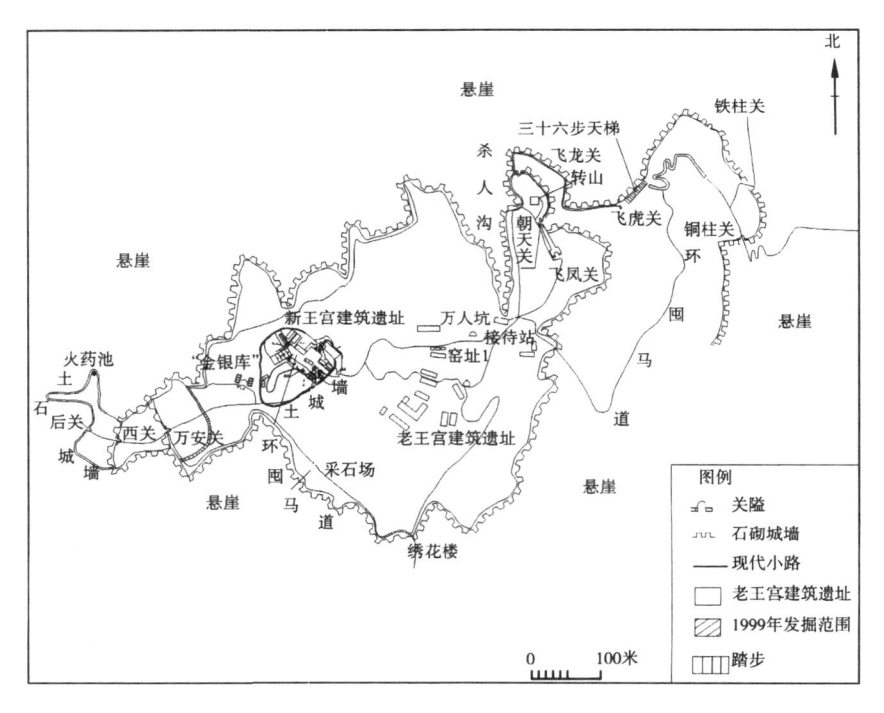

图1-15 贵州遵义市海龙囤遗址平面图
（采自贵州省文物考古研究所、遵义市汇川区文体广电局《贵州遵义市海龙囤遗址》，《考古》2013年第7期）

---

① 孙华：《宋元四川山城的类型——兼谈川渝山城堡寨调研应注意的问题》，《西华师范大学学报》（哲学社会科学版）2015年第2期。

为南宋时期遗存,应即杨文为抗蒙而建的"龙岩新城"之一部分。东西两端现存的关隘及与之相连的城垣,以及"新王宫"等遗址,应该是末代土司杨应龙于明万历年间"重建"①。养马城遗址位于海龙囤东面2.5公里,地处数个小山头围合而成的山间盆地中,平面呈不规则形,现存城墙周长约3500米,城内面积约为35万平方米,发现城门6处,多设于山间垭口处,有叠涩顶和拱券顶两类,经勘查和局部清理,"衙门"遗址大致始建于宋,明代扩建②。此外还对海龙囤遗址周边的其他关囤遗址进行了考古调查和勘测工作③。

此外,较为重要的还有湖南永顺县城老司城遗址,为永顺宣慰司数百年的司治所在,也是湘鄂渝黔土家族地区规模最大、保存状况最好的土司城址(图1-16)。自1995年起,对该城址进行了大规模的考古勘察和发掘工作。文献记载今老司城的营建始于南宋初年,目前发掘揭露所见虽主要是明清时期的遗迹,但考古发现亦表明在明代修建老司城宫殿城墙以前,老司城已有很长的居住过程,而且存在高规格建筑④。与老司城类似的还有时代稍晚的唐崖土司城址,近年也做了大量的考古工作⑤。

这些土司城址是西南地区古代族群维持自己政权而建设的山地建筑典范,不少城址延续时间长,规模宏大。山城的建设者充分利用地形地貌,人工建筑与自然地物相得益彰,构成了完整的山地军事防御体系,成为公元10至17世纪山地城市和建筑的杰出范例⑥。

---

① 贵州省文物考古研究所、遵义市汇川区文体广电局:《贵州遵义市海龙囤遗址》,《考古》2013年第7期。
② 贵州省文物考古研究所、重庆市文化遗产研究院:《贵州遵义市养马城遗址调查与试掘简报》,《考古》2015年第11期。
③ 周必素、李飞:《贵州遵义播州杨氏土司遗存的发现与研究》,《考古》2015年第11期。
④ 湖南省文物考古研究所、湘西自治州文物局、永顺县文物局编:《永顺老司城》,科学出版社2014年版;柴焕波:《老司城考古二十年》,《中国文化遗产》2014年第6期。
⑤ 湖北文物考古研究所、中国人民大学历史学系考古教研室、咸丰县文物局:《湖北咸丰唐崖土司城址调查简报》,《江汉考古》2014年第1期;湖北省文物考古研究所、咸丰县文物局:《咸丰唐崖土司城址衙署区发掘简报》,《江汉考古》2014年第3期。
⑥ 孙华:《土司遗址:中国古代山城的杰出代表》,《世界遗产》2013年第1期;孙华:《中国土司遗产考古》,《南方文物》2015年第1期。

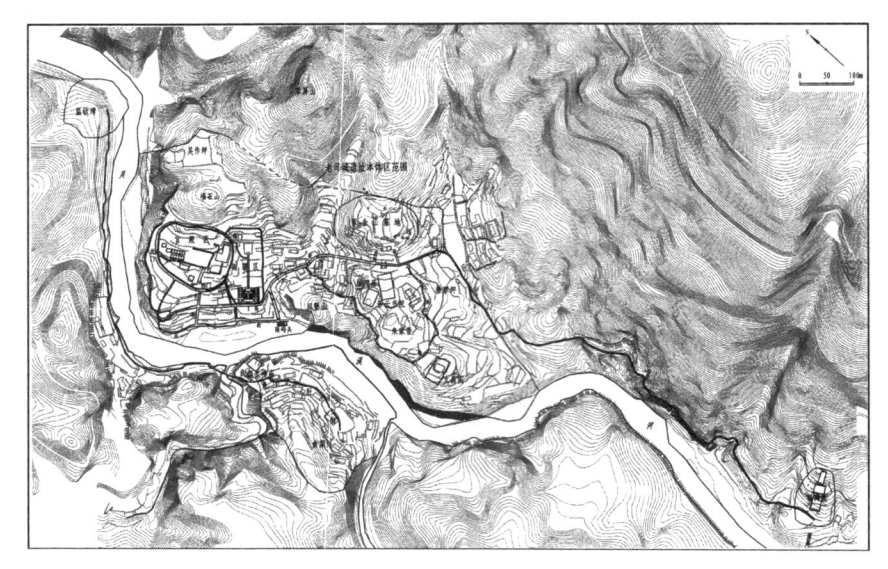

图1-16　永顺老司城遗址平面图
（采自柴焕波《老司城考古二十年》，《中国文化遗产》2014年第6期）

近年来，围绕着一些宋代地方城市的核心区域——特别是子城和衙署，也做了不少考古工作。比如，西南地区的重庆老鼓楼衙署遗址。该遗址位于重庆市渝中区解放东路望龙门街道巴县衙门片区，2010年起进行了考古发掘工作。发现的南宋时期大型夯土包砖式高台建筑基址，是南宋淳祐二年（1242）四川制置司移驻重庆后的治所所在，成为南宋川渝山城防御体系的战略枢纽和指挥核心。南宋以降，老鼓楼衙署遗址兴废频繁，但作为衙署一直沿用至清[1]。北方地区如针对绛州署的主动性考古发掘工作。绛州衙署现存大堂是元代遗构，绛州城也是自隋唐以来古今沿用的城址，历来为学术界所瞩目。近年山西省考古研究所对绛州衙署遗址进行了发掘，对大堂院落及其南侧

---

[1] 袁东山、蔡亚林：《重庆市渝中区老鼓楼衙署遗址》，载国家文物局主编《中国重要考古发现·2011年》，文物出版社2012年版，第157—161页；重庆市文化遗产研究院：《渝中区老鼓楼衙署遗址高台建筑F1发掘简报》《重庆渝中区老鼓楼衙署遗址元代水池发掘简报》，载重庆市文化遗产研究院编《江汉考古》2020年增刊（湖北荆门考古报告及论文集）。

区域和东、西两路院落局部进行了揭露，明确了绛州州治衙署自唐代设立后，历代皆在原址沿袭使用①。江南地区则如对湖州子城、嘉兴子城的考古发掘工作②，如对金华子城的调查工作等③。这些考古工作虽只是针对城址局部的，但因为对象是城市的核心区域，对于了解当时城市的发展也是相当重要的。

  基于上述内容，初步可以将宋代城镇考古工作划分为三个大的阶段。20世纪前半叶是第一阶段，随着现代考古学在中国的兴起，零星地对宋代城市进行了田野工作，但当时开展的工作既没有田野考古的理论方法，也不具备中国古代城市发展的科学认识。严格意义上说，巨鹿城的工作尚不属于科学的考古发掘。1949年至20世纪70年代为第二阶段，这一阶段中国田野考古取得了巨大进展，但限于各方面的原因，针对宋代城镇的发掘基本仍处于起步状态，仅偶尔发掘了宋代遗迹，尚未系统地对宋代城镇进行考古调查或发掘。20世纪80年代以后，宋代城镇考古工作进入第三阶段。20世纪80年代初正式开始了开封城的勘察和发掘，随后开始临安城的调查勘测和发掘，扬州城的有目的性的发掘工作也逐步开展，以此为基点，宋代城市考古工作才真正发展起来。这一阶段的宋代城市考古工作，是在此前其他历史时期城市考古工作的基础上，特别是在隋唐长安、元大都的考古工作基础上进行的。一方面通过田野考古勘察和发掘取得了第一手资料，另一方面针对宋代城市大多为古今重叠型城址的特点，在不可能全面发掘的情况下，学术界逐渐发展和完善了古今重叠型城址的方法论

---

  ① 杨及耘、王金平：《考古发掘确定山西绛州衙署遗址年代和布局》，《中国文物报》2014年5月23日第8版。

  ② 郑嘉励、陈云：《湖州唐宋子城东城墙遗址》，载曹锦炎编《浙江考古新纪元》，科学出版社2009年版，第228—230页；郑嘉励：《湖州市唐宋子城遗址》，载中国考古学会编《中国考古学年鉴·2009》，文物出版社2010年版，第208—209页；浙江省文物考古研究所、嘉兴市文物保护所：《嘉兴子城遗址（2018—2019）发掘简报》，载浙江省博物馆编《东方博物（第七十八辑）》，上海书画出版社2021年版，第1—11、132页。

  ③ 蒋金治、朱佩丽：《金华子城考》，载浙江省博物馆编《东方博物（第五十一辑）》，中国书店出版社2014年版，第122—127页。

(详见本书第一章第四节)。其中以宿白和徐苹芳的工作最为重要,他们先后发表的《现代城市中的古代城市遗痕》①和《现代城市中古代城址的初步考查》②两文,正是在以元大都③和其他古今重叠型城址的考古工作和研究基础上,对古今重叠型城址工作方法的初步总结。此后在这一方法的指导下,逐步开展了若干宋代城市的考古调查、发掘和复原研究工作。特别是进入 21 世纪以来,宋代城镇考古工作开展的地域范围、关注的城镇类型和城镇中的子城、衙署等重要要素的调查、发掘和研究等内容,都较此前有了很大拓展。并初步在这些工作的基础上,对部分地区、部分类型的城镇进行了若干综合性的研究。

同时,通过前述的有关内容,可以反映有关宋代城镇考古发现与研究工作的一些特点。

首先,根据前述对宋代城市考古工作的总结可以反映的一个特点是,既往研究深化了我们对于宋代城镇"多样性"特点的认识。徐苹芳曾将宋元时期的地方城市按照城市的布局和街道系统分为四种类型:方形十字街式、方形(或长方形)丁字街式、长方形纵街横巷式、不规则形④。从已开展工作的宋代城址看,也基本大体可归纳为以上几种类型。徐苹芳也曾指出,在宋代城市发展中,经济性市镇的兴起是其突出的特征之一;此前杭侃亦撰文指出"宋元城镇的类型远较隋唐丰富"⑤。通过近些年考古学界针对宋代市镇、军事堡寨和土司城址的考

---

① 徐苹芳:《现代城市中的古代城市遗痕》,载《远望集——陕西省考古研究所华诞四十周年纪念文集(下)》,陕西人民美术出版社 1998 年版,第 695—699 页。
② 宿白:《现代城市中古代城址的初步考查》,《文物》2001 年第 1 期。
③ 有关元大都城市考古工作的研究方法,请参考如下:赵正之遗著、徐苹芳整理:《元大都平面规划复原的研究》,载建筑史专辑编辑委员会编《科技史文集(二)·建筑史专辑》,上海科学技术出版社 1979 年版,第 14—27 页;徐苹芳:《元大都枢密院址考》,载庆祝苏秉琦考古五十五年论文集编辑组编《庆祝苏秉琦考古五十五年论文集》,文物出版社 1989 年版,第 550—554 页;徐苹芳:《元大都太史院址考》,载宿白先生八秩华诞纪念文集编辑委员会编《宿白先生八秩华诞纪念文集》,文物出版社 2002 年版,第 345—352 页。
④ 徐苹芳:《宋元明时期的城市遗迹》,载夏鼐主编《中国大百科全书·考古学》,中国大百科全书出版社 1986 年版,第 488—489 页。
⑤ 杭侃:《宋元时期的地方城镇——以中原北方、川东和江南地区为例》,载侯仁之编《燕京学报》(新 23 期),北京大学出版社 2007 年版,第 1—98 页。

古工作的进一步展开,更加深了我们对于宋代城址多样性的认识。

其次,在宋代城镇考古工作中,另一个突出的特点是绝大多数城镇都属于古今重叠类型的城址。目前已开展考古工作的宋代城址,除了罗州城、巴东旧县坪和部分军事堡寨、土司城址外,基本都属古今重叠型。

再次,以往已开展的考古工作,除了对少数军事堡寨的调查和对三峡地区城址的调查外,尚少有计划地对某一地区或某一类型城址进行系统调查的考古工作,这为了解城址的地区和总体面貌,了解城址的类型和时代特点造成了困难。

最后,相对于大量的宋代城市遗迹而言,已开展的考古工作无疑是十分有限的。尤其是大量古今重叠型城址,面临着建设与保护的尖锐矛盾。考古学界在这方面所做的工作,尚远落后于实际的需要。

第二节 研究对象

通过以上梳理不难发现,学术界对于宋代城市,尤其是宋代地方城市的考古工作十分有限,且具有零散性。

这集中体现在两个方面。第一个方面是,已开展考古工作的城址案例不仅绝对数量有限,且若在全国背景下检讨,则其在当时全国城市中所占比例很低。《旧唐书》卷三十八《地理一》记载:贞观十三年(639)分全国为十道之后,全国共有"州府三百五十八,县一千五百五十一";《新唐书》卷三十七《地理一》记:开元二十八年(740)户部账记全国凡"郡府三百二十有八,县千五百七十三"。这大体反映了初、盛唐时期李唐政权所控制地区内州县的数目。北宋国土面积比唐代缩蹙,郡县数目较唐有所减少。至北宋末收回燕山府和云中府之后郡县数目有所增长,《宋史》卷八十五《地理一》记载宣和四年(1122)"天下分路二十六,京府四,府三十,州二百五十四,监六十三,县一千二百三十四"。相较于这数量巨大的唐宋时期的城址,已开展过考古工作的数十处案例所占比例就很小。即便是相较于北宋末所辖一千二百余处县级城市,已开展考古工作的宋代城址大约不到当时宋代全部城市数量的5%。要从考古的角度进行宋代城市的工作和研究,给学术界留下的空白仍是巨大的。

第二个方面是,目前已经开展考古工作、特别是工作较为充分的宋代城市,有限地集中在当时的几个都城如开封、临安、洛阳,和几个区域性中心城市如扬州、宁波、广州等。这些城市考古工作主要配合基础建设展开,很少出现有计划性的调查发掘。如前所述,针对某一区域展开的有明确学术目的、有系统的调查则更少,除了三峡地区的地方城镇和西北地区的军事堡寨外几乎完全没有。甚至前者也不是学术界的主动工作,而是配合三峡水库基本建设进行的;后者的开展也很不充分,大量两宋时期的军事堡寨仍待调查,已调查的成果仍待刊布。

这个现状严重限制了从城市考古角度认识宋代城市的广度和深度。作为城市研究基础性工作的考古工作开展有限,直接导致了学术界对于宋代城市的规划和布局缺乏足够深入的认识。而且特别需要强调,这种认识上的限制并非因为前述古今重叠型城址在内的城市考古方法尚有缺陷带来的,而主要是由于以往工作尚存较多的缺环。

关于此,可以举北京城为例。徐苹芳主持了元大都和明清北京城的考古工作①,并对其进行了长期而系统的考古复原工作②。之后,在这样扎实的工作基础上,徐苹芳总结了古代北京不同时期的规划特点。有关内容,不一一赘述,仅举一例:譬如徐先生指出元大都采用

---

① 中国科学院考古研究所元大都考古队、北京市文物管理处元大都考古队:《元大都的勘查和发掘》,《考古》1972年第1期;后与《中国大百科全书·考古学》卷(中国大百科全书出版社1986年版)收录的"元大都遗址"词条合并重写,收入徐苹芳《中国历史考古学论丛》(允晨文化实业公司1995年版)。

② 徐苹芳:《明清北京城图》,地图出版社1986年版;徐苹芳:《元大都枢密院址考》《元大都中书省址考》《元大都路总管府址考》《元大都太史院址考》,载徐苹芳《中国城市考古学论集》,上海古籍出版社2015年版,第141—177页。

大街胡同布局的街道规划在当时是先进的，而中央衙署的分散布置则是不合理的，因此前一点也一直被明清北京城沿用到了1949年以前，后一点则在明迁都北京后改变了①。正是从一点一滴的考古工作积累起，从不同历史时期的城市考古复原工作扎实做起，徐先生才可能得出这样的科学的结论。这样的工作，需要由考古工作者完成；这样的工作，过去没完成，今天必须补上。否则研究就无法推进，进一步的讨论就无法深入和展开。

于此同时，其他学科关于宋代城市的研究，则已颇为广泛和深入②。议题所讨论的范围不断拓展，而且近年来一些关键议题的讨论不断深掘使其更加接近城市史的核心问题。例如学界对宋代城市管理问题的讨论，在以往研究基础上进一步展开了有关宋代城市的厢、坊、界、隅等概念的讨论，一方面涉及与前代城市兼具明确空间形态和管理职能的"坊"的关系问题，另一方面也触及当时城市的行政和军事管理问题；同时也在逐渐厘清宋代城乡居民户籍管理分治制度的基础上，明确了宋、辽已经开始出现了"拥有确定的行政区域和专门行政机构并实行独立行政管理"的"建制城市"，并且在金元得到普遍执行；这些问题，当然是宋元时期随着城市发展城市管理所做的重要调整，是当时城市史上的关键议题③。再如关于宋代城市的人口，

---

① 徐苹芳：《古代北京的城市规划》，载徐苹芳著《中国城市考古学论集》，上海古籍出版社2015年版，第66—76页。

② 近年历史、历史地理、建筑史等相关学科有关宋代城市的研究，成果颇丰，学术界已有若干综述论及，兹不一一赘述，参见宁欣、陈涛《唐宋城市社会变革研究的缘起与历程》，载李华瑞主编《"唐宋变革"论的由来与发展》，天津古籍出版社2010年版，第293—357页；还有包伟民《唐宋城市研究学术史批判》，《人文杂志》2013年第1期；再有杨贞莉《近二十五年来宋代城市史研究回顾（1980—2005）》，《台湾师大历史学报》第35卷（2006年6月），第221—250页。

③ 包伟民：《宋代的城市管理制度》，《文史》2007年第2辑，第187—227页；韩光辉：《宋辽金元建制城市研究》，北京大学出版社2011年版；鲁西奇：《唐宋城市的"厢"》，《文史》2013年第3辑，第191—246页；刘未：《宋代城市的界》，载杭州文史研究会编《历史上的杭州与中国城市史学术研讨会论文集》，2013年版。另，关于韩光辉一书的讨论和批评，参见包伟民《唐宋城市研究学术史批判》，《人文杂志》2013年第1期，第89—90页。

宋代城市的税制、市制以及与此相关的市场形态等研究①，虽然是传统的经典城市史议题，但近年来学者也颇多发明，使得问题更加清晰。

与前相比，宋代城市的考古学研究不仅显得冷清，而且由于研究的欠深入，使得讨论的问题仍停留在20世纪中后期"坊市制"的破坏和开放"街巷制"的确立这个层面。难以深入的同时，鲜有能够真正触及这一时期城市史研究核心问题的成果出现。

不得不说，这一现状和宋代城市的考古学研究十分缺乏是直接相关的，目前的宋代城市考古工作尚没有全面展开，必须从带有普查性质的田野调查工作开始。只有当这一阶段的工作基本完成，各个区域的城市面貌基本清楚，再加上不同时代的城市考古复原与研究工作初步具备了可以对应的成果，考古学角度的城市研究工作才可能真正深入。

当然，以往一些缺少坚实复原研究基础的城市史研究，也存在一定局限。例如历史学、历史地理学界在讨论城市的规模和等级问题时，所依据的资料往往来自于文献，特别对于文献所记载的城市规模（往往是城垣周长）是哪个时代形成的缺少辨析②。这样一来，就等于把不同时代的城市规模混同于文献记载的时代，造成了讹误。在此基础上所做的进一步研究，难免偏离了历史的实际。再如建筑史学界在讨论城市的发展时，往往对于城址的年代缺少明晰的区分。由高校城市规划专业指导委员会推荐的高校教材《中国城市建设史》③ 在讨论明代城市时，就举了成都、太原、扬州、平遥等作为各类型的典型

---

① 包伟民：《意象与现实：宋代城市等级刍议》，《史学月刊》2010年第1期；包伟民：《宋代城市税制再议》，《文史哲》2011年第3期；包伟民：《宋代州县城市市制新议》，《文史》2011年第1期。

② 成一农：《清代的城市规模与行政等级》，《扬州大学学报》（人文社会科学版）2007年第3期，较为详细的版本后见于成一农《古代城市形态研究方法新探》"第四章清代的城市规模与城市行政等级"，社会科学文献出版社2009年版，第126—139页。

③ 董鉴泓主编：《城市建设史（第三版）》，中国建筑工业出版社2007年版。

第一章 绪论

例证，但实际上这些城市都沿用了前代旧城，或多或少的有所改建、扩建甚至缩建，它们所反映的城市规划往往不全是明代的，同时具有前代城市的特点。要解决这类问题，先要从城市考古的角度，按照前述的城市考古工作方法，从今往古复原古代城市不同时期的面貌，确定其不同时期的城垣范围、城门、街道的格局，重要建筑的布局等。在这样的复原基础上，展开的研究才能够更为准确、可靠。

对于宋代城市规划和布局缺乏深入认识的另一个原因，则在于宋代城址大多沿用至今，属于古今重叠型城址，这类城址本身在调查和研究上具有困难①。一来古代城址大面积叠压在今天的建城区之下，考古钻探和发掘都存在相当大的困难。加上大量地方城址的文献记载和能够说明问题的遗迹遗物较少，就使得工作的开展更加受到限制。二来宋代城址大多沿用自前代的旧城，宋代城市的发展往往在前代旧城的基础上改建而来，新的城市规划受旧城之约束，不能完全表现出来。这种情况，也限制了对于宋代城市面貌和城市规划的认识与总结。

正是基于以上认识，笔者认为在进一步开展宋代城市的研究工作时，应该首先重视作为基础工作的宋代城市考古调查和研究工作——特别是针对一定区域有计划的城址调查与研究工作。

同时，在宋代城市建设史上，有一部分城市因为水患或者战争等原因遭到损坏以后，选择易地新建城市，这种平地而起的新城市不受旧城的约束，能够充分反映当时的城市规划和建城思想。选择这些新建城市作为考古工作的对象，前代城市的干扰被最大限度的排除，只需要按照古今重叠型城址的研究方法，厘清后代的影响，就能够复原宋代城市的面貌。这对于宋代城市的研究，可以起到事半功倍的效果。

---

① 宿白曾经精辟地指出，隋以前选地多以若干高地为中心的战国汉代城市，大多由于魏晋南北朝长期战乱的破坏一片狼藉。隋唐一统后，不少残破的旧城市逐渐被废弃，另在平坦或较平坦的地点，兴建了新城。这类城市大多经由宋代沿用至今。参见宿白《现代城市中古代城址的初步考查》，《文物》2001年第1期。

因此，为了更好地研究宋代城市的面貌，同时基于以往学术界对于隋唐宋元地方城市已经开展工作的侧重点①，本书决定首先以宋代北方地区的新建城市作为对象展开研究。

需要说明的是，除了对于学术界以往有关宋代城市考古工作的思考以外，选择宋代北方地区的新建城市展开研究，还有十分现实的考虑。目前，随着中国经济建设的飞速发展，城镇化进程不断加速，城市建设和古代城市保护之间的矛盾不断加剧。甚至时任国家文物局副局长的宋新潮指出历史文化名城是公布一座毁一座，如何在城镇化建设中解决好城市遗产的保护问题已成为当务之急②。然而，有效保护古代城市，必须建立在充分认识古代城市的基础上，考古工作是认识和研究古代城市的基础工作。以往考古学界针对古代城市、特别是地方城市的工作远远落后于实际需要，也落后于历史地理、建筑史、旅游等相关学科；现有形势下，对于古代城市展开考古调查和研究工作具有强烈的急迫性，本研究正是在这一背景下展开的。

第三节 工作程序

有关宋代城址考古工作的调查和研究情况，已如前述。其中，宋

---

① 参见宿白《隋唐城址类型初探（提纲）》，载北京大学考古系编《纪念北京大学考古专业三十周年论文集（1952—1982）》，文物出版社 1990 年版，第 279—285 页；杨晔：《山西、河北六座唐代州县城的初步考察》，北京大学考古学系硕士学位论文，1989 年；杭侃：《中原北方地区宋元时期的地方城址》，北京大学考古学系博士学位论文，1998 年；杭侃：《宋元时期的地方城镇——以中原北方、川东和江南地区为例》，载《燕京学报》新 23 期，北京大学出版社 2007 年版，第 1—98 页；冀洛源：《幽云地区的 9—12 世纪城址研究》，北京大学考古文博学院博士学位论文，2013 年。

② 在 2012 年 3 月 7 日两会期间举行的全国政协文艺界别联组讨论会议上，时任国家文物局副局长宋新潮表示："当前文物保护已经步入最关键的时候。不少历史文化名城名存实亡，历史文化街区成片被拆除，我们尽了最大努力进行保护，但即使是保留下的文物建筑，其周边环境也遭受到了严重破坏。" 新闻报道见央视网：https://news.cntv.cn/20120310/116261.shtml（检索时间：2023 年 10 月 14 日）。

代新建城址的保存情况目前并不十分清楚,尚无机构或个人展开过全面调查。在没有公开发表的调查报告可以参考的情况下,依靠现成的已经刊布的材料来做总结和提高是不可行的。因此,本研究必须是一项从田野调查开始并以此作为基础的研究工作。

基于这样的现状,本研究总的工作程序是:先通过梳理宋代以来的文献资料,遴选出部分宋代北方地区的新建城址;因其多为古今重叠型城址和笔者开展田野工作条件的限制,在不具备田野勘探和发掘的前提下,对这些城址进行以实地调查为主的田野考古工作;在考古工作所获第一手材料的基础上,再进一步对这些城址进行复原研究;并根据个案城址复原研究的结果综合排比分析,结合历史文献和以往学术界研究的成果,进行综合研究(图1-17)。

具体来说,首要工作是案例的选择。开展具体的考古调查与研究工作之前,需要通过对历史文献、现代方志、历史地图与航空照片的梳理和甄别,从中遴选出可供本课题研究的宋代北方地区的新建城址①。

在确定了宋代北方地区新建城址的名单之后,需要将历史文献保存较好、有较为翔实的资料且可供开展考古工作的城址从中筛选出来,进一步进行田野考古调查工作。并在完成田野考古调查后,对每一座城址进行具体的复原。

在完成单个城址的复原之后,开展对已复原城址的排比工作,将它们按照街道类型的不同划分为几类,以便后续研究工作的开展。

最后,结合历史文献和以往研究,对这些城址进行综合研究,从中归纳和总结这些城址所反映的城址类型、城市布局及规划和相关历史问题。

---

① 遴选宋代新建城址的标准和具体结果,详见第二章第一节。

```
                    ┌──────────┐
                    │ 查阅文献 │──────────┐
                    └────┬─────┘          ┆
                         ↓                ┆
                 ┌──────────────┐         ┆
                 │ 选择宋代新建 │         ┆
                 │   城址案例   │         ┆
                 └──────┬───────┘         ┆
   ┌──────────────┐     │                 ┆
   │查阅相关地图、│┈┈┈→│                 ┆
   │ 卫片等资料   │     ↓                 ┆
   └──────────────┘ ┌──────────────┐      ┆
                    │ 遴选可供开展 │      ┆
                    │ 考古工作的城址│     ┆
                    └──────┬───────┘      ┆
                           ↓              ┆
                    ┌──────────────┐      ┆
                    │  田野考古调查│←┈┈┈┘
                    └──────┬───────┘
                           ↓
                    ┌──────────────┐
                    │ 个案城址复原 │
                    └──────┬───────┘
                           ↓
                    ┌──────────────┐
                    │复原城址的类型│
                    │  排比研究    │
                    └──────┬───────┘
                           ↓                ┌──────────────────┐
                                            │因水患迁址新建城址│
                                            │  的背景及原因    │
                                            ├──────────────────┤
   ┌──────────────┐ ┌──────────────┐        │新建城址的布局和类型│
   │对历史文化名城│─│ 城址综合研究 │────────┤                  │
   │ 保护的意义   │ │              │        │新建城址的规模和等级│
   └──────────────┘ └──────┬───────┘        ├──────────────────┤
                           ↓                │宋代北方地区新建城址│
                    ┌──────────────┐        │ 反映的历史问题   │
                    │    结语      │        └──────────────────┘
                    └──────────────┘
```

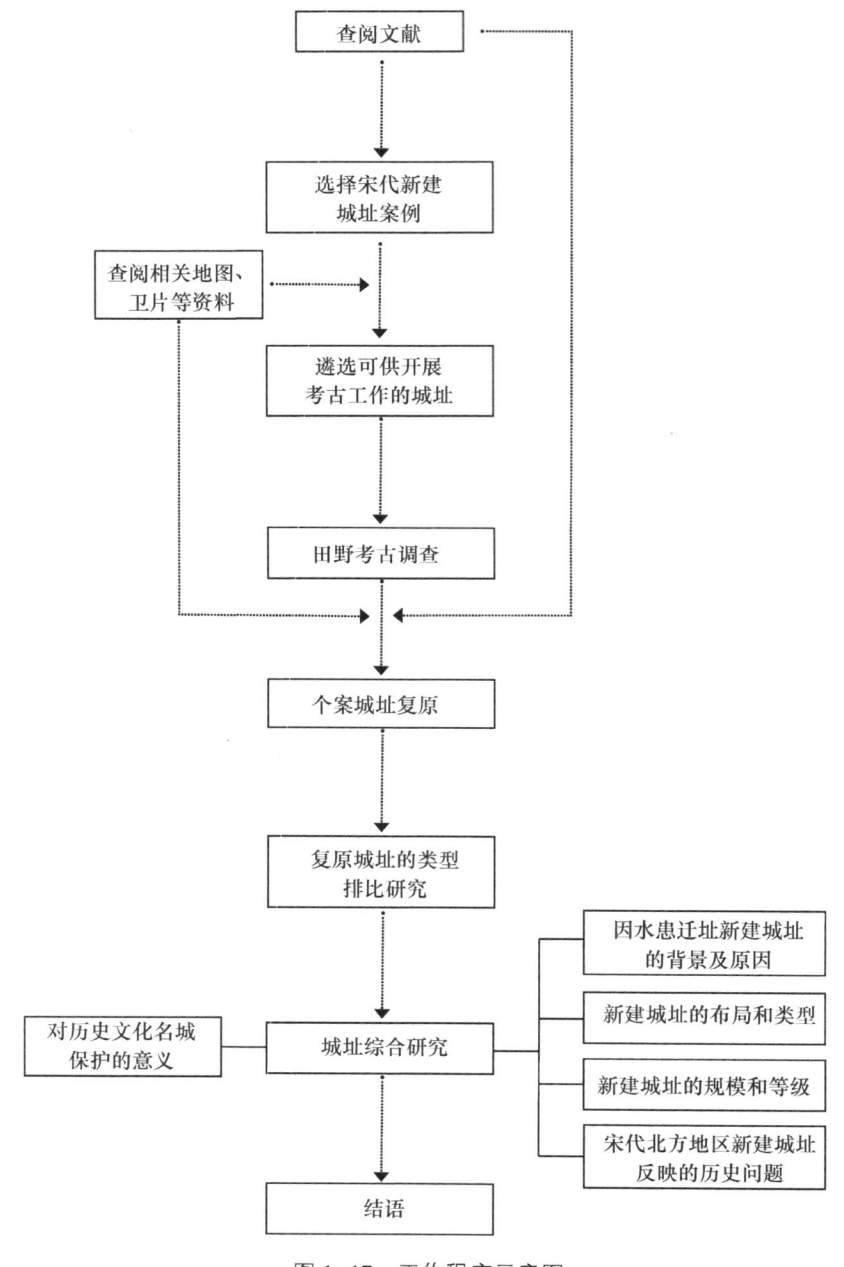

图 1-17　工作程序示意图

第一章 绪论

第四节 调查和研究方法

一 城市考古的特点与工作思路

中国古代城市的科学考古工作,目前学术界的意见一般认为始于20世纪20年代"中央研究院"史语所对殷墟的发掘[①],此后则陆续有对燕下都、城子崖等城址的发掘。1949年以后,城市考古工作得以全面展开,历代重要的都城如西安、洛阳、安阳、北京等,已连续发掘了半个多世纪,20世纪70年代以后又特别侧重于史前时期城址的调查和发掘[②]。

从这些工作算起,中国城市考古已经进行了将近1个世纪了,很多重要的古代城市连续几十年一直在进行考古工作,这正是古代城市和相关城市考古的特点所决定的。相较于其他考古遗址来说,古代城市遗址面积大,有的文化层堆积厚、延续年代长。例如良渚古城占地面积约50平方公里,郑州商城遗址面积达25平方公里,汉长安城仅城内即36平方公里,邺城包括它的城内和城外约50平方公里。这就给城市考古工作带来了巨大困难,不仅耗时长,而且难以采用考古发掘的方法全面地揭露城址。

基于此,徐光冀指出:"这么大面积,怎么做?首先要把它的范围、布局搞清楚,包括城墙、城门、街道的网络,它的宫殿区、手工业区、商业区等,这些都要搞清楚,起码在平面布局上要了解。""从我们工作的方向来讲,要有一个整体的认识。这样的话,我们才不至于因为面积太大,掉进去就出不来了。不要轻易地大规模发掘,主要是利用勘探的方法,或者是挖探沟的方法来解决这些问题。发掘面积

---

① 徐苹芳:《中国现代考古学的诞生》,载徐苹芳《中国历史考古学论集》,上海古籍出版社2012年版,第481—488页。
② 徐苹芳:《中国古代城市考古学研究》(未刊稿),北京大学考古文博学院授课讲义,2008年秋。

不大,但是基本情况我们可以掌握。""所以我是建议先尽量了解它的全貌,而且是用比较少的发掘,以勘探为主、发掘为辅的方法来做。"徐先生所说的,正是从事大规模的城市考古遗址所必要的田野考古方法。不这么做,就很难全面的认识古代城市遗址。徐先生举了广州为例:"作为南越国的都城来讲,我们现在了解的还是太少,只了解了宫殿区和园林区,其他区还是了解的很少,……像南越王宫署我们知道了它的宫殿区,但是我们还要抽出力量来了解它的整个平面布局,整体的情况。"①

事实上,这种情况不仅在历史时期的城址中存在,在史前和先秦时期的城址中也是一样的。例如,素来被认为是龙山时代的重要城址登封王城岗城址②、淮阳平粮台城址③等,目前大多只知道有龙山时期的城址存在,大体清楚其城垣分布范围,但对城内情况知之甚少。杜金鹏曾比喻这类城市考古工作的现状是"只有包子皮、没有包子馅"。城址本身的结构、布局等内涵尚不清楚,就为进一步认识城址带来了巨大的困难。更重要的是,这种情况在先秦城市中并非个例,而是普遍存在的情况④。徐苹芳就曾针对早期城市田野考古工作中的这一情况指出:"如果还停留在只发现一个个的城圈的阶段,再有多少新发现,也只能是重复发现,此项研究就要陷入一个停滞阶段。……考古学是微观研究,没有微观就没有宏观,没有微观的宏观,就像建在沙滩上的楼阁,不知道什么时候就会轰然倒塌。"⑤

---

① 徐光冀:《中国古代城市考古及其保护的有关问题》,《中国文物报》2008年1月25日第7版。
② 河南省文物研究所、中国历史博物馆考古所:《登封王城岗与阳城》,文物出版社1992年版;北京大学考古文博学院、河南省文物考古研究所:《登封王城岗考古发现与研究》,大象出版社2007年版。
③ 河南省文物研究所、周口地区文化局文物科:《河南淮阳平粮台龙山文化城址试掘简报》,《文物》1983年第3期。
④ 参见许宏《先秦城市考古学研究》,北京燕山出版社2000年版;钱耀鹏《中国史前城址与文明起源研究》,西北大学出版社2001年版。
⑤ 徐苹芳:《中国文明形成的考古学研究》,载徐苹芳《中国历史考古学论集》,上海古籍出版社2012年版,第29—38页。

可以说，徐光冀和徐苹芳两位先生的意见是非常值得重视的。正是由于城市考古的这一特点，针对古代城市的考古工作就必须注重城市的布局、重视城市的微观研究。仅靠田野发掘不可能解决城市考古的全部问题，面对这种情况就需要依靠其他手段来了解古代城市的整体面貌。

二　古今重叠型城址的调查与研究方法

但是，具体到古代城市的田野考古和研究工作，不同城址之间又有所不同。徐苹芳指出，中国古代城市可以按照其保存现状大体上分别为两类：一类是处于田野中城市，其中相当大比重的是早期城市如殷墟、汉长安城等；另一类是唐宋以后的城市，绝大多数都属古今重叠式的城址①。

这两类城市，其保存现状不同，开展考古工作的条件因而不同。在田野中的城市遗址，可以根据考古工作的需要，进行有计划的调查、勘探与发掘，从而较为全面地搞清楚城址的整体情况。而古今重叠型城址就不具备这一条件，以元大都为例，20世纪60年代徐苹芳开展元大都考古工作，面对的现实情况即是：元大都城遗址已有三分之二的面积被压在明清北京城之下，并且被压的是元大都城的精华所在。已经没有可能把元大都城的精华（包括宫城、隆福、兴圣三宫和包括琼华岛在内的西苑，以及太庙、社稷坛和中书省、枢密院、御史台等中央官署等遗址）发掘出来。但是，作为在中国都城史上占有特殊地位的元大都的考古工作，又是必须要进行的。元大都城市考古这

---

① 徐苹芳：《元大都考古序论》（未刊稿），北京大学考古文博学院授课讲义，2002年、2009年。孙华曾在2013年8月举行的"十至十二世纪东亚都城和帝陵考古与契丹辽文化国际学术研讨会"的大会发言中，将古代城市按照"古代城市所在区位"和"城址目前的地貌景观"将古代城址分为城镇、城郊、乡村和荒野四种类型，并指出不同类型的城址"开展考古的方法也有一定差别"，"需要遵循不同的工作方法和研究途径，才能准确地采集到有关历史时期城址的信息，从而复原当时城市的基本面貌"。但从考古调查与研究工作的实质上看，仍然主要是"城镇"和"乡村"两类，孙华则根据其在具体考古工作中可能遇到的技术方法的差异，又将其细化了。

41

类古今重叠式的城市，必须运用适合于其保存特点的考古工作方法，才可能达到预期的研究成果①。

历史时期古今重叠型城址的研究内容与方法，是在城市考古的实践中逐步总结的。元大都是这类城址之中，工作较全面也较具代表性的一例。徐苹芳在对元大都的复原中曾作出总结："城市考古学包括的内容十分丰富，凡是这个城市所遗留下来的遗迹和遗物都在城市考古的范围之内。但是最要紧的是要把这个城市的范围、道路和一些大建置（如宫苑、衙署、寺观、仓库、宅第府舍）的所在及其形制，特别是城市布局和规划的情况搞清楚。"②宿白则针对"沿用到现代的隋唐以来创建的城市"指出："我们认为首先要辨认这类城市在兴建以后范围有没有变化？城市的主要布局有没有改变，主要是指城门和主要街道的位置有没有变化？还有主要衙署和宗教建筑的位置有没有变动？城垣本身有没有增补？"③ 这些可以视作对古今重叠型城址研究基本内容的总结④。

在开展考古工作前，应进行充分的准备工作，大体上包括：研究史、文献资料、地图资料、航拍资料、近现代在这个古城中所发现的遗迹和遗物几个方面。研究史的整理是基础工作，考古工作的起点必须是建立在前人的研究成果这一基础之上的。应全面收集与该城有关

---

① 徐苹芳：《元大都考古序论》（未刊稿）第四节"元大都考古（古今重叠式城市）方法刍议"，北京大学考古文博学院授课讲义，2002年、2009年。
② 徐苹芳：《元大都考古序论》（未刊稿）第四节"元大都考古（古今重叠式城市）方法刍议"，北京大学考古文博学院授课讲义，2002年、2009年。
③ 宿白：《现代城市中古代城址的初步考查》，《文物》2001年第1期。
④ 以元大都为例，赵正之对元大都的复原研究，包括十个子目（1）元大都的中轴线；（2）元大都的外郭城与皇城；（3）宫城的位置和平面布置；（4）隆福宫与兴圣宫；（5）元大都的官署和仓库；（6）坛庙和寺观；（7）元大都的街道和坊市；（8）元大都城内的水系；（9）元大都城内北部的遗迹；（10）元大都平面规划的诸问题。可以看出，赵正之先生对元大都的研究工作，是从城市的中轴线与城市范围、宫城和重要建置（官署、仓库、坛庙、寺观）的位置与规模，街道和水系的分布情况来逐一分析并最终复原的；参见赵正之遗著、徐苹芳整理《元大都平面规划复原的研究》，载建筑史专辑编辑委员会编《科技史文集（二）·建筑史专辑》，上海科学技术出版社1979年版，第14—27页；此后，徐苹芳又对以上这些问题和元大都部分重要建置的复原，进行了大量细致的复原工作。这些问题正回答了宿白所提出的主要内容。

的文献资料，主要内容包括它的建城历史，各类建筑的历史形制，街巷布局方位和特点，河湖水系工程建设，自然灾害情况，重大历史实践活动的路线和地点，以及有关建筑的方位等。文献资料主要包括正史、政书（实录、典章）、方志、诗文集、碑刻等。在搜集文献史料的同时，应对所从事考古的城市作创建史料编年辑证，这是一项基础工作。地图资料是开展城市考古最重要的一项。要掌握近现代以实测方法绘制的城市图，越早越好——因为可以保留更多的古代城市遗迹的痕迹。现代航拍的照片是很重要的资料，实测技术有优劣，航拍照片只要年代确定，判读正确，它的史料价值是极高的。近现代发现的遗迹、遗物尽管是非科学考古的发现材料，但只要它们发现的地点明确，仍要注意这些材料①。

需要特别说明的是，本书在进行城址调查和复原时，有少数城址，通过联系当地城建、测绘部门获取了大比例的城市地图。但总体看，因为调查城址数量众多，仍有相当数量的城址没有实测的地形图。幸而，目前这些城址基本都已经能够通过谷歌地球（Google Earth）软件获取近年来拍摄的清晰的卫星图片，在一定程度上弥补了这一缺憾，使得城址的调查和复原工作得以在此基础上展开。同时，作者还查阅了北京大学城市与环境学院入藏的相关城址20世纪50年代至20世纪70年代1∶5万地形图，除这些地形图本身反映的城址信息外，通过这些地形图对相关的卫星图片进行校正，也对城址的复原工作起到了相当大的帮助。特别值得感谢的是，中国社会科学院考古研究所刘建国老师提供了该所入藏的部分城址的20世纪60年代至20世纪70年代美国Corona卫星影像，这批卫星影像质量较高②，且拍摄时大规模的城市化和城市建设尚未展开，不少今天已经无存的历史遗

---

① 徐苹芳：《元大都考古序论》（未刊稿）第二节"元大都研究史"、第三节"元大都考古的预备工作"，北京大学考古文博学院授课讲义，2002年、2009年。
② 参见 Corona, America's First Satellite Program, History Staff, center for the study of intelligence, CIA, Washington D. C., 1995. 需要说明的是，十余年前在笔者开展调查和写作时Corona卫星影像的利用在国内学界尚较少，刘建国老师提供的资料给本书的写作提供了很大的支持，谨表谢忱！

迹尚在，对于进一步做比较细致的复原工作大有裨益。

完成以上准备工作之后，就需要把全部的遗迹和遗物标定在选定的近现代实测地图上。在确定这些遗迹时，除了城垣、古建筑、碑刻、考古发掘出土的遗址是比较常见的对象外，还有一些对象是比较重要的，包括墓葬、窖藏、古树、地名、古代城市遗痕等各类遗迹及现象。

宿白在20世纪90年代研究汉晋时期威武城时，就是从20世纪50年代起武威城市建设过程中不断发现的汉晋墓葬的分布以及墓表材料来确定城址的范围的，并通过这一研究厘正了历史文献对武威城规模的讹记[①]。宿白对宣化城的研究，则综合了城垣遗迹、寺院和塔基遗址、窖藏、墓葬、古代建筑以及地势情况，并把这些现象综合地表现在现代实测图上，从而结合历史文献，从洪武以来的宣府旧城不断上溯，逐步复原了自唐辽以来不同历史时期宣化城的格局（图1-18）[②]。

赵正之对元大都的研究，在大都中轴线这一关于大都规划的重要问题上，利用了今天中山公园内（明清社稷坛、辽兴国寺）现存的金元时期的古柏，否定了自20世纪30年代以来对于大都中轴线偏于明清北京城中轴线之西这一错误认识，从而为了解元大都城奠定了坚实基础[③]。徐苹芳在研究元大都时，还利用了北京的坊巷志（《京师五城坊巷胡同集》《宛署杂记》《京师坊巷志稿》《京师坊巷志考证》）和其他文献中的地名材料。除了一些比较清楚的以建筑命名的地名外，徐先生还举"角头"为例。"角头"是元朝话，大都中有绒家务角头（北新桥）、枢密院角头（灯市西口）、大都路角头（交道口）、西市角头（西四丁字街）。明以后枢密院没有了，枢密院角头改称上角头，灯市东口改为下角头。明代灯市开了以后，连角头也淘汰了。

---

① 宿白：《武威行》，《文物天地》1992年第1、2、3期。
② 宿白：《宣化考古三题》，《文物》1998年第1期。
③ 赵正之遗著、徐苹芳整理：《元大都平面规划复原的研究》，载建筑史专辑编辑委员会编《科技史文集（二）·建筑史专辑》，上海科学技术出版社1979年版，第14—27页。

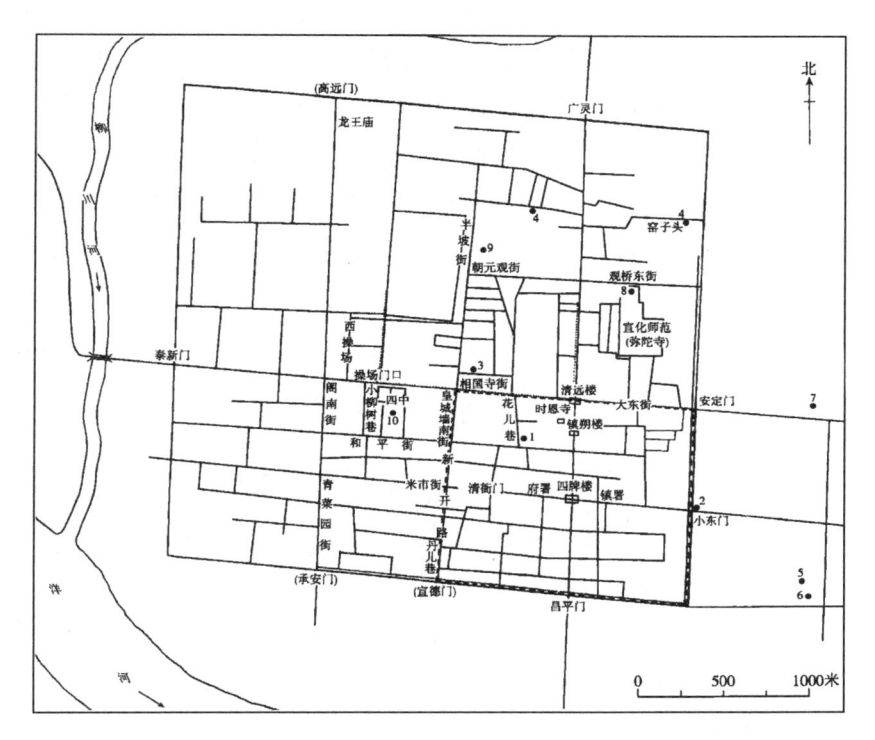

1.辽舍利塔地宫 2.金火葬墓 3.金末货币窖藏 4.夯土墙残段（金末）？ 5.辽姜承仪墓 6.粮库内辽墓
7.冷冻厂辽墓 8.宣化师范菜园内晚唐五代墓（？） 9.化工厂内辽墓 10.四中内辽墓
……唐武州城、辽归化城范围拟定线
……明皇城范围拟定线（据《续宣镇志》引胡东瓯记镇城兴废云："宣府西草<操>场之东及十字口<清远楼十字>之北，旧名皇城。"自《乾隆宣化府志》卷四一《杂志》转引）

图 1-18 宣化城区示意图

（采自宿白《宣化考古三题》，《文物》1998 年第 1 期）

大都路角头在大都路改顺天府后，只叫"角头口"，后来角头也不明白了，逐渐转音讹作交道口①。

在古今重叠型城址中，还有一类特别重要的遗迹现象——古代城

---

① 徐苹芳：《元大都考古序论》（未刊稿）第三节："元大都考古的预备工作"，北京大学考古文博学院授课讲义，2002 年、2009 年。

市的城垣、河湖、街道和大型建置所遗留的痕迹。如徐苹芳将北京市存留的元大都遗痕概括为三类：街道痕迹，大型建置废弃后在城市平面图上留下的大型建置的"印子"（图1-19），北京内城存留的元大都南城垣和护城河痕迹。这种现代城市中所遗留的古代城市痕迹，是在古今重叠城市内无法对古代城市遗迹进行大面积考古发掘时十分重要的研究方法，据此可以复原被埋在地下的古代城市的平面规划和布局①。

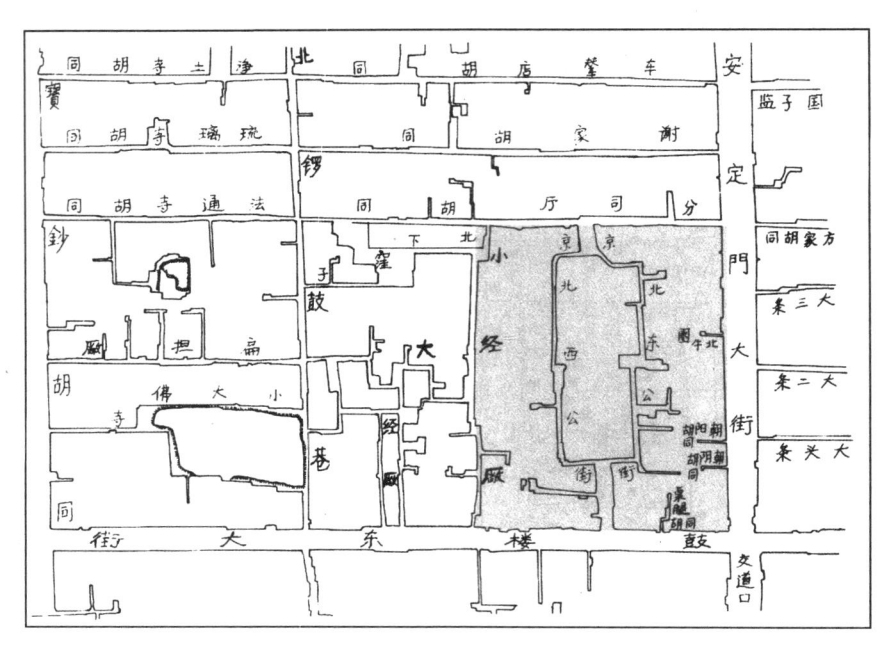

图1-19 与元大都路总管府址有关的北京街道
[采自徐苹芳《论北京旧城的街道规划及其保护》，《北京联合大学学报》（人文社会科学版）2008年第1期]

徐苹芳还特别指出，在实测图上记录全部遗迹、遗物、遗痕这项工作，是要在一个个大建置的历史演变过程的基础上，综合成为城市

---

① 徐苹芳：《现代城市中的古代城市遗痕》，载《远望集——陕西省考古研究所华诞四十周年纪念文集（下）》，陕西人民美术出版社1998年版，第695—699页。

图。在实测图上进行记录时,要根据文献记载,以点(地面现有的和地下新发现的)和线(大街、胡同)为基础,扩大至面(即一片,如宫城、皇城、苑囿),将不同时代的点、线、面全部记录下来。工作的程序,正如进行古代遗址发掘时一样,先从表土(现代)开始,一步步按时代弄清它的变化,一直到最底层,即从今往古推进,既排除了后代的因素,又弄清了古代的问题。其核心内容是改变考古工作者一般田野考古层位学的观念,把探沟、探方中按层位的发掘方法,转移到整个古今重叠的古城遗址上去,在现代的实测城市图上,发掘埋在下面的城市的遗痕。而这个过程,不能一次完成,要经过若干年的积累才能逐渐完成[①]。

通过这些考古案例和研究方法的总结,不难发现,对于古今重叠型城址,学术界已经总结出了一套行之有效的田野工作和研究复原方法。利用这种方法,可以把不适宜做大面积考古勘探和考古发掘的古代城市遗迹,在考古调查的基础上,结合古文献、古地图、航空照片、考古学的发现、历史地理学的研究等,科学地予以复原。这一方法尤其是对唐宋以后中国城市考古学有特殊贡献。中国考古学界利用这一方法对很多城市做了考古学的研究,这在20世纪后半叶的中国历史考古学上是一个重要的成果。

三 宋代古今重叠型地方城址研究的特殊性

除了上述古今重叠型城址的调查与研究方法以外,进行宋代古今重叠型地方城址的调查与研究工作,特别是其文献资料的收集和排比分析,还具有一定的特殊性。

地方城址不同于古代都城,文献的保存情况不如都城丰富,这给地方城址的研究带来了困难与挑战。但宋代以后,各类文集、笔记等材料较为丰富,历代还保留下来了比较丰富且成体系的地方志和金石

---

① 徐苹芳:《元大都考古序论》(未刊稿)第四节"元大都考古(古今重叠式城市)方法刍议",北京大学考古文博学院授课讲义,2002年、2009年。

汇编，这为宋代以来地方城址的研究提供了基础。宋代文集、笔记材料对这一时期城市研究的重要性，以往学术界关注较多，笔者在研究中也已予以充分注意，这里就不多赘述了。但地方志特别是明清地方志对宋元时期地方城址研究的重要性，仍有进一步说明的必要。

总体来看，北方地区地方志的保存情况不如南方地区，宋元方志保存得较少①，可资利用的地方志主要是明清时期的。明清方志所记载的城址情况，多是明清时期的实录，明清人追记宋元时期的城建情况也未能尽信。宿白即曾指出："明清志书记载唐宋事迹必须另有实证，不能轻易相信。"② 因此，如何利用明清方志研究宋元时期的城址，就是一个值得注意的问题。

事实上，现存大量的明清地方志中所记录和保留的资料与文献不只是明清两代的。在地方志中大量收录的有关金石和艺文材料中，常有宋元时期的材料。这就构成了宿白所说的"另有实证"。以往王曾瑜在谈及宋史研究时，也曾提醒研究者要注意利用地方志材料③。晚期地方志中保存的宋元时期的文献和金石材料，是我们研究的重要基础。

例如，本书中的聊城，在宣统《聊城县志》卷十《艺文志》之二"金石"就记有如下事例：在明清以来沿用的府治衙署后厅中保存了崇宁四年（1105）的宋徽宗御书碑，结合地方志和其他材料相关的宋以来聊城府治的文献记载，我们可以将聊城府治复原的年代提前到宋代（详见第二章第二节聊城部分）。

雍正《岚县志》卷二《城垣》记载宋代岚县城垣，明确说"宋知岚州事王舜臣于故城南改筑新城，周围计四里，高一丈五尺，濠深一丈，东西北三门，起工于元丰己未（二年，1079）之仲夏，告成于

---

① 参见中华书局编辑部《宋元方志丛刊》，中华书局1990年版；马蓉等《永乐大典方志辑佚》，中华书局2004年版。
② 宿白：《张彦远与〈历代名画记〉》，文物出版社2008年版，第3页。
③ 王曾瑜：《宋史研究要点》，《文史知识》2006年第9期。

绍圣丙子（三年，1096）之仲秋，有《郭孚新城记》"。雍正时期的县志对于宋代城垣情况记载能如此详细，是因为雍正修志时仍可见到宋代《郭孚新城记》的碑记。这就说明其所记宋代岚县城垣的兴筑年代和具体情况是可信的。又，雍正《岚县志》卷三《衙署》记载，岚县衙署中"诸堂壁所刻宋、元诗"，结合同书同卷对明清以来岚县衙署的记载，也正可以说明宋代以来岚县的衙署方位不曾改变。这都为我们复原岚县城的规模、布局和重要建筑提供了资料（详见第二章第二节岚县部分）。

顺治《乡宁县志》卷四《人文志》载有宋刘舒撰《重建文庙记》，详细记载了宋皇祐三年乡宁县因为水患迁至今址的经过，及随后在刘舒主本人持下在城内兴建文庙的情况。这就为我们了解宋代乡宁县迁治的时间、原因和城内文庙的兴建提供了第一手的文献资料，为城址的进一步复原研究奠定了基础（详见第二章第二节乡宁部分）。

隆庆《淳化县志》卷八《艺文志》中，收录了宣和七年（1125）的《吏隐堂记》，记叙了宋代淳化县县城和衙署的实况；乾隆《淳化县志》卷十四《衙署》"宋淳化县署"条，则记载了清代时宋县令张安祖吏隐堂额尚存于衙署中。这些内容就为我们考索宋以来淳化县治的变迁和复原城内建筑提供了资料（详见第二章第二节淳化部分）。

此类明清方志保存宋、金、元历代资料与文献的情况是相当普遍的。因此，我们在利用明清地方志时，不仅要重视其记载的明清时期地方城址的材料，更要对其所记录的宋元时期的材料予以充分的关注；不能只重视地方志中类似"城垣""衙署""祠庙"等看似与城址遗迹与研究直接相关的章节，更要重视其"艺文""金石"等部分收录的有关材料。在研究中，全面、深入地爬梳明清地方志，是有可能获得城址的早期文献资料的。这对宋元时期地方城址的研究是大有裨益的。本书在研究过程中，也遵循了这一原则。第二章中所重点复原的城址案例，除了本身遗迹和城址格局的保存情况外，也正是因为在明清地方志中保留了此类早期文献、金石材料（而不只是基于明清时期的记载）。本书对宋元时期城址的复原，除了对各类遗迹的调查和考古工作以外，也是有充分文献依据的。同时我们还应重视这些文献记载与调查所见遗迹的结合，例如对一些城内的建筑遗迹，其现存的木构建筑或许是晚期的，但其柱础如果是早期的那么结合文献就可能较为准确地复原这一建筑的历史。

如前所述，以往进行古今重叠型城址研究，前辈学者指出其核心内容是：改变考古工作者一般田野考古层位学的观念，把探沟、探方中按层位的发掘方法，转移到整个古今重叠的古城遗址上去，在现代的实测城市图上，发掘埋在下面的城市的遗痕。这其中，对重要建置或遗迹点的复原是相对容易的，结合遗迹和文献，我们可以把某一个建置从城址现状向前追溯到宋元时期，复原这一建置在宋元时期城址中的位置和规模。而街道等的复原则相对较为困难。针对这一点，从方法论的角度出发，在进行古今重叠型城址的复原研究时，还应重视重要建置或遗迹与街道的相互关系。倘若一个重要建置可以结合文献和遗迹将其上溯至明清或宋元时期，那么与之相邻起着交通作用的道路则也有可能上溯至同一时期。这就为我们由近及远地复原古代城址的平面格局提供了充分依据。

以上所述是古今重叠型城址考古调查和研究的基本方法以及宋代古今重叠型地方城址的一些特点。其也是本书在城址调查和研究过程中所遵循的工作方法。通过这一方法复原的若干宋代新建城址案例，是本书工作的一项难点，也是本书的基础。

第五节 案例的叙述体例和本书结构

如前述，本书的基础工作和难点之一是案例的调查与复原研究。案例调查的目的，首先是掌握遴选出的宋代新建城址的现状，特别是其遗迹的保存情况，然后根据遗迹的情况结合文献来追索城址的布局

第一章 绪论

和演变历史。

由此,案例材料的收集就需要经历文献及舆图收集、现场调查和材料编次三个过程。本书对城址的复原和研究工作,正是在此基础上完成的。与之相应,案例的叙述也主要包括三个方面,首先交代该城址的沿革概况——这是对该城址在宋代新建和历代沿用情况的简述;其次是该城址的现状——特别是遗迹的现状,这部分就是现场调查的主体内容,可以视作一份该城址的考古调查简报;再次是该城址布局的复原——这是结合调查简报和文献记载与舆图资料,经过材料编次后从今天向前反推得到的。通过这几个部分,基本可以涵盖案例需要讨论的主要内容。

当然,并非所有城址都能有条件完成以上内容,这就是为什么本书所调查的城址案例数目远远超出最后本书中复原案例的原因①。地方城址由于文献记载的缺失或者遗迹现状保存的凋敝甚至人为的破坏都使得本书的调查和研究工作困难重重;也正因为这一点,使本研究中已完成的案例复原和研究显得弥足珍贵。

在案例研究的基础上,本书的写作得以展开。本书的篇章安排并不复杂,第一章为绪论。第二章包括两方面的内容,第一节说明新建建制城址实例的遴选标准和符合本研究要求的遴选结果;第二节是遴选出具有代表性案例的调查和复原。第三章是对有关问题的综合分析及对地方城址保护工作的一点思考。最后一章是全书的结语。另外,基于城址营建大事年表对于城址研究的重要作用和意义,本书还根据各类文献、金石等材料将本书第二章重点讨论城址与城建有关的大事,整理成年表作为本书的附录,以供参考。这一部分是本书研究的基础,也是未来研究者进行深入研究的入手点,是本书研究的重要组成部分。

---

① 参见第二章。在本书研究过程中,进行过细致田野调查的两宋时期城址共计有56处。

第六节 本研究的目的与意义

首先，明确宋代北方地区的新建建制城址的数量和分布情况，并在此基础上调查、复原一批宋代新建城址，为了解宋代城市特别是地方城市的面貌提供新的第一手资料。

其次，基于这些新的资料，结合以往学术界的研究，对涉及宋代新建城址的若干重要问题——例如新建城址的背景及原因、新建城址的布局和类型、新建城址的规模和等级、宋代北方地区新建城址反映的历史问题等，进行初步的探讨，从而推进学术界对于宋代城市、以至于唐宋之际的城市发生的巨大变化的认识。

最后，希望能够在此基础上，基于田野调查的收获，对于目前严峻的古代城市（特别是历史文化名城）的保护形势、对于未来的城市考古工作，提出一些思考和建议。

第二章　宋代北方地区新建建制城市个案研究

第一节　实例的遴选

为进行新建城址的考古学田野调查，本研究首先比对历代地理总志、地方志和今天保存的城市地图，遴选出了一批宋代北方地区的新建城市实例，作为进一步进行田野考古工作和研究的对象。经过笔者统计共36处。现列表如下（表2-1、图2-1）。

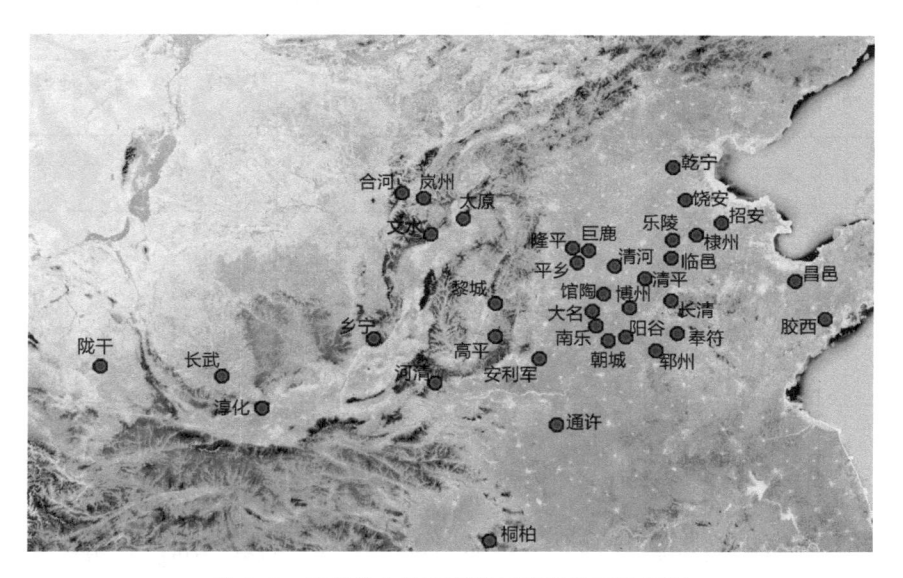

图2-1　宋代北方地区新建城市的分布示意图

需要说明的是本书所涉及的北方地区是指宋代京畿路、京东东路、京东西路、河北东路、河北西路、河东路以及京西北路、京西南路、永兴军路、秦凤路在秦岭——淮河一线以北的地区。本书所说的建制城市，是指宋代上述地区的府、州、县（未包括军、监、城、寨、堡等）。

表2-1　　　　　　宋代北方地区新建城市一览

序号	名称	地区	迁治时间及原因	资料出处
1	咸平县	京畿路开封府	咸平五年（1002）升通许镇为咸平县。	《宋史》卷八十五《地理志一》
2	胶西县	京东东路密州	元祐三年（1090），以板桥镇为胶西县，兼临海军使。	《宋史》卷八十五《地理志一》
3	长清县	京东东路齐州	长清县，至道二年（996）徙治刺榆店。	《宋会要辑稿·方域》五之一五
4	临邑县	京东东路齐州	建隆元年（960），河决坏旧城，三年（962）迁治。	《宋史》卷八十五《地理志一》
5	昌邑县	京东东路潍州	宋建隆三年（962）复置旧县，于旧城东南新建县城。	《宋史》卷八十五《地理志一》
6	奉符县	京东西路兖州	宋开宝五年（972）移治岱岳镇。	《宋史》卷八十五《地理志一》
7	郓州	京东西路郓州	宋咸平三年（1000），河决郓州，浸没旧城，遂迁治。	《宋史》卷九十一《河渠志一》
8	阳谷县	京东西路郓州	凡两迁，第一次迁：至皇朝开宝六年（973），又河水冲破县城，至太平兴国四年（979），移于上巡镇，即今县理。 第二次迁：景德三年（1006），徙孟店。	《太平寰宇记》卷十三《河南道十三》；《宋史》卷八十五《地理志一》
9	桐柏县	京西南路唐州	宋开宝间随淮渎庙迁治今地。	乾隆《桐柏县志》卷三《建置志》"城池"
10	河清县	京西北路河南府	开宝元年（968），移治白波镇。	《宋史》卷八十五《地理志一》 《宋会要辑稿·方域》五之一一

续表

序号	名称	地区	迁治时间及原因	资料出处
11	大名府	河北东路大名府	政和六年（1116），徙治南乐镇。	《宋史》卷八十六《地理志二》
12	馆陶县	河北东路大名府	熙宁六年（1073）六月十八日，北京留守司、河北都运司言："馆陶县在大河南堤之间，欲迁于高囤村以避水。"公私以为便，从之。	《宋会要辑稿·方域》五之一二
13	清平县	河北东路大名府	熙宁二年（1069），又割博平县明灵寨隶焉，本县移置明灵。元丰间，漯河决坏城，徙治明灵砦，即今治也。	《宋史》卷八十六《地理志二》；乾隆《清一统志》卷13"东昌府清平故城条"
14	朝城县	河北东路大名府	明道二年（1033），徙大名之朝城县于社婆村，避河患也。	《续资治通鉴长编长编》卷一一三
15	南乐县	河北东路开德府	元祐三年（1088）闰十二月癸卯朔，迁大名府南乐县于金堤东曹节村。	《续资治通鉴长编》卷一四九
16	乐陵县	河北东路沧州	熙宁二年（1069），徙治咸平镇。	《宋史》卷八十六《地理志二》
17	饶安县	河北东路沧州	熙宁二年（1069）八月，河决沧州绕安，漂溺居民，移县治于张为村。熙宁五年正月废县为镇。	《宋史》卷六十一《五行志一上》；《续资治通鉴长编》卷二百二十九"熙宁五年春正月己酉"条；《元丰九域志》卷二《河北路》
18	博州	河北东路博州	宋淳化三年（992），黄河水坏旧城，熙宁三年（1070）迁治。	《文献通考》卷三百十七《舆地考三》
19	棣州	河北东路棣州	宋大中祥符四年（1011）清河水坏旧城，迁治，八年（1015）新城毕。	《宋会要辑稿·方域》八之一四；《齐乘》卷三《郡邑》
20	招安县	河北东路滨州	庆历三年（1043），升招安镇为县。熙宁六年（1073），省为镇入渤海。元丰二年（1079）复为县。	《宋史》卷八十六《地理志二》
21	清河县	河北东路恩州	端拱元年（988），徙治永宁镇。淳化五年（994）徙今治。	《宋史》卷八十六《地理志二》
22	乾宁县	河北东路清州	太平兴国七年（982），以永安县之范桥镇置乾宁县。	《宋朝事实》卷一八

续表

序号	名称	地区	迁治时间及原因	资料出处
23	平乡县	河北西路邢州	宋建隆元年（960）漳河水坏旧城，大中祥符间迁治今平乡镇。	乾隆《平乡县志》卷二《地理上》"城池"
24	巨鹿县	河北西路邢州	宋大观二年（1108）五月丙申，邢州言河决，陷巨鹿县。诏迁县于高地。	《宋史》卷九十三《河渠志三》
25	通利军（浚州、安利军）	河北西路	政和五年（1115）八月己亥，都水监言："大河以就三山通流，正在通利之东，虑水溢为患。乞移军城于大伾山，居山之间，以就高仰。"从之。	《宋史》卷九十三《河渠志三》
26	隆平县	河北西路赵州	宋大观二年（1108）五月丙申，邢州言河决，陷巨鹿县。诏迁县于高地。又以赵州隆平下湿，亦迁之。	《宋史》卷九十三《河渠志三》
27	太原府	河东路太原府	宋太平兴国间，平北汉，毁晋阳城，七年（982）移治今址。	《宋史》卷八十六《地理志二》
28	文水县	河东路太原府	宋元丰八年（1085），避汾、文二水水患迁治。	明初《太原志·建置沿革》
29	黎城县	河东路隆德府	宋天圣三年（1025）迁治。	《宋史》卷八十六《地理志二》
30	乡宁县	河东路绛州	宋皇祐三年（1051），因旧县患河水迁治。	顺治《乡宁县志》卷一《舆地志》"城池"
31	高平县	河东路泽州	宋开宝六年（973）迁治，筑土城。	乾隆《高平县志》卷四《疆域志》"城池"
32	岚州	河东路岚州	宋元丰二年（1079）至绍圣三年（1096），于故城南改筑新城。	雍正《岚县志》卷二《城垣》
33	合河县	河东路岚州	宋元丰间，因旧城濒河地狭，迁治今地。	乾隆《兴县志》卷三《建置志》
34	淳化县	永兴军路耀州	宋淳化四年（993），升梨园镇为淳化县。	《长安志》卷二十《县十》
35	长武县	秦凤路泾州	咸平四年，升长武镇为县。五年，省为砦，属保定县。大观二年，复以砦为县。	《宋史》卷八十七《地理志三》
36	陇干县	秦凤路德顺军	元祐八年，以外底堡置。	《宋史》卷八十七《地理志三》

说明：表中路府州的划分，以政和元年为准。

资料来源：谭其骧：《中国历史地图集（第六册）》，中国地图出版社1982年版。

第二节 实例的调查

在选定表 2-1 所列城市实例后,为了深入了解这些城址遗迹的保存情况,以便进一步对城址的规模和布局进行复原,笔者对其中的大部分城址开展了田野调查;同时为了更好地认识宋元时期特别是本书所研究的宋代北方地区新建城址的面貌,为本书提供可供对比和研究的材料,还调查了其他一些宋元时期的城址[①]。

在此基础上,本书初步依据上述调查的资料并参考其他资料,选定了其中遗迹保存较好、文献记录较为清楚的 10 座城址作为重点讨论对象。下面按照地域分布,分述这 10 座城址。

一 聊城

聊城位于山东省西部,京杭大运河畔(图 2-1)。

(一)聊城沿革概况

《文献通考》卷三百十七《舆地考三》记载:

> 博州。春秋时齐之西界聊摄地也。战国时为卫、齐、赵三国之交。秦属东郡,汉为东郡、平原、清河三郡境。后汉属东郡、平原二郡地。晋属平原国,宋分置魏郡,后魏因之。其后置南冀州,隋初废。后置博州,炀帝初州废,以其地属武阳郡。唐复置博州,或为博平郡,属河东道,领县六(原注:聊城、博平、清平、唐邑、高唐、武水。)。周废武水县入聊城。宋为防御,以清

---

① 笔者在 2009 年至 2014 年调查的城址包括:山东省泰安、惠民、长清、聊城、昌邑、东平,河北省平乡、隆平、尧山、定兴、定州、保定、正定、大名、威县、邵固、涞源、涿州、北京良乡,山西省太原、岚县、兴县、文水、乡宁、黎城、高平、长治,河南省商丘、南阳、内乡、夏邑,陕西省淳化、韩城、耀州、米脂、绥德、清涧、汉中、西乡、城固、洋县、宁强、镇巴,四川省广元、剑阁普安、江油、绵阳、绵竹、广汉、彭州、阆中、三台、叙永、重庆,福建省长清、上杭等。

平县隶大名，属河北路。淳化三年（992），以河决，移治于孝武渡西。建炎后没于金，金属山东西路。嘉定十二年（1219）淮东制置贾涉纳降恩博景德四州，旋失之。

宣统《聊城县志》卷一《方域志》"沿革"记载：

宋，河北东路博州治聊城，领县四，一为聊城。金，山东西路博州治聊城，领县四，一为聊城。元，山东宣慰司东昌路总管府治聊城，领县六，分其五，一为聊城。明，山东布政司东昌府治聊城，领三州十五县，分其七，一为聊城。国朝因明旧制。

宣统《聊城县志》卷二《建置志》"城池"记载：

县，附郭。旧治巢陵故城，宋淳化三年（992）河决，城圮于水，乃移治于孝武渡西，即今治也。熙宁三年（1070）建城市。旧筑以土，明洪武五年（1372）守御指挥陈镛始甃以砖石，周七里一百九步，高三丈五尺，厚二丈，地（池）阔三丈，深二丈。门四，东曰寅宾，南曰南薰，西曰纳日，北曰锁钥。楼橹二十有五，绿云在西北，望岳在东北，最为擅名。环城更庐，四十有七，附城为郭，郭外各为水门，钓桥横跨水上，池深二十尺，广加十尺，阔倍之三。护城堤延亘二十里，以御水涨，金城倚之。万历七年（1579）莫与齐奉抚按檄重修敌楼二十七座，垛口二千七百有奇。国朝雍正九年（1731）重修护城堤，知县蒋尚思有碑记，载艺文。乾隆五十五年（1790）巡抚长麟奏准借帑生息，修筑通省城垣，于乾隆五十七年（1792）知县科普通武承修。道光□□年邑人杨以增出俸金捐修南面，光绪十□年邑人朱学笃等筹款补修。

第二章 宋代北方地区新建建制城市个案研究

由上知，宋淳化三年（992）因避水患，博州（聊城县附郭）徙治今地①。此后未易其地。明洪武间"始甃以砖石"的聊城城垣，即沿用自宋城。

（二）聊城现状

聊城老城四周为东昌湖，湖面广阔，故有"江北水城"之谓。原老城城垣民国时期尚存（图2.2.1-3）。在Corana卫星图像上，城墙范围、走向及部分遗痕（城门、瓮城、马面等）尚清晰可见（图2.2.1-1）；中国人民解放军总参谋部测绘局1967年7月航摄、1971年6月调绘，1973年出版的1∶5万聊城县地形图上，已经看不到城墙及城门，则城墙、城门的拆毁当在此之前。

图2.2.1-1 聊城城区Corona卫星影像
（图片由中国社会科学院考古研究所刘建国先生提供，上为北）

---

① 关于淳化间聊城徙治事，又见《宋会要辑稿·方域五》《宋史》卷八十六《地理二》"博州"，略同，不复赘。

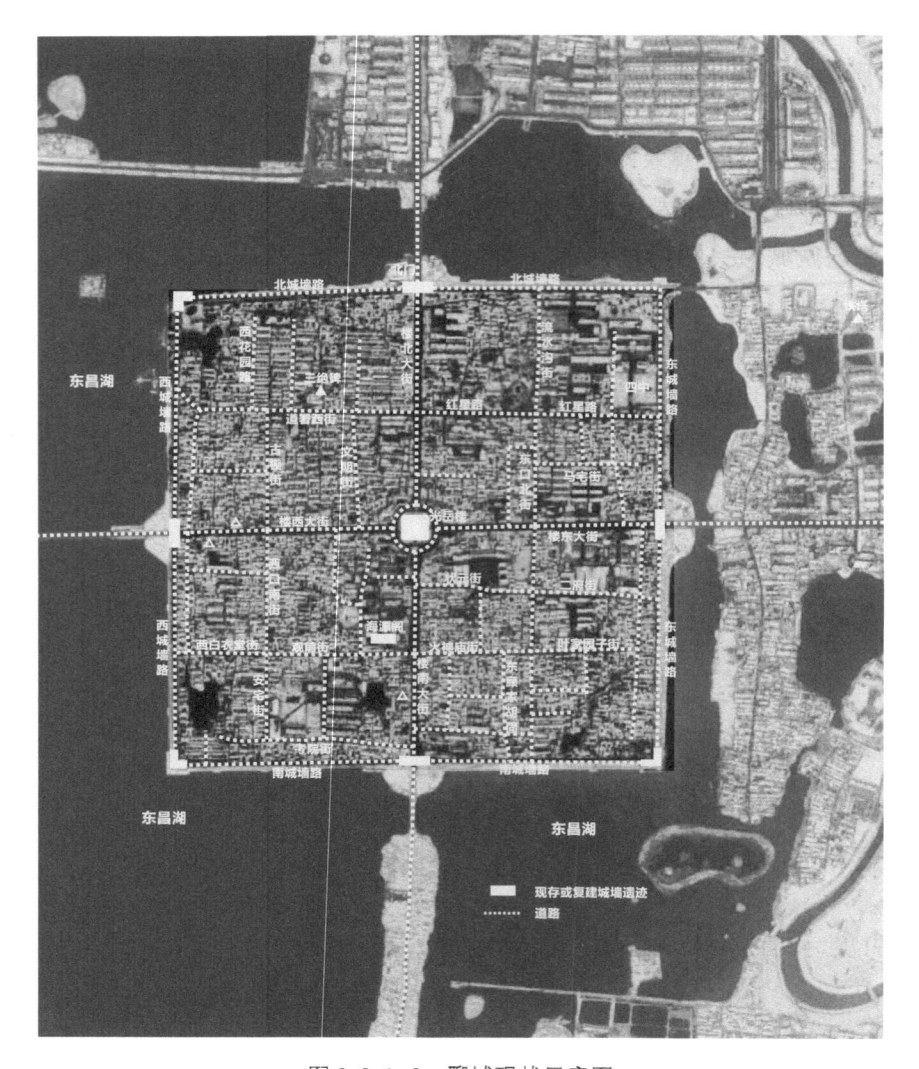

图 2.2.1-2 聊城现状示意图

（上为北，底图采自谷歌地球软件，拍摄时间为 2004 年 12 月 24 日，图中 △ 所示为笔者调查时采集钱币、瓷片处）

现城垣仅存部分残基。今东城墙路高于城内地表约 1.5 米，近年因老城内大规模拆迁，东城墙路楼东大街以南部分的西侧断面得以暴露，可以清晰地看到，东城墙路即叠压在原老城城垣之上。原城垣为三合土夯筑，内夹杂小石子，有很少量的瓷片和瓦片，未见城砖。夯层清晰，约20—25厘米不等（图2.2.1-4）。此外，在老城西北角，残存东西向城垣一段，约十余米，现上罩玻璃罩以保护之。夯土情况与东城墙路叠压者基本一致。

图 2.2.1-3　20世纪20年代聊城西城墙
（摄于聊城运河博物馆）

笔者于2011年3月前往聊城进行现场调查时，聊城正在进行"古城保护与改造工程"。城内大拆大建，至笔者调查时，老城区域内以"推平头"的方式大规模拆迁（图2.2.1-5），城内旧建筑几乎被拆毁殆尽，城市格局遭到了不可逆的严重破坏，并已开始了部分城门、城角和沿城内大街建筑的复建工程。已完成老城南门及西北、西南、东南三处城角的复建，北门、西门、东门的复建，正在进行中。

笔者调查时，城内可见多处正在拆迁和施工的工地，在部分工地上采集了一些遗物。采集点主要有两处。一处为楼南大街南段路西，另

图 2.2.1-4　东城墙路叠压残垣细部

图 2.2.1-5　聊城老城区卫星影像
（图片采自谷歌地球软件，拍摄时间：2012 年 2 月 18 日）

第二章 宋代北方地区新建建制城市个案研究

一处为楼西大街西段（图2.2.1-2）。这两处所见的瓷片和铜钱，都是在工地的取土坑中采集的，因此都没有准确的层位关系。其中在楼南大街南段路西海源阁南的取土坑中，发现了开元通宝、崇宁重宝等铜钱（图2.2.1-6），还发现了一些青瓷残片、白底黑花瓷残片、钧瓷残片和部分部分白瓷残片（图2.2.1-7）。

图2.2.1-6 楼南大街西侧海源阁南取土坑内采集崇宁重宝

楼西大街南段取土坑中采集的瓷片的窑口分布则似乎更加广泛，包括青釉瓷片、钧釉瓷片、白瓷片、白底黑花瓷片、青花瓷片等（图2.2.1-8，图2.2.1-9）。其中，图2.2.1-8中所见青花瓷片应是清代景德镇的产品；图2.2.1-9中的1号、4号白瓷残片质量很高，釉色

图2.2.1-7 楼南大街西侧海源阁南侧取土坑内采集瓷片

图2.2.1-8 西门里楼西大街南侧取土坑内采集瓷片

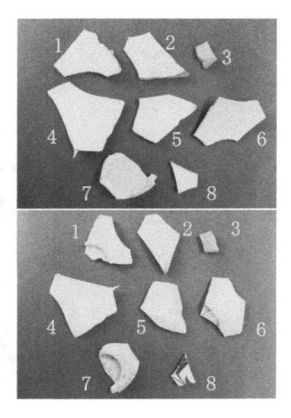

图2.2.1-9 西门里楼西大街南侧取土坑内采集瓷片

63

光亮，胎体薄俏，造型挺拔，应是定窑系金代的产品，2号、5号两件刻划花的白釉瓷器残片应是磁州窑系宋金时期的产品，3号残片应是钧窑系元代的产品，7号残片也不排除是金代的遗物。

聊城楼南大街南段路西和楼西大街西段两处取土坑中发现的瓷器残片和铜钱，失去了层位关系，但我们仍然发现有不少属于宋金时期，特别是开元通宝、崇宁重宝和宋金时期瓷片。在这些瓷器残片中，既有本地的产品，也有邻近地区的磁州窑系和钧窑系的产品，更有定窑系的精细白瓷，到了清代还有景德镇生产的青花瓷片。直接地反映出自宋代以来聊城老城内连续不断发展的实际情况，为我们了解宋代以来的聊城提供了参考。

城内十字街中心，建有明代洪武年间始建的光岳楼。楼建在高大的砖砌台基上，台基平面方形，每边约长34.43米，当通衢四面开券门（图2.2.1-10）。楼四重檐，通高33米，十字脊歇山屋顶，第一层楼身各面面阔五间，副阶周匝，形成面阔七间的外观，至最上层收

图2.2.10 聊城老城十字街中心的光岳楼

为面阔三间（图2.2.1-11）。以光岳楼为中心，楼东大街、楼南大街、楼西大街、楼北大街将聊城老城分为四个区域，除西北隅之外，各区域下，又套有十字街（图2.2.1-1，图2.2.1-2）。

与聊城城建有关的文物，还有俗称"三绝碑"的"金博州重修庙学记"碑。宣统《聊城县志》卷十《艺文志》之二"金石"记载："《金博州重修庙学记》，大定二十一年（1181）。……东昌人谓之三绝碑。三绝者，王去非文，王庭筠书，党怀英篆额也。三人《金史》俱有传。庭筠之父遵古时为博州倅，以兴学自任。庭筠此书，结束殊有力，真可与米颠《芜湖县学记》抗衡。而去非作记时年已八十有一，耄而能文亦可称也。"此碑原在府文庙内，庙毁后碑佚，聊城市档案局现存拓片①。

此外还有原悬于钟楼的金代铁钟。嘉庆《东昌府志》卷四十四《古迹二》记："钟楼，在府治西南二十步。……按钟为金承安时物，今楼废钟存。"宣统《聊城县志》卷十《艺文志》之二"金石"记："大钟，金大定年造，高九尺，圆径丈余，在府治西南二十步。旧有楼，圮。钟尚完好无缺。"1972年，钟被砸毁，现仅存一铁钟残片②。

聊城老城城外旧东关明隆兴寺遗址上，还存有一座北宋时期的八角十三级仿木结构楼阁式铁塔（图2.2.1-12）。其于明成化年间重修，并设有地宫，地宫内出土了石函、银函、铜质佛像、菩萨像、供养人、瓿形器、净瓶、石台、青花瓷瓶、瘗钱等（图2.2.1-13、图2.2.1-14）③。

---

① 山东省聊城市地方史志编纂委员会：《聊城市志》第二十编第八章第三节，齐鲁书社1999年版，第576页。
② 山东省聊城市地方史志编纂委员会：《聊城市志》第二十编第八章第三节，齐鲁书社1999年版，第579页。
③ 山东聊城地区博物馆：《山东聊城北宋铁塔》，《考古》1987年第2期。

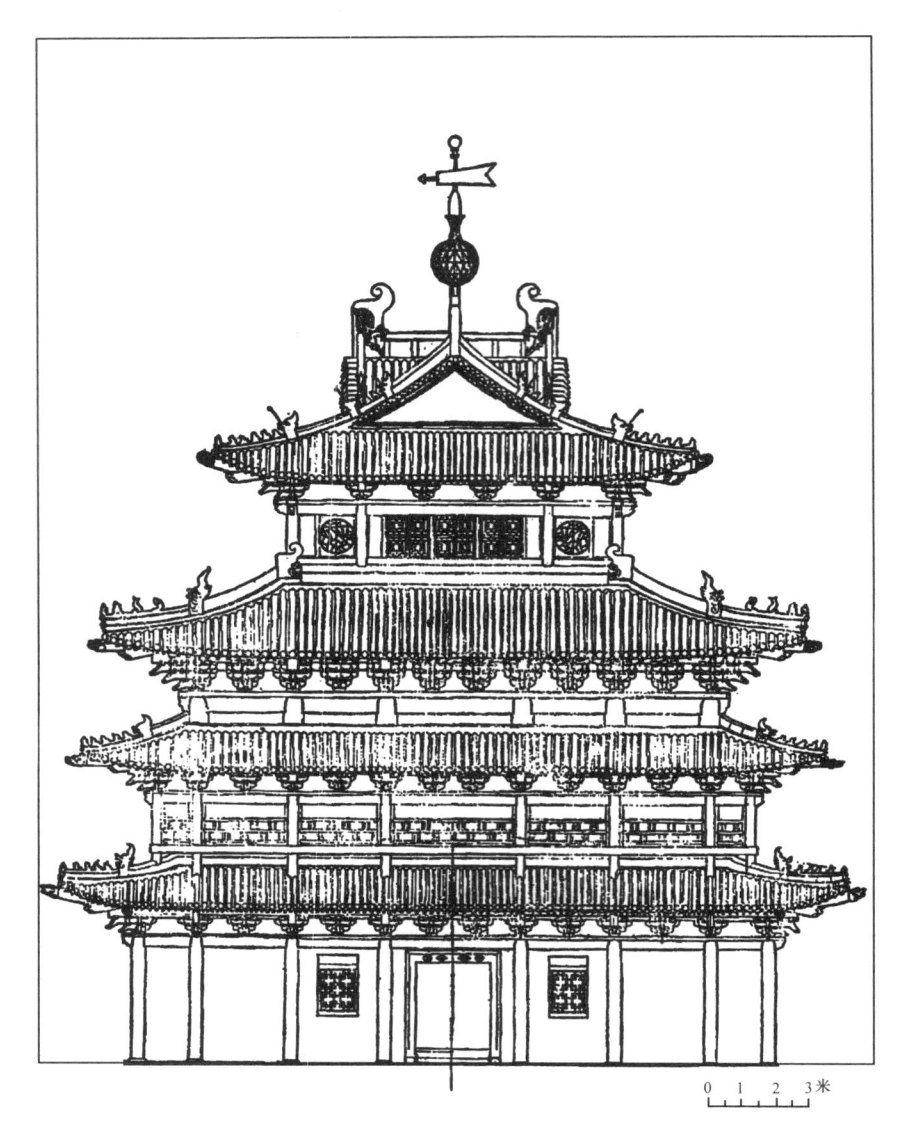

图 2.2.1-11　光岳楼立面图

（采自陈从周、路秉杰《聊城光岳楼》，载文物编辑委员会编《文物资料丛刊 2》，文物出版社 1987 年版）

图 2.2.1-12 东关北宋铁塔

宋代北方地区新建建制城市的考古学研究

1.石函　2.石台　3、4.钱币　5、6、7、13、14.瓠形器
8.释迦牟尼像　9.观音菩萨像　10.青花瓷瓶　11、12.津瓶器

图 2.2.1-13　东关北宋铁塔地宫发掘平面图
（采自山东聊城地区博物馆《山东聊城北宋铁塔》,《考古》1987 年第 2 期）

第二章 宋代北方地区新建建制城市个案研究

图 2.2.1-14　东关北宋铁塔出土明代石函
（摄于聊城运河博物馆）

（三）聊城的布局

嘉庆《东昌府志》卷五《建置一》"城池"："府城，在漕河西岸。宋淳化三年（992）自巢陵迁此，熙宁三年（1070）建城市，旧筑以土。明洪武五年（1372），守御指挥陈镛陶甓甃焉，周七里有奇，高三丈五尺，基厚二丈。门四，东曰寅宾，南曰南薰，西曰纳日，北曰锁钥。楼橹二十有五，环城更卢四十有七，附城为郭，郭外为水门，钓桥横跨水上，池深二丈，阔倍之三。护城堤延亘二十里。万历七年（1579）莫与齐奉抚按檄重修敌楼二十七座，垛口二千七百有奇，窝铺四十八座。国朝雍正九年（1731），重修护城堤（原注：旧志，通志）。乾隆五十五年（1790）三月，巡抚长麟奏准借帑生息，修筑通省城垣，于乾隆五十七年（1792）知县科普通武承修。"这与前引宣统《聊城县志》卷二《建置志》"城池"的记载是大体一致的，结合前引《文献通考》的有关记载，可以推定明洪武五年"陶甓甃焉"的即是宋代以来的聊城旧垣。

聊城的街道格局，是以四门十字街为主干的。方形城内，以中心的光岳楼和东、南、西、北四座城门为节点，以四条大街为骨架，将

69

聊城老城分成了东、南、西、北四个区域。在每个区域内，又下设十字街。西北隅稍有不同，今道署西街向东与红星路相通，而古棚街则至道署西街即止，未贯通整个老城西北隅（图2.2.1-2）。宣统《聊城县志》卷一《方域志》记载："光岳楼，在城中央。明洪武七年（1374）东昌卫指挥金事陈镛以修城余木建，名余木楼，以料敌望远。后西平李赞名之曰光岳，取其近鲁有光于岱岳也。成化丙午（二十二年，1486），知府杨能修，邑人梁玺记。嘉靖间知府陈儒重修，自记，邑人许成名记。万历间知府莫与齐重修。国朝顺治十七年（1660）知府卢鋐，乾隆二十年（1755）知府蔡学颐重修，自记，牛运震记。道光二十八年（1848）重修，邑人杨以增记。"由此知，今天位于十字街口的光岳楼，奠定于明初洪武时期。据此，光岳楼及其

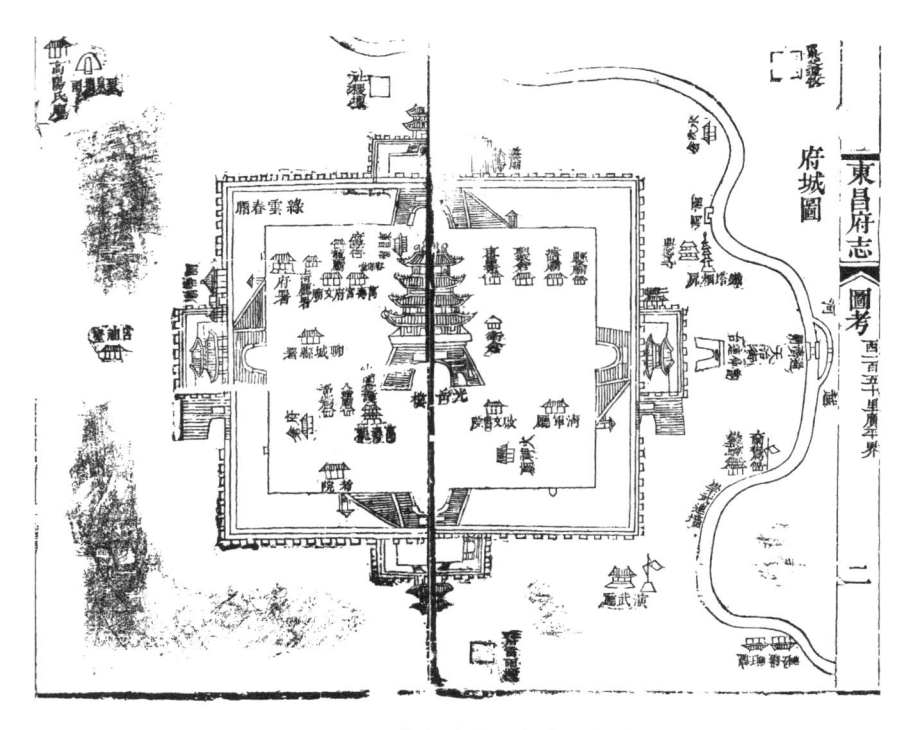

图 2.2.1-15　嘉庆《东昌府志·府城图》
（采自国家图书馆数字方志资源库）

下四面开券门的高大台基就说明聊城老城的道路格局，至迟在明初即如此，康熙《聊城县志·府城图》清晰地反映了这样的道路格局（图2.2.1-16）。

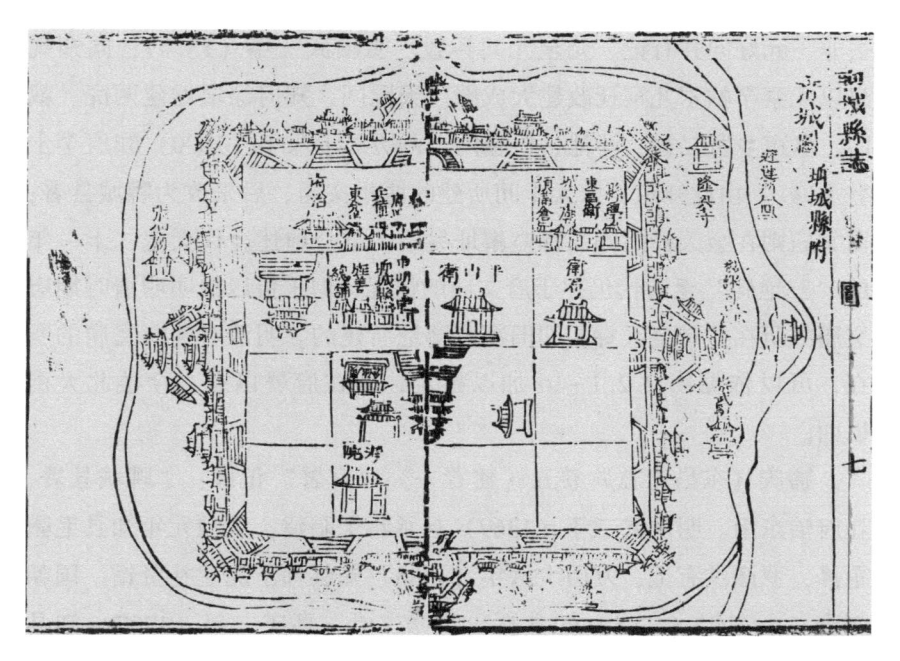

图2.2.1-16 康熙《聊城县志·府城图》
（采自国家图书馆数字方志资源库）

嘉庆《东昌府志》卷五《建置一》"官署"记载："府署，在城西北隅，明洪武三年（1370）建，天顺七年（1463）重修。"宣统《聊城县志》卷十《艺文志》之二"金石"记载："宋徽宗御书碑，在府治后厅。崇宁四年（1105）。"由此可知，洪武三年重建并经明清沿用的府署，应该就是宋代博州州治的所在。图2.2.1-16中，清代府署位于城西北隅东西横街之北，正当南北纵街；府署前这条东西横街即应是今道署西街，南北纵街即应是古棚街。这样就可以比照图2.2.1-2与图2.2.1-15，推定宋以来博州州治（明清府署）的大致

71

范围，即应在今古棚街正对，道署西街以北，西花园路以东一带。

乾隆《东昌府志》卷十三《建置三》"学校"记载："（东昌府文）庙，在府治东。宋元丰间博州知州徐爽建，后改为聊城县署。金天眷间学正祁彪即旧都监廨址建，大定间防判冯子翼、王遵古修，王去非、元好问并有记。元至元间兵毁。明洪武三年（1370），同知魏忠以元察罕帖木儿祠迁改建大成殿。天顺间，知府徐垠增建两庑、戟门、名宦乡贤二祠、泮池、棂星门。万历二十八年（1600）知府李士登重修。"由此知道，宋元丰间所建的博州文庙，后来改为聊城县署；而文庙则在金天眷间即旧都监廨址另建。结合前述金代大定二十一年的"三绝碑"至清代仍存于府文庙的情况，似乎可以说明明清时期府文庙的所在，是金天眷间即旧都监廨址所建的。明清时期府文庙的所在，可以依据图2.2.1-16加以推定，即在府署以东，今楼北大街以西。

嘉庆《东昌府志》卷五《建置一》"官署"记载："聊城县署，在府治东南。明洪武二年（1369）县丞蒋子昭建，天顺元年知县毛骥重修，罗彦洪有记，万历十六年（1588）知县韩子庑建礼贤馆。国朝乾隆三十三年（1768）知县夏玢重修二堂，嘉庆二年（1797）知县科普通武重修大堂。"这说明，明清时期聊城县署的位置没有更易，其位置可以依据图2.2.1-16中县署与道路的相对关系大体推定，即应在今楼西大街以北、古棚街以东、文明街以西一带。而据上引乾隆《东昌府志》府文庙的有关记载，还可以知道，洪武重建的位于府治东南的县署即金天眷迁址以前的宋博州文庙所在。县署改迁今地，应该上距金天眷迁文庙不远。此前聊城县署的所在，是金代的都监廨旧址。

宣统《聊城县志》卷四《学校志》"学宫"记载："庙在城内东北隅，旧在东门外铁塔寺旁，前明永乐初知县齐搏徙南门外，正统间知府郁文盛更徙东门外，景泰时知县毛骥又恢廓之，成化间知府沈谌、知县毛深徙城内布政司东，即今所，以附郭统于府学，正殿、两庑未建。国朝康熙五十一年（1712）知府程鲲化、知县郑文先始增殿庑，规制悉备。"由此知道图2.2.1-15、图2.2.1-16中的县文庙，是在明成化间迁至其地的。其位置依然可以依据图2.2.1-16中县学和其他建筑及道路的相对关系予以大致推定，即应是今天聊城四中所在地。

嘉庆《东昌府志》卷十《秩祀上》"坛庙"记载："城隍庙。在府治东，明洪武三年（1370）同知魏忠建，天顺间知府徐垠修，宏（弘）治十六年（1503）知府李举，嘉靖、隆庆间知府盛周、宋豫卿，万历初知府罗汝芳重修，国朝康熙二十七年（1688）知府杨朝桢重修，有记，乾隆三十七年（1772）知府胡德琳重修，乾隆六十年（1795）知府张官五首捐俸署聊城县沈廷谐酌捐大加修葺，至今鼎新。"据此知道城隍庙至迟建于明初，比对图2.2.1-15、图2.2.1-16，可知其约在流水沟街以东，红星路以北，四中以西一带。

通过以上的梳理，可以对聊城的布局从今往古加以梳理。首先，明清时期东昌府的东城垣叠压在今天的东城墙路之上，西城垣和北城垣可以根据西北角残存的城垣确定其位置，加之聊城老城之外东昌湖的地理条件限制和文献中关于聊城城周的记载，可以肯定其原有城垣即建立在今天的东城墙路、西城墙路、南城墙路、北城墙路之上。检核这样的城垣范围，城垣总长约4公里，这和文献所记城周"七里有奇"是基本相合的。

其次，前已论及今天的聊城街道布局——是四门十字街的格局，在十字街划分的每个小区域内，又设十字街——至迟明初即已如此。明清时期东昌府的府署，在今古棚街正对，道署西街以北，西花园路以东的一带；府文庙在府署之东，结合三绝碑可以确定其大体位置；县署的位置，在今楼西大街以北、古棚街以东、文明街以西一带；县文庙是今天聊城四中所在地；城隍庙，在流水沟街以东，红星路以北，四中以西一带。这样就可以复原明清时期聊城的布局，如图2.2.1-17所示。

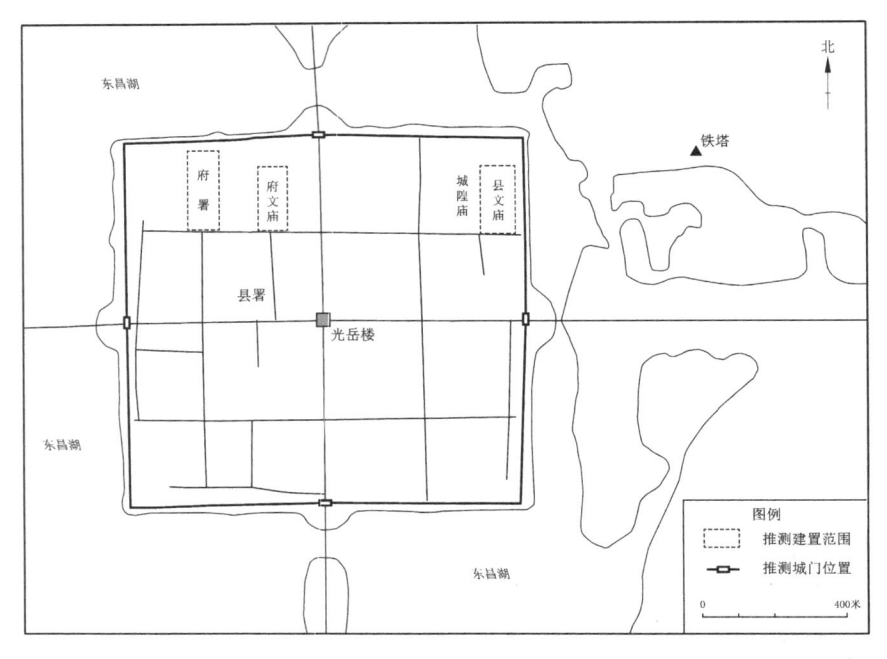

图 2.2.1-17　明清时期的东昌府城

再从明清的东昌府城上溯，可以试着复原宋金时期博州城的规模和布局。据文献记载，聊城在宋金时期和明清时期，城周没有大的变化，其城址的规模和四至应当大致相同。宋金时期博州的州署，为明清时期的东昌府署所沿用；明清时期府文庙的是洪武时利用宋代聊城县署，也就是金天眷间改建的都监廨旧址；洪武重建的县署，即原宋博州文庙所在。推定了城垣四至和这些大建筑的所在，就可以据此比定其街道格局，应该和明清时期相同，是四门十字街并在十字街划分的每个小区域内再设十字街（图 2.2.1-18）。而聊城西北隅内未构成十字街，而是古棚街至道署西街即止，也正是和宋代博州州治的设置有关，这也造成了古棚街——西口南街——安宅街偏向西侧而不在西北、西南隅正中的街道布局。

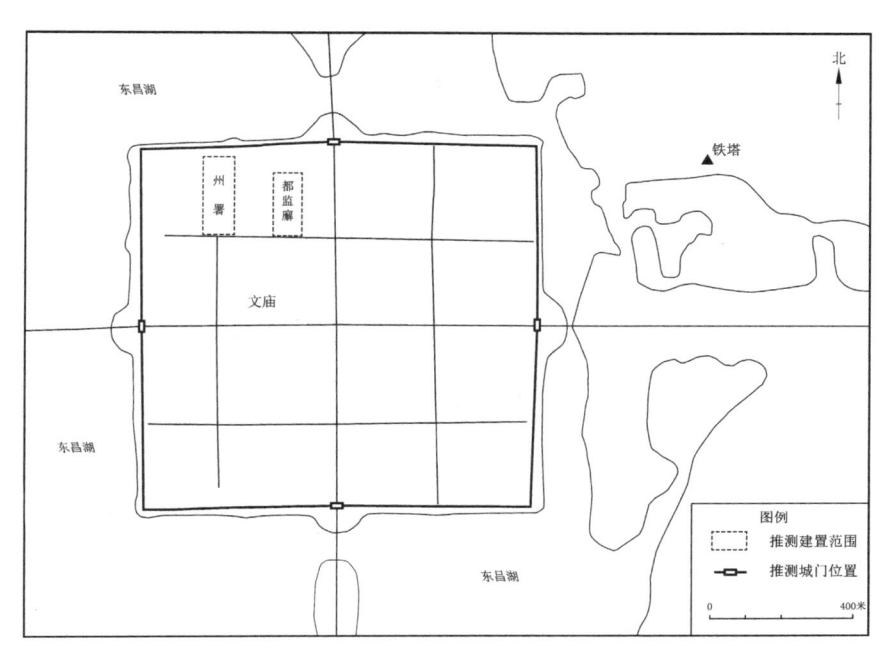

图 2.2.1-18　宋金时期的博州城（金天眷以前）

二　长清

长清位于山东省西部，济南市西南，泰山西北麓，黄河东岸（图 2-1）。

（一）长清沿革概况

《齐乘》卷三记云：

> 泰安州之长清县，济南西南七十里。本卢地，齐公子傒食采于卢。汉为县，属泰山郡。元魏孝昌二年（526）自山茌故城移东太原郡置此，后废。隋开皇五年（585）置长清镇，取清水为名，十四年（594）改为县，属济州。唐贞观十七年（643）属齐州。宋因之，至道二年（996）徙治刺榆店，今县理。金亦属济南，国初乙未年属泰安。

75

图 2.2.2-1　长清城区 Corona 卫星影像
(图片由中国社会科学院考古研究所刘建国先生提供，上为北)

雍正《长清县志》卷之一《地里志》"沿革"条记云：

> 隋始析卢长清镇置县名，属济北郡。唐仍之，武德初年析置山茌，天宝元年（742）改山茌曰丰齐，元和十五年（820）省入属齐州济南郡。五代仍长清县，卢县省入。宋仍长清县，属京东东路济南府，至道二年（996）徙治刺榆店，即今治。金仍长清县，属济南府。元仍长清县，改属泰安州。明山东布政司济南府，长清县编户四十一里，增四十四里。国朝因之。

由上知，自清代、民国沿用至今天的长清城，是在北宋至道二年

第二章 宋代北方地区新建建制城市个案研究

1. 真相院舍利塔地宫　2. 济南广电大学长清工作站　3. 文庙大成殿　4. 石麟小学

图 2.2.2-2　长清城现状图

（上为北，底图采自谷歌地球软件，拍摄时间：2012 年 11 月 29 日）

（996）迁至今治的。此后历代在此，其址不曾更易。这一时期内，黄河紊乱，下游水患频发。长清迁治，即应是水患造成的。

（二）长清城现状

今长清城老城一带地势较为平坦。城垣、城门民国时期尚存，拆

77

毁于20世纪40年代后期①。民国时期的城垣范围、城门位置、城市规模和格局尚可据民国时期的地图得以了解（图2.2.2-3）。老城四门十字街，北门大街、东门大街、西门大街、南门大街十字相交于城内，十字街下每隅内又有次一级的街道分割，这一格局仍保存到了今天（图2.2.2-2）。民国时期城外有壕，护城壕遗迹一直保存，在中

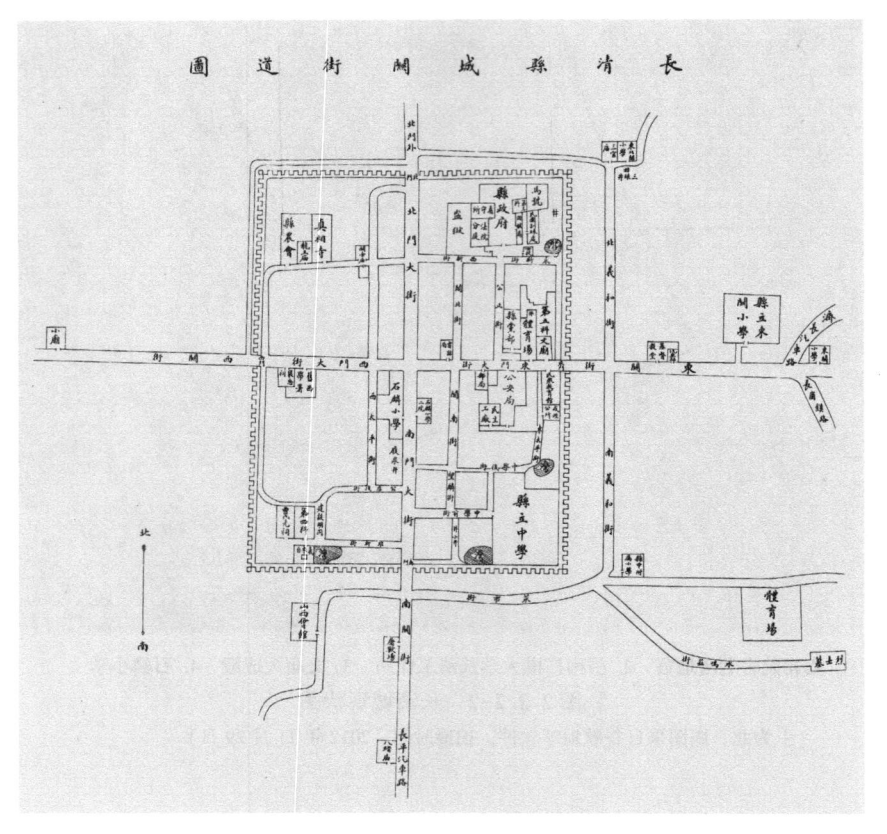

图2.2.2-3　民国《长清县志·长清县城图》
（采自国家图书馆数字方志资源库）

---

① 长清县志编纂委员会编著：《长清县志》（第一篇第三章），济南出版社1992年版，第47页。

国人民解放军总参谋部测绘局 1969 年 12 月航摄、1970 年 5 月调绘、1972 年第一版的 1∶50000 长清县地形图上可以清晰地看出其范围,并一直保存到今天,由此可以进一步确证原长清城的范围(图 2.2.2-2)。

图 2.2.2-4 长清西护城壕南段现状

图 2.2.2-5 真相院舍利塔院现状

1987年，在长清县城西北隅原县粮油加工厂院内（图2.2.2-5），清理了真相院释迦舍利塔塔基。该处原存砖塔一座，后被彻底拆除。清理塔基时，塔基上部已遭破坏，塔基地下结构不详。地宫位于塔基中间，砖筑仿木结构。平面"中"字形，由宫室和两侧的甬道组成。宫室平面方形，南北长2.63、东西宽2.53米，高3.72米。宫室四角抹角上收，普拍枋上承转角铺作、补间铺作各八朵。转角铺作六铺作三杪偷心造斗口跳，补间铺作五铺作双卷头偷心造。铺作上承八边形藻井，再上叠涩为方形（图2.2.2-7）。地宫于1965年曾被打开，部分遗物已散失。1987年清理出土器物19件，计银器15件（图2.2.2-8、图2.2.2-11），铜器1件，刻石3块（其中两块为长清县博物馆旧藏，一件原嵌在塔壁上）。刻石包括苏轼元祐二年（1087）撰书的《齐州长清县真相院释迦舍利塔铭并引》（出自地宫内，图2.2.2-9），真相院主持真教大师文海宣和三年（1121）复制苏轼《塔铭》刻石（原嵌塔壁），真相院管勾主持赐紫僧文海政和三年（1113）《齐州长清县真相院重修法堂等功德记》（出自真相院遗址内，具体位置不详图2.2.2-10)①。地宫出土器物，纪年最晚的是绍圣五年（1098）的银樽盖（图2.2.2-11）。

结合地宫营建做法和出土器物看，地宫的瘗埋时间应不早于绍圣五年，亦与原存元丰八年（1085）落成的宋塔相去不远。真相院的宋代佛塔与地宫的发现，说明长清县城西北隅的街道系统至少可上溯到北宋中后期。

---

① 济南市文化局文物处、长清县博物馆：《山东长清县宋代真相院释迦舍利塔地宫》，《考古》1991年第3期；参见韩明祥《苏轼撰书〈齐州长清县真相院释迦舍利塔铭并引〉刻石》，《文物》1983年第6期。

第二章　宋代北方地区新建建制城市个案研究

图 2.2.2-6　真相院舍利塔
（采自民国《长清县志》）

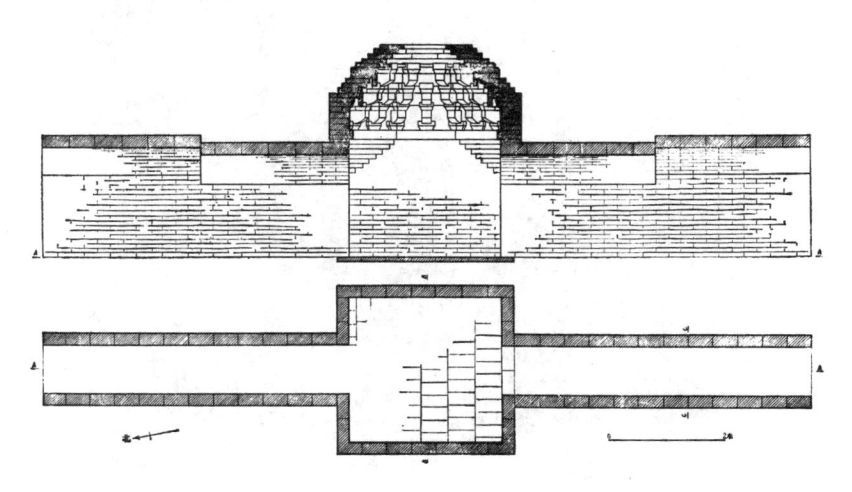

图 2.2.2-7　真相院舍利塔地宫平面及剖面图
（采自济南市文化局文物处、长清县博物馆《山东长清县宋代真相院释迦舍利塔地宫》，《考古》1991 年第 3 期）

银棺盒

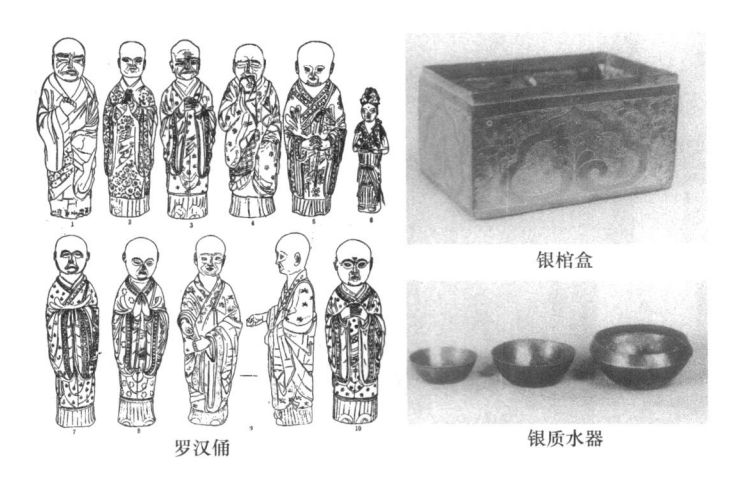

银质水器

罗汉俑

图 2.2.2-8　真相院舍利塔地宫出土器物
（采自刘善沂、张传英、于茸《山东长清县宋代真相院释迦舍利塔地宫》，《考古》1991 年第 3 期）

图 2.2.2-9　苏轼撰书《齐州长清县真相院释迦院舍利塔铭并引》刻石
（采自韩明祥《苏轼撰书〈齐州长清县真相院释迦舍利塔铭并引〉刻石》，《文物》1983 年第 6 期）

第二章 宋代北方地区新建建制城市个案研究

图 2.2.2-10 《齐州长清县真相院重修法堂等功德记》刻石
（采自刘善沂、张传英、于茸《山东长清县宋代真相院释迦舍利塔地宫》，《考古》1991年第3期）

图 2.2.2-11 真相院舍利塔地宫出土银椁盖
（采自刘善沂、张传英、于茸《山东长清县宋代真相院释迦舍利塔地宫》，《考古》1991年第3期）

83

城内东门大街以北，今济南市长清区结核病防治站，即原长清县文化局院内，保存有单檐庑殿、面阔七间、进深三间的文庙大成殿一座（图2.2.2-12）。大殿现立于低矮的台基上，柱头斗栱单翘双昂七踩（图2.2.2-13）。现存大殿建筑，应是民国时期修缮后遗留下的遗迹。此外，城南门大街以西石麟小学内，存嘉庆二十二年（1817）《五峰书院碑记》、光绪二年（1876）《设局办差由》石碑二通（图2.2.2-14），知此处原为清代五峰书院所在。

图 2.2.2-12 长清县文庙大殿

图 2.2.2-13 长清县文庙大殿前檐斗栱

图 2.2.2-14 《五峰书院碑记》《设局办差由》石碑

(三) 长清城的布局

雍正《长清县志》卷之二《建置志》"公署"条记云："县治在城内正北近东，宋至道三年（997）肇造，至洪武初县丞石贵、正统中知县汤思恭、典史何聪重建。至弘治六年（1493）有回禄之变，俞庄襄公谏改而新之，视旧加详，及崇祯十六年（1643）焚毁殆尽。国朝顺治间邑侯吴公道凝、李公维翰，牛公友月相继修筑，始渐次复旧云。"对照图 2.2.2-15，衙署即在城内东北一带，文庙之西。图 2.2.2-3 中所示的民国时期的县政府，即应该沿用原址。因此，比照图 2.2.2-1、图 2.2.2-2 可以大体推定原县署所即民国沿用的县政府，在今济南广电大学长清工作站一带，亦即 1949 年后原长清县委、县政府所在地。县署肇造于至道三年，即长清迁治之初。

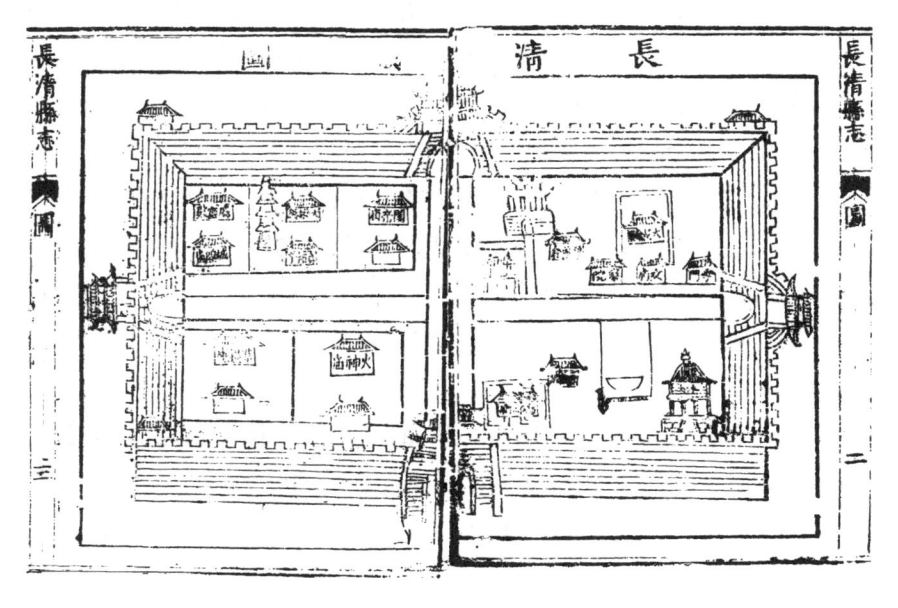

图 2.2.2-15　康熙《长清县志·长清城图》
（采自国家图书馆数字方志资源库）

雍正《长清县志》卷之三《学校志》"儒学"条记云："儒学在县治东南。宋天禧二年（1018）县尹薛璘建。元至元间县尹赵文昌、明永乐中教谕邢哲、成化丙申（十二年，1476）县尹朱珽俱重修。元时名乐育堂，明时改为明伦堂，仁和朱义重修。弘治六年（1493）桐庐俞谏重修。隆庆间刘启汉增工大成殿为五楹，两庑增四楹，计二十四楹，一时轮奂，顿异昔年。迨崇祯癸未（十六年，1643）之变，殿堂门庑以及古槐旧柏悉化瓦砾灰烬。国朝顺治初年，知县吴公道凝、吕公朝辅草创兴作，至李公维翰、牛公友月极力措置，庀材鸠工，规模粗备。杨公弘业、吴公从仁渐次修葺，及岳公之岭多方润色，先后继修者二十余年，迄今始焕然改观矣。"由此知文庙自宋代迁治以来，虽屡有修葺但其址未易。民国时期，大成殿前还立有元大德十一年的《追封孔子为大成至圣文宣王碑》一通①。结合前述现存的文庙大成殿，可知宋天禧二年建造庙学的位置即今东门大街以北文庙大成殿一带。城内东北部一带有自宋代以来沿用至20世纪的衙署和至今尚存大成殿的文庙，可以说明城内东北部一带的基本格局没有大的变化。

城内宋代的重要建筑还有前述真相院，也是今天长清保存宋代遗物最多的一处。结合前述发现的诸碑刻和民国《长清县志》卷十《祠祀志下》"真相寺"条著录的历代碑刻②知，元丰八年真相院造十三级砖塔，约在北宋晚期瘗埋地宫，其中部分遗物应来自苏轼的捐赠，在瘗埋地宫前后还重修了寺内法堂。明清两朝真相院历有修葺。如前述，真相院遗迹遗物的发现，为长清县城西北一带的城市格局提供了坐标。

长清城内的重要建筑还有城隍庙。道光《长清县志》卷之九《祠祀志上》记云："城隍庙。（原注：县治西，大殿三楹，后殿三楹，东西廊各十二楹，前为戟门，又前为大门，洪武二年敕封显佑

---

① 民国续修《长清县志》卷七《学校志上》。
② 民国续修《长清县志》卷十《祠祀志下》："寺内现存大佛殿、天王殿，半就摧残，神像亦丹黄剥落，院之东偏关帝庙亦倾圮无存，查寺内有大宋政和三年齐州长清县真相院重修法堂功德记石刻、洪武戊辰年春谷禅师道行碑记、正统十年颁发大藏经典圣旨碑记、正德十年铸造磬炉碑记、嘉靖元年重修大佛殿碑记、三十五年重修真相寺碑记、四十五年书补藏经碑记、万历三十年关王圣诞修醮碑记、崇祯十一年华峰禅师闭关果满施食利众碑记、清顺治十年重修重修全阳塔碑记、康熙十年重修真相寺碑记。"

伯，有敕文。三年诏去封号置主，止称本县城隍之神，今塑像仍旧。按至元二十二年县令吕庸重建，嘉靖七年县尹于德重建，至嘉靖四十年都御史李良重加修整，旧大门向东，规模逼隘，至万历二十二年邑侯李公宗延改建大门南向，中辟甬道，外立栅门，规模阔敞，俨然改观矣……）"由此知城隍庙曾于至元二十二年重建，又云"重建"说明在元代初年以前应该已有建筑。民国时期城隍庙已不见于图 2.2.2-3，检核图 2.2.2-15 知其约在真相院以西一带。这为了解金元时期的长清城提供了重要的参考。

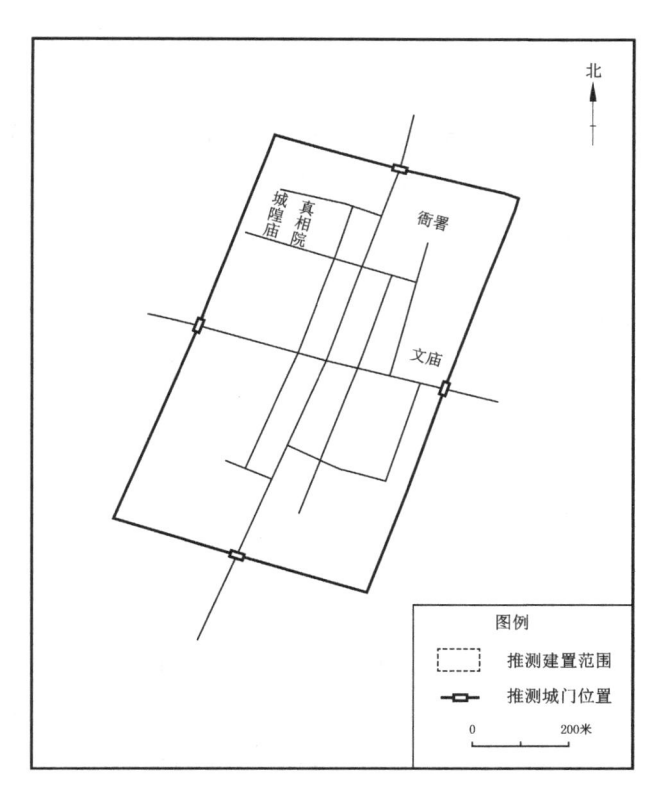

图 2.2.2-16 宋元时期（元至正十四年建城以后）长清城复原图

雍正《长清县志》卷之二《建置志》"城池"记云："县城自汉唐宋以来未有城池，逮元至正十四年（1354）始城之，土筑。明成化四年（1468）重筑四门，至十一年（1475）邑侯解公瑛始为石城。正德间邑侯刘儒、县丞吕俊再筑长堰。城高一丈五尺，阔一丈，周围四里，环甃以石，女墙以砖，雉堞一千四百一十有奇，城门楼额四，东为迎恩门景阳楼，南为距鲁门向离楼，西为挹清门怀庚楼，北为拱极门安贞楼。其角楼有四曰乾角楼、坤角楼、艮角楼、巽角楼。城外为池，深一丈五尺，阔二丈五尺，堤外有马道三尺……至崇祯间以后刘公之蛟于四门各增月城，为重门四，东曰青阳，南曰南熏，西曰西成，北曰拱宸。"据此可知，保存到民国时期的长清城垣应修筑于元至正十四年。但是如前述，长清城北宋至道二年迁治，几处大的建筑如衙署、文庙、真相院等，都在北宋时期就奠定基本格局，似可说明长清保存到今天的四门十字街格局应肇自北宋时期。据此试做图2.2.2-16，以复原宋元时期（元至正十四年建城以后）长清城的概况。

三 惠民

惠民，地处山东北部鲁西北冲积平原，黄河下游北岸（图2-1）。

（一）惠民沿革及宋代迁治

《齐乘》卷三《郡邑》记：

> 棣州，上。府东北二百四十里。禹贡青兖之交，周封齐履之北境，秦属齐郡，汉兼平原渤海千乘郡邑。魏建安中分为乐陵郡，元魏又析乐陵为二。隋开皇十年（590）以郡置厌次县，属北海。十七年（597）以阳信县置棣州。大业二年（607）废棣州，自饶安县徙沧州于信阳。唐武德四年（621）析沧州之阳信、滴河、乐陵、厌次置棣州。八年（625）又废入沧州。贞观十七年（643）复于乐陵置棣州，其后以乐陵还沧州，割淄州之蒲台来隶，徙州治厌次（原注：故城在州东北四十余里，土人名曰北旧城）。天宝元年（742）改为乐安郡，属河南道。乾元元年

(758)复为棣州。五代梁刺史华温琪以河水为患,徙州于厌次东南(原注:州东南五十三里,土人名曰旧南城)。宋建隆二年(961)为团练,乾德三年(962)升为防御州。大中祥符四年(1011)清河水溢坏州城,以厌次与阳信互易其地,徙州治厌次,金因之。国初滨棣自为一道。中统元年置滨棣路安抚司,至元二年隶济南路。领县四,曰厌次,曰阳信,曰商河,曰无棣。以厌次为治所。

由上,可以大略知道今惠民县——宋代棣州治所厌次县的沿革情况。明永乐间,改棣州为乐安州。宣德间,又改武定州。雍正十二年升州为府,始置惠民县附郭。嘉靖《武定州志》上秩《城池志》记:

旧城,历有徙置。今城初惟阳信之乔氏庄,宋大中祥符八年(1015)徙,崇宁元年(1102)始诏工部尚书牛保甓治砖表。周十二里,崇三仞有三尺,阔丈余,基倍之。东南西北门四,各三重,中门不正出,惟委外门额各有石,镌青肃、明远、金景、靖安字。内门有楼,匾曰春风、明远、景山、紫薇。复浚濠潴水,有飞桥,有护城堤,九年克绩。……金大定十九年(1179)奉诏修,厌次令仲山记。

由以上两段记载知,宋棣州州治(厌次附郭),是在大中祥符间因水患迁今地的[①]。迁治的详情见于《宋会要辑稿·方域八》"棣州城":

大中祥符八年正月十七日,诏徙棣州城于州之西北七十里,

[①] 北宋真宗朝,关于是否徙棣州治,曾有过几次讨论。参见《宋史》卷九十九《李士衡传》《孙冲传》及《续资治通鉴长编》大中祥符五年正月、八月,八年正月的有关记载。李焘曾在《长编》大中祥符八年正月戊戌条对徙棣州的最初提议者有辨析,可并参。

阳信县界八方寺，即高阜居之。先是：河北运使李士衡言：棣州河流高于郡城者丈余，朝廷累年役兵修固，盖念徙城重劳民力。而去冬已来，蹙凌冰下，尚有冲注，如解冻之后，河流迅奔，必有决溢之患，今请移州于阳信县界，改筑城邑，以今年捍堤军士助役，则永久甚利。诏可。仍命度支判官张续，内押班周文质乘传与士衡等同莅其事，因降诏谕棣州官吏、僧道、百姓等，仍月给本州公用钱十万，许造酒，每月三犒军校，两月一赐役夫钱。其居口民田，优给以直，常租及浮客食盐钱悉蠲之，城中居民屋税免一年。

大中祥符八年（1015）三月二十一日，棣州新城毕，以图来上。旧城广袤九里，今总十二里。郡民所居悉如旧而给之，其外创营宇、廨舍，赐役夫缗钱，仍宴犒官吏将士，帝以执役有死亡者，又遣使命僧为水陆斋①。

（二）惠民城现状

惠民县城，附郭于原棣州——后改武定州，升武定府——的州城，州城即县城。城内地势较平坦，相较而言，西门大街、东门大街一线以北地势稍高，沿鼓楼街一线向北，地势逐渐缓缓升高。

原城垣在中国人民解放军总参谋部测绘局1967年7月航摄、1970年10月调绘、1973年编绘的惠民县、石庙1∶5万地形图和Corona卫星影像上，除东垣南段部分受到破坏外，保存尚基本完整，且东、西、南、北四门外瓮城遗迹亦清晰可见（图2.2.3-1）。今尚残存二段，位于城东北角及西北角（图2.2.3-2）。在今环城东路一线，东门大街以北，为古城公园。公园北部，即原城垣东北角。东北角残垣东西长约180米，南北长约420米，基部残宽约30米左右，顶部最宽处约10米，最窄处仅1米余，最高处距今地表残高12米左右（图2.2.3-3）。西北角残垣南北长约490米，东西长

---

① 因水患迁治事亦见《舆地广记》卷十《河北东路》《文献通考》卷三百十七《舆地考三》《宋史》卷八十六《地理志二》《宋朝事实》卷十八《升降州县一》，不复赘。

第二章 宋代北方地区新建建制城市个案研究

图 2.2.3-1 惠民城区 Corona 卫星影像
（图片由中国社会科学院考古研究所刘建国先生提供，上为北）

约 190 米，宽度及残高情况与东北角大体相若（图 2.2.3-5）。二段残垣均只剩夯土，未见包砖。残垣可分上下两层，下层残高约 3—4 米，夯土较纯净，内含少量小石子、残瓦片及极少量瓷片，夯层不明显，局部隐约可见，约 10 厘米左右。上部夯土亦较纯净，夯层较厚，

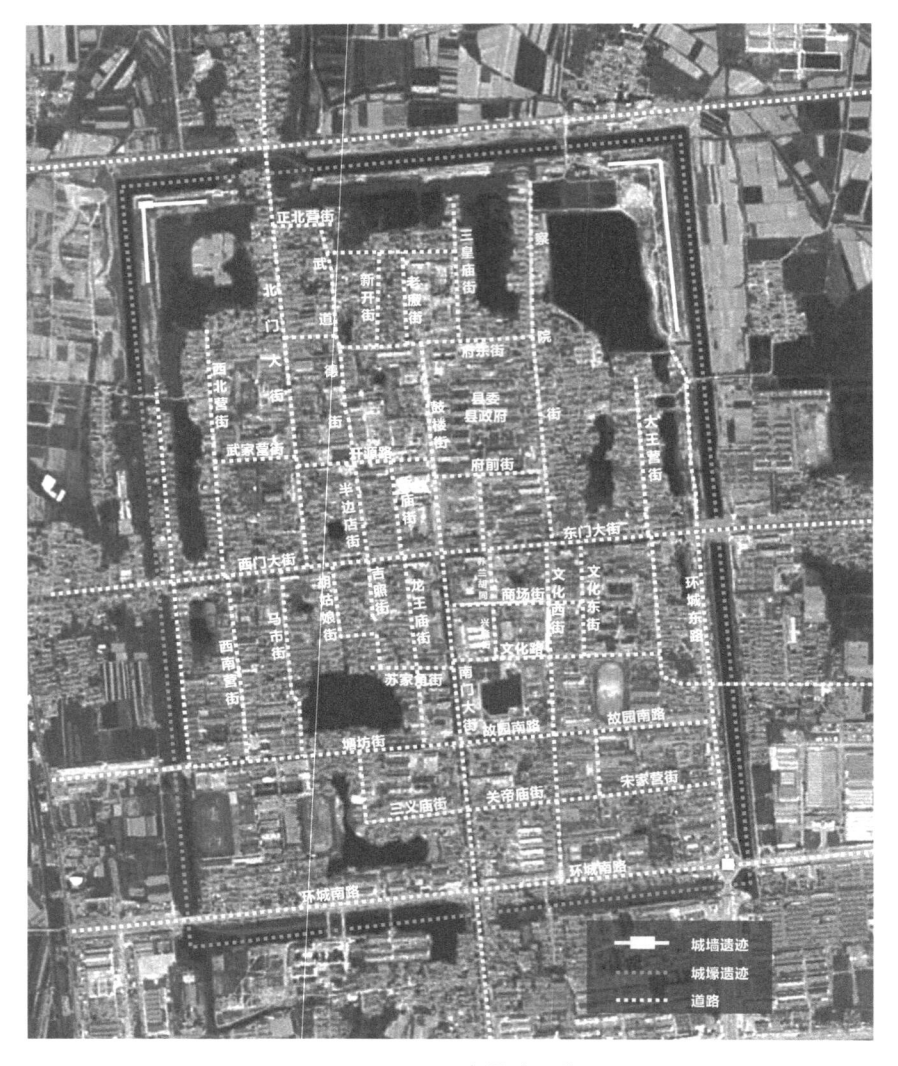

图 2.2.3-2　惠民城现状
（上为北，底图采自谷歌地球软件）

约 20 厘米左右（图 2.2.3-4）。在西北角残垣南北走向一段，在上述两层夯土之间，还可见约 80—100 厘米厚一层黄灰色土，夯层不明显（图 2.2.3-5）。在今环城东路与环城南路交汇口，还残存有魁星楼一

第二章 宋代北方地区新建建制城市个案研究

图 2.2.3-3　东北角残垣南北走向残段局部

图 2.2.3-4　东北角残垣南北走向残段细部

图 2.2.3-5　西北角残垣东西走向局部

图 2.2.3-6　城东南角魁星阁

座，四方形，外包青砖（图2.2.3-6）①。

图2.2.3-7 北护城河西段

旧城四周的护城河遗迹保存尚好，今天仍可环绕一周（图2.2.3-2，图2.2.3-7）。城内西北隅、东北隅等处还保存有较大的的水面（图2.2.3-2）。

城内原建筑均已不存。笔者于2011年3月前往惠民调查时，在府东街、府西街一线以北，三皇庙街以西，老廒街以东，府后街以南一带，复建原府治，时正在施工中。城内道路格局，如图2.2.3-2。

（三）惠民城的布局

光绪《惠民县志》卷七《建置志》"街巷"条记载：

城分四隅，居中为十字口，即古乔家庄，俗呼乔址头，俯临

---

① 笔者前往惠民调查时，承惠民县博物馆齐向阳馆长见告，魁星阁原存，曾作为大地测绘点，1996年前后包砖修砌。

四面，其地独高，自府署至十字口为府前大街，自南门至十字口为南门大街，自东门至十字口为东门大街，自西门至十字口为西门大街。

东北隅

府前大街以东，南北街曰三皇庙街（原注：在文庙北），曰文庙前街，再东曰察院街，再东曰东北营（原注：俗呼大王营）。东门大街以北，东西街曰文台街，再北曰文庙东街，曰文庙西街，再北曰守备旧署街，再北曰府东街。

西北隅

府前大街以西，南北街曰老厰街，曰东新开街，曰马家园子新街，曰所庙街，再西曰西新开街，曰武道德街，曰马家园子旧街，曰半边店街，再西曰北门大街，再西曰九圣阁，曰西北营。西门大街以北，东西街曰铁匠市，曰骆驼巷（原注：即守备署街），再北曰武家营街，再北曰府西街，再北曰府后街，再北曰眼光庙街，再北曰正北营。

东南隅

南门大街以东，南北街曰城隍庙街，再东曰考棚街，再东曰考棚东街，再东曰晏公庙街，曰胡家营。东门大街以南，东西街曰大寺后街，曰四隅头街，再南曰大寺街，曰考棚西街，曰考棚东街，再南曰关帝庙街，曰东南营（原注：即宋家营）。

西南隅

南门大街以西，南北街曰龙王庙街，再西曰红姑娘巷，再西曰马市街（原注：即药王庙前街），再西曰西南营。西门大街以南，东西街曰苏家角，再南曰糖房街，再南曰佑衣街（原注：一名竹竿巷，今废），再南曰三义庙街。

对比图 2.2.3-2，可以知道，今天惠民县城内大部分道路格局及名称，与光绪间仍一致。试列举其中可以比对得知其名称改易的道路如下：鼓楼街——府前大街（破折号前为今名，后为故名，下同），文庙街——文庙前街，府前街——文庙西街、文庙东街，文化西街——城隍庙街，文化东街——考棚街，商场路——大寺后街，文化路——大寺街、考棚西街、考棚东街，胡姑娘街——红姑娘巷，塘坊街——糖房街。同时，根据图 2.2.3-2、图 2.2.3-8、图 2.2.3-9 可以清楚地看到，惠民县南北大街不正对，宋代所建的州治，当南门大街正北，北门大街则偏在州治西侧。城内的道路，亦有颇多彼此不正相对。这类丁字街的城市格局，是宋元时期北方地区的流行布局①。

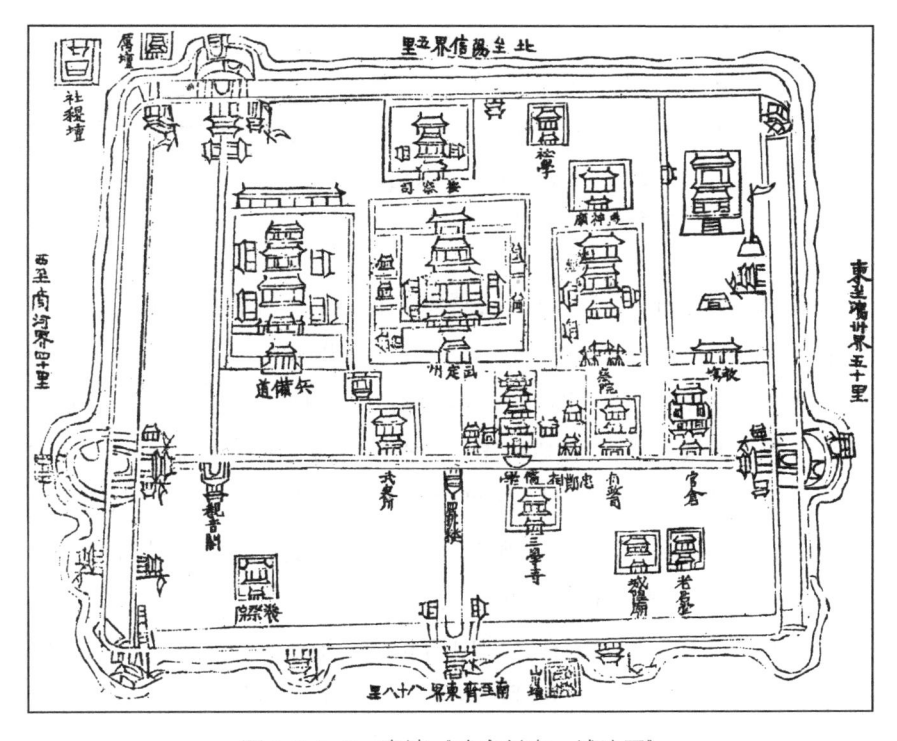

图 2.2.3-8　嘉靖《武定州志·城池图》

---

① 杭侃：《宋元时期的地方城镇——以中原北方、川东和江南地区为例》，载侯仁之编《燕京学报（新 23 期）》北京大学出版社 2007 年版，第 1—98 页；王子奇：《宋元时期地方城镇的考古发现与研究》，载《中国考古学百年史：1921—2021》，中国社会科学出版社 2021 年版，第 1190—1218 页。

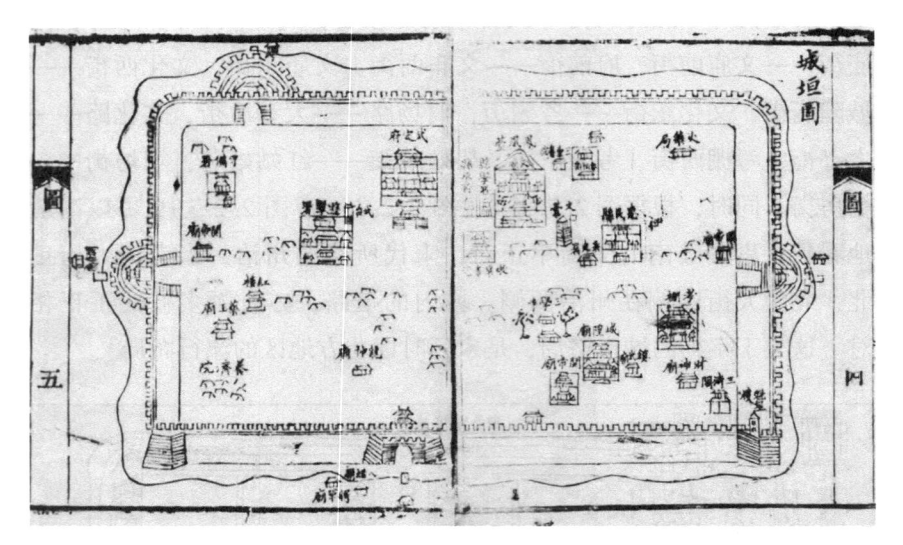

图 2.2.3-9 光绪《惠民县志·城垣图》
（采自国家图书馆数字方志资源库）

嘉靖《武定州志》上秩《公署志》记载："州治在城中之北，宋大中祥符时立。明永乐中，册封汉王高煦于乐安州，遂并为藩府，乃移州治于废三皇庙（原注：庙在西门街）。宣德初，王府除，仍复。"光绪《惠民县志》卷八《建置志》"公署"条记载："府治，在城中直北，即旧州治。宋大中祥符间建，明永乐末徙封汉王高煦于此，遂为藩府，移州治于西。宣德初，汉府除，仍复于旧。国朝雍正十二年（1734）升州为府，以州治为府治。"由上，结合图2.2.3-8、图2.2.3-9可知，今天正在复建中的府治一带——府东街、府西街一线以北，三皇庙街以西，老廒街以东，府后街以南的这片区域，自北宋以来新建城址以来除明代永乐至宣德曾作为汉王藩府外，一直是州（府）治的所在。

关于府治所在的特殊时期，即明代永宣之际封藩王时，曾短暂地将州治移于三皇庙内。复检光绪《惠民县志》卷十《建置志》"坛庙"条记载："三皇庙。旧在西门街，嘉靖三十三年（1554）佥事曹天宪疾，梦神授方疗治，移建于州治东北废土地祠处。"可以知道，三皇庙原位于西门街侧——即今西门大街之侧。参见图2.2.3-8上绘有两处"武定州"，其中一处在西门大街之北，即应是原三皇庙所在。今天的三皇庙街，应该是嘉靖以后三皇庙迁址于州治东北后，遗留下的道路名称。又，元代以前，北方地区就开始了三皇庙的建设；入元以后，全国通祀三皇，要求各地立三皇庙①。那么，西门大街北侧明永宣时期改作州治的三皇庙，至迟应该是元代建立的。这也为我们了解元代惠民城的城址格局添加了一处例证。

嘉靖《武定州志》上秩《学校志》记载："学在州治东南，宋崇宁元年（1102）立，有碑。其文剥蚀不可辨。金天眷中，毁于兵。有知州萧恭者重立，窦文通为记。今求其文不见。明昌五年（1194），知州安民、珩相继修之。……元至治三年（1323），州尹显再修。"光绪《惠民县志》卷九《建置志·学宫》"惠民县学宫"条记载："国朝雍正十二年（1734）升州为府，因改州学为府学。惠民未专立学宫，凡祭祀、肄业与府学共之。在县治西北，即旧棣州学，宋崇宁元年（1102）建，金天眷间毁于兵，知州萧恭重建，明昌间知州郭安民、石珩，州人梁彦珪继修。元至治三年（1323）州尹晁显修。明洪武三年（1370）同知夏昱，天顺四年（1460）判官贺祥相继重修。十五年（1536）佥事王玑创建尊经阁，二十五年（1546）佥事王煜拓治规制如济南郡学。三十三年（1554）佥事曹天宪刱建聚奎楼，徙门外泮池于内。三十五年（1556）佥事张谧，四十三年（1564）佥事黄正色，万历二十五年（1597）佥事孙承荣，四十年（1612）知州宋大奎，崇祯十一年（1638）副使曾棨，知州王永积相继重修。国朝乾隆四十六年（1781）知府徐观孙率十属牧令重修建，有碑记。五

---

① 杭侃，彭明浩：《三皇庙铜祭器及其相关问题》，载北京大学中国考古学研究中心、北京大学震旦古代文明研究中心编《古代文明》（第8卷），文物出版社2010年版，第267—284页；王子奇：《河北省定兴县金代城址调查及其相关问题》，载《扬州城考古学术研讨会论文集》，科学出版社2016年版，第331—350页。

十九年（1794）署惠民县知县熊官梅、道光十二年（1832）知府汤世培、同治五年（1866）知县薛燦相继重修。光绪十一年（1885）知县沈世铨复修并植柏树六十余株。"①

由上可知，城内原未建县学，州（府）学建于宋崇宁元年，此后屡修其址未易。结合图2.2.3-8、图2.2.3-9可以大致推定原州学范围，即今府前街以北，察院街以西，鼓楼街以东，府东街以南一带——亦即今惠民县委、县政府所在地。

光绪《惠民县志》卷十《建置志·坛庙》记载曰："资福寺，在县治南。宋大中祥符间建，梵宇宏丽，法相庄严，内有千佛殿，金装小佛一千，殿前有赵文敏碑。殿额'三学资福禅寺'六字，亦文敏手迹。"按此资福寺，即是俗呼之大寺，光绪《惠民县志·城垣图》、嘉靖《武定州志·城池图》中，标识为"三学寺"。据此，结合图2.2.3-8、图2.2.3-9，可以大体推定其位置，应在商场街以南，文化路以北，南门大街以东，文化西街以西一带。

咸丰《武定府志》卷之九《坛壝志》载："城隍庙。在府治东南。明洪武二年（1369）同知夏昱建，内有诰命楼一座，宏（弘）治二年（1489）知州贾澄重修。国朝康熙四十二年（1703）郡人李钟麟等重修。"光绪《惠民县志》卷十《建置志·坛庙》记载曰："城隍庙。在县治南。命同知夏煜刱建，知州贾澄重修。乾隆四十四年（1779）知府徐观、孙率十重修。"由此知道城隍庙建于明初，结合图2.2.3-8、图2.2.3-9，可以大体推测其位置约在文化路以南，故园南路以北，文化西街以西一带。

光绪《惠民县志》卷八《建置志·公署》记载曰："县治，在东门大街直西。乾隆二年（1737）知县蔡苙建其制。"对比图2.2.3-8、图2.2.3-9，知道清代的惠民县署，在东门大街北侧。颇疑乾隆县署，

---

① 参光绪《惠民县志》卷28《艺文志》，第1页，金明昌六年党怀英撰《修棣州文庙记》。

是在原布政分司的旧址上建立的。

光绪《惠民县志》卷七《建置志·城池》记载：

> 惠民县，为武定府附郭，府城则县城也。今城初为阳信之乔家庄。宋大中祥符八年（1015），从李士衡请徙此。崇宁元年（1102）始诏工部尚书牛保修筑，周围十二里，崇二仅有二尺，阔丈余，基倍之。凡四门，门各三重，东门额曰青阳，西门额曰明远，南门额曰金景，北门额曰靖安。上各建楼，东为春风，南为明远，西为景山，北为紫微。复浚濠潴水，深二丈，阔五丈，有飞桥，又筑护城堤，延袤三十余里。金大定十九年（1179），诏守臣修葺。明成化五年（1469），知州卫述重修。宏（弘）治十四年（1501），知州赵永祯与千户所分修。正德八年（1513）佥事许逵，嘉靖十四年（1535）佥事王玑重修，更楼额四，东曰眺海，南曰仰岱，西曰带河，北曰拱京。城外旧惟土乃各易以砖，门之外又各垒以墙，两翼与桥相接，并葺四关门，南关直绰楔题曰齐北古镇。天启元年（1621）知州南拱极，崇祯十一年（1638）副使曾栋，知州王永积相继重修。

由此知自大中祥符间迁治以来，城垣的范围没有更动。又今天惠民县护城河遗迹保存尚完整，据此可以知道原城垣的分布。据此检核，其周长大约为6公里稍长，这与前引《宋会要辑稿》"棣州城"和上引光绪《惠民县志》卷七《建置志·城池》的记载，是大体吻合的。

由上，惠民县城的城垣范围与四至，自北宋大中祥符迁治以来没有大的变化，其城垣与护城河、州治、文庙及资福寺，均是北宋迁治以后陆续建设的，西门大街北侧三皇庙旧址则至迟是元代棣州城建活动的反映。根据这些宋元时期建设的大建筑，可以确定相关的道路遗迹，说明自南门直通城北北宋以来州（府）治的大街、城东北部文庙周边的道路、及城东南部资福寺周边的道路，都应该是北宋以来的旧迹；而城西门以内通向东门的道路则至少不晚于元代三皇庙的修建，如果考虑城内其他道路的格局和古今重叠型城址道路难以改易的基本情况，则也可以推定东西门之间的道路应是北宋新建城池时就开辟的大道。这样，结合遗迹和道路的分布，就可以大致了解惠民县在宋元时期的布局情况，并试据上述分析，作图 2.2.3-10，以反映北宋时期

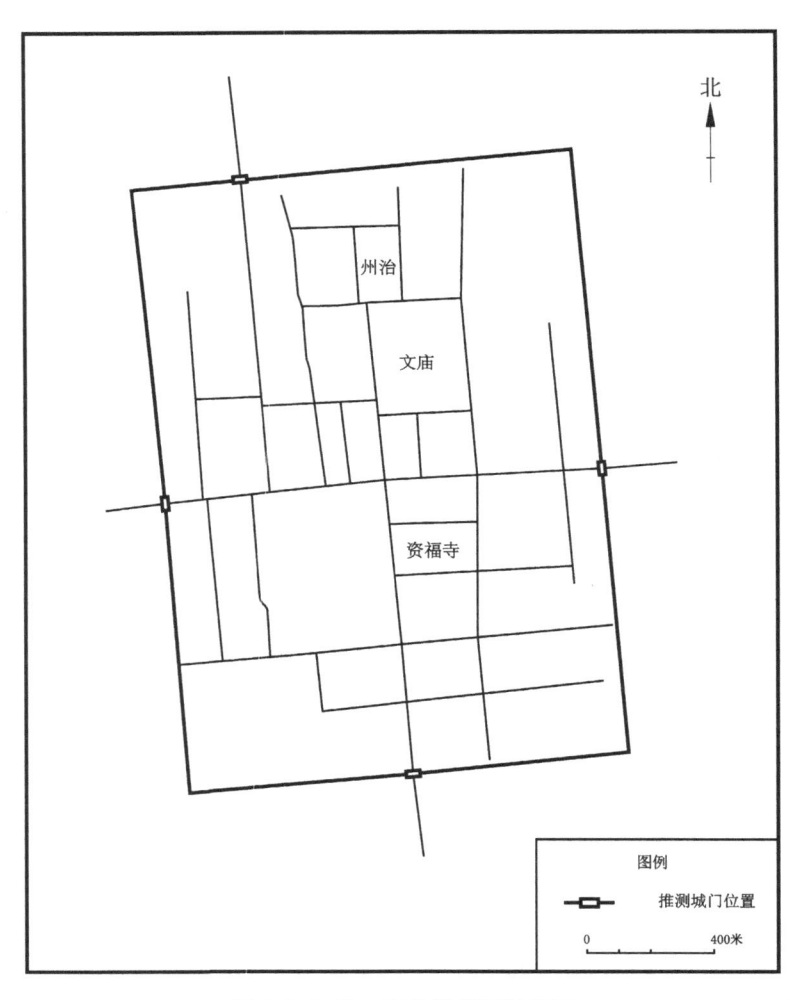

图 2.2.3-10 宋代棣州城复原图

的棣州城情况。大中祥符至崇宁间陆续建设完善的棣州城，应当是一座四门丁字街的城址。

四　昌邑

昌邑位于山东半岛西北端，潍河下游，莱州湾畔（图2-1）。

（一）昌邑沿革概况

《宋史》卷八十五《地理志一》记："潍州，上，团练。建隆三年（962），以青州北海县建为北海军，置昌邑县隶之。乾德三年（965），升为州，又增昌乐县。……昌邑（原注：望。本隋都昌县，后废。建隆三年，复置）。"① 金元因之，昌邑县仍属潍州。明洪武初随州属青州府，九年（1376）改属莱州府。二十一年（1388）隶平度州，仍属莱州府。清沿其制②。

由此知，今天的昌邑所在，是在北宋建隆年间，随本地区行政区划的调整新置的昌邑县，自此以后历经金元明清，昌邑县的治所未曾更易。

（二）昌邑城现状

今昌邑县城位于胶莱平原，居于县境中部，潍水从县城之东川流而过。城区地势较为平坦，沿解放路向北至城里东街路口的城西北隅一带地势相对最高。

原城垣与城门遗迹今已不存，但在Corona卫星影像上尚可辨识。其中西垣北段、北垣全段、东垣北段、南垣东段和西段的一部分尚存（图2.2.4-1），据此可以确定原城垣规模与范围。今老城周边及城内尚保存部分水系，原老城东北角北海公园尚存较大水面，天水路西侧仍保存有连续的南北向的水渠，这是昌邑城外护城河的旧迹。今利民

---

① 《宋朝事实》卷十八《升降州县一》和《文献通考》卷三百十七《舆地考三》，并参。
② 《齐乘》卷三《郡邑》，康熙《昌邑县志》卷二《地里志》"沿革"条。

街以北，解放路以东还保存了大面积的水面，即姜家大湾。城里街后巷以北，解放路以东也尚存较大水面，即原大寺湾。

图 2.2.4-1　昌邑城区 Corona 卫星影像
（图片由中国社会科学院考古研究所刘建国先生提供，上为北）

城内建筑如衙署、文庙、寺观等现已不存，但老城内街道格局尚基本保留（图2.2.4-2）。

图2.2.4-2　昌邑城现状
（上为北，底图采自谷歌地球软件）

（三）昌邑城的布局

康熙《昌邑县志》卷三《建置志》"学校"记云："儒学，在县治东。金大定间建。明洪武三年（1370）县丞程福山修。景泰七年（1456）知县叶蕃重修。成化四年（1468）知县郭质重修。有碑文，见艺文志。"此后至清代，屡有修缮。

文庙今不存。但比照图 2.2.4-3 至图 2.2.4-5，可以发现昌邑城的道路格局，从清康熙以来至今没有大的变化，东西门内大街曲折相通，县署前有向南直通城南的大道，文庙前有东西向的道路，城隍庙以南、以东的道路也没有变化。这样，就可以根据图 2.2.4-3 至图 2.2.4-5 推定文庙的原址，应在今天昌邑宾馆的东半部一带。文庙的始建不迟于金，也说明文庙前的东西向道路应是不晚于这一时期遗迹。

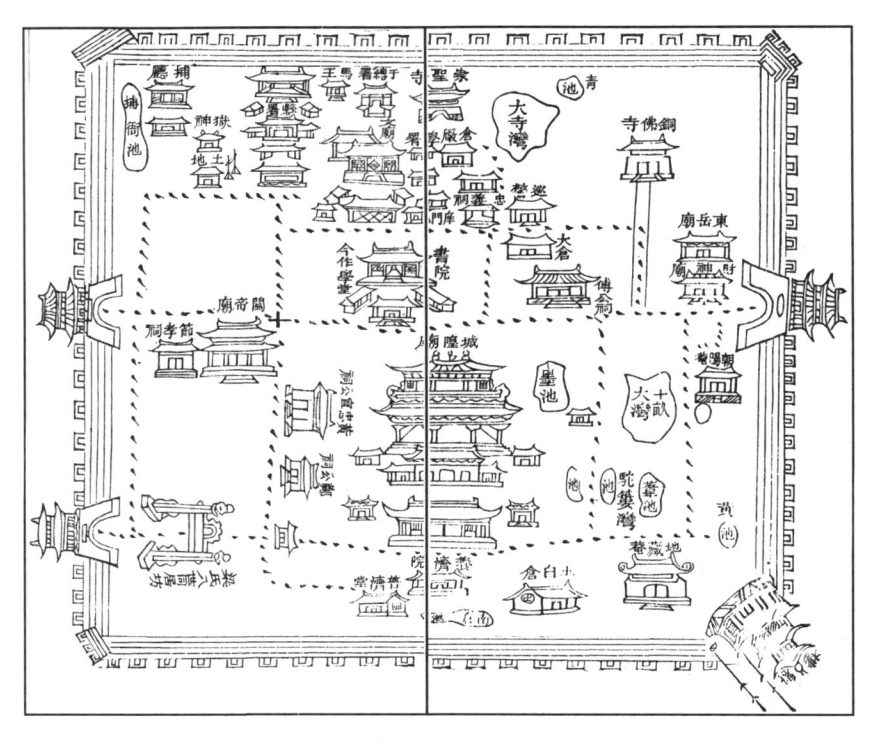

图 2.2.4-3　光绪《昌邑县志·县城图》

万历《莱州府志》卷三"公署"记云："昌邑县署。在城内西北，洪武三年（1370）县丞程福山建。"康熙《昌邑县志》卷三《建置志》"公署"条云："县治在城内西北，大门砖砌为台，上有钟鼓

第二章 宋代北方地区新建建制城市个案研究

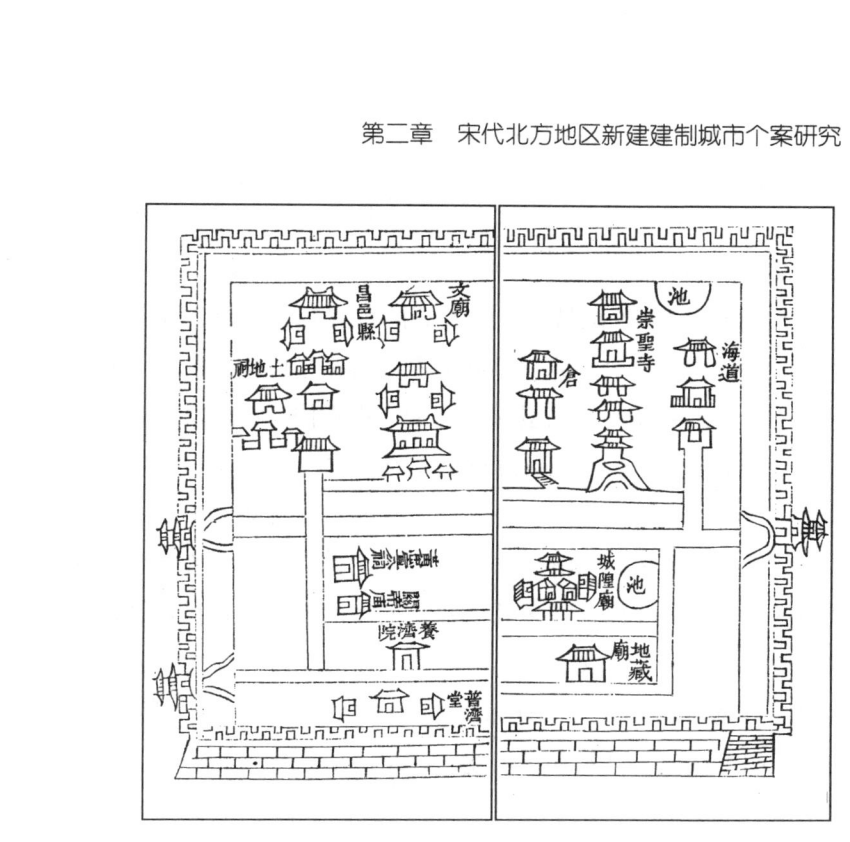

图 2.2.4-4 乾隆《昌邑县志·县城图》

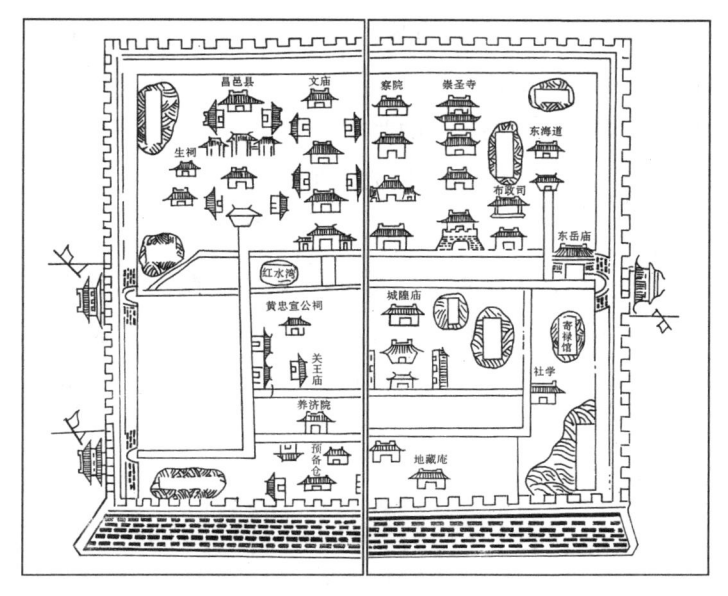

图 2.2.4-5 康熙《昌邑县志·县城图》

楼。嘉靖三十一年（1552），知县曾廷芝建。至万历三十九年（1611），知县卜有征废鼓楼，建今大门。"同样比对图2.2.4-3至图2.2.4-5，可以大体推定昌邑县原衙署的位置在今昌邑宾馆的西半部一带。文献中提到的"洪武三年县丞程福山建"应该指的是洪武初年昌邑县按照"洪武新制"对县署进行的一次重修。昌邑县城规模不大，文献中亦不见洪武初年衙署迁徙的记载，参考华北华中地区其他县城的通常情况，明初重修的衙署，应该有更早的遗迹①。

昌邑县城临近潍水，明清地方志中记录了多次潍水决溢入城的情况，城内现在仍如前述保存有多处大片水面。昌邑城选择城西北隅修建城内重要建筑如衙署、文庙，是考虑到地势情况，择高地而居。

康熙《昌邑县志》卷三《建置志》"坛庙"条记载："城隍庙，在县治南。明洪武三年县丞程福山建。嘉靖二十一年（1542）邑都御使翟瓒重修。万历五年（1577）知县侯鹤龄捐俸率民大兴工役，大殿、两廊、寝殿、神像、门垣灿然改观，有碑文见《艺文志》。崇祯十五年（1642）知县刘丕基重修，国朝顺治十七年（1660）知县党丕禄重修。"结合前述并对比图2.2.4-3至图2.2.4-5，可以推定城隍庙的位置在今天粮油加工厂的北院。

万历《莱州府志》卷三"城池"条记云：

> 昌邑县城，宋建隆三年（962）土筑，周五里，高一丈八尺，阔一丈五尺，门三，东曰奎聚，南曰阳鸣，西曰瞻宸，池深九尺半，广倍之。正德六年（1511）值流贼之变，本府同知刘文宠重修，邑人知府朱瑄记。

---

① 参见王子奇《河北省定兴县金代城址调查及其相关问题》，载《扬州城考古学术研讨会论文集》，科学出版社2016年版，第331—350页；李志荣《元明清华北华中地方衙署建筑的个案研究》，北京大学考古文博学院博士论文，2004年6月。

乾隆《昌邑县志》卷二"城池"条记云：

县城，在汉都昌古城址东南。宋建隆三年筑土城，周五里有奇，高一丈八尺，厚一丈五尺。门三，东曰东兴，西曰西成，南曰迎恩。池深九尺半，广倍之。元至元十一年（1274）重修，增角楼四，门楼各三楹，东曰奎聚，南曰阳鸣，西曰瞻宸。明正德六年，值流贼之变，府同知刘文宠重修。嘉靖四十五年（1566），知县李天伦重修，增东南角楼曰文笔峰，供文昌于上，颜曰奎光。万历五年（1577），雨颓城垣，知县侯鹤龄修补，增瓮城，建三外门，城池益高深其制。万历三十八年（1610），潍决，坏城垣。其明年，知县卜有征重修，更名三门，东曰映瑞，西曰迎禧，南曰延爽。万历四十六年（1618）小修城池，移文昌于东山巅，城之角楼遂废。崇祯十三年（1640），知县白壮易土城为砖城，益高二尺、厚五尺。大清顺治七年（1650），潍决，颓东门，知县刘士伟改东门南向，题曰永顺，西门曰重庆。康熙十六年（1677）知县沈一龙重修三城门楼，增至三级。雍正五年（1727），知县袁蘯复旧制东向。雍正八年（1730），潍决，颓东门，其明年，知县刘书复改东门南向。

根据这两段记载结合图2.2.4-3至图2.2.4-5，可以大体知道，宋建隆三年置昌邑县，筑土城，城三门，周五里余。此后屡次重修，明末崇祯年间包砌砖城，直到清末城的规模没有发生大的变化。比对图2.2.4-1与图2.2.4-2，知原城北垣在今昌邑宾馆北侧，北海公园西南角一线，东垣在今城东路一线，南垣在今都昌中学南侧一线，西垣在今天水路一线。如前述，城内道路格局除解放路北段应为后来改建外，其余道路格局变化不大。并按上述推断，检核城的规模与文献所记五里余亦大体相合。据此，可以根据城内道路复原城门的位置，如图2.2.4-6，昌邑城应是一座三门丁字街的城址。

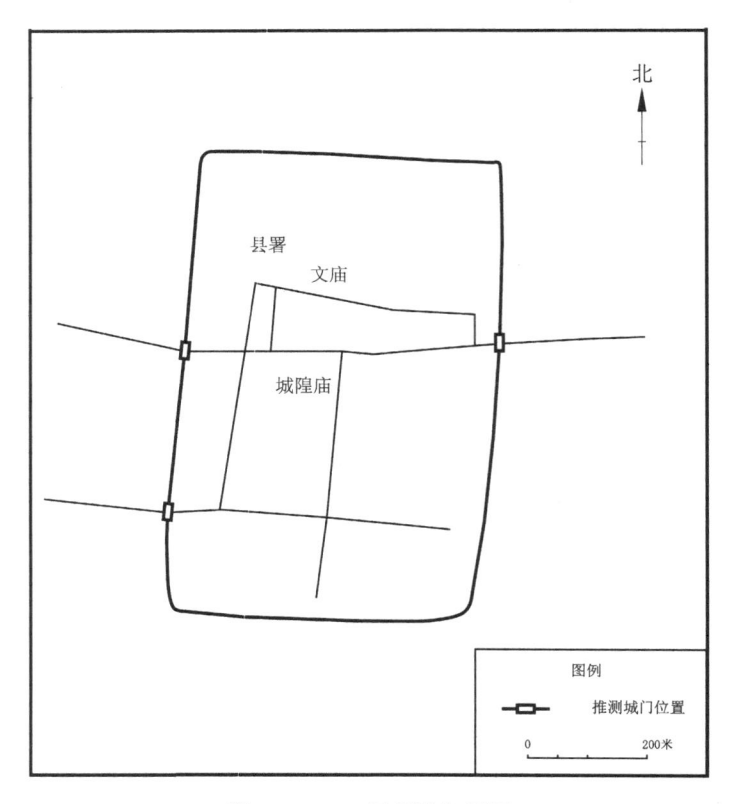

图 2.2.4-6 昌邑城复原图

五 隆平

1947年8月，隆平、尧山二县合并为隆尧县，县治设原隆平县城。历史上的隆平县县治，即今隆尧县驻地。隆尧县地处太行山东麓，冀南平原中部，河北省南部（图2-1）。

（一）隆平沿革概况

隆平县，唐旧称昭应县，宋开宝五年（972）改为隆平县。熙宁六年（1073）省为镇，元祐元年（1086）复置①。《宋史》卷九十三《河渠志三》载，宋大观二年（1108）黄河决陷巨鹿县，五月丙申诏

---

① 《宋史》卷八十六《地理志二》。

迁县于高地，同时以赵州隆平下湿，亦迁之。隆平县宋代属赵州，后改庆源府，金代隶沃州，元隶真定路赵州。洪武初一度省入柏乡县，洪武十四年（1381）复置，仍隶赵州，清初仍其制，后赵州改直隶，隆平属之①。自大观因水患迁址新建以后，隆平县就在今天的治所未易其地。

（二）隆平城现状

隆平县城一带地势较为平坦，城内以新华街、昭应街十字路口一带地势最高。城垣、城门遗迹现皆已不存。但在 Corona 卫星影像（图 2.2.5-1）和中国人民解放军总参谋部测绘局 1959 年航摄、1960 年调绘、1963 年制图出版的 1∶50000 地形图上，都可以清楚地看到城垣的残迹及其范围。城垣规整，平面近方形，东西较南北略长，东、西、南、北四条大街在城内十字相交（图 2.2.5-1）。在地形图上，

图 2.2.5-1　隆平城区 Corona 卫星影像
（上为北，图片由中国社会科学院考古研究所刘建国先生提供）

---

① 乾隆《隆平县志》第一卷《地里志》"沿革"条。

城垣外的护城河遗迹也清晰完整可见，绕城一周。笔者2009年8月在城内踏查时，城内耆老尚可指认原城垣和城门所在的位置，即城北垣在今康宁路南侧一线，东垣在今隆平街一线，南垣在今康庄路一线，西垣在今兴隆市场东侧一线（图2.2.5-2），这与在卫星影像和地形图上所见，是基本一致的。

图 2.2.5-2　隆平县现状图

（上为北，底图采自谷歌地球软件，拍摄时间：2005年3月6日）

另笔者前往调查时，承隆尧县文物保管所长曹连彬先生见告，近年在隆平县县委大院施工时曾出土元大德五年《重修宣圣庙学贤廊记》一通（图2.2.5-3）[①]。

---

① 该碑现存隆尧县文物保管所，碑漫漶已甚，仅能认读部分碑文。录文见附录《隆平大事年表长编》。

图 2.2.5-3　元大德五年《重修宣圣庙学贤廊记》碑

(三) 隆平城的布局

隆庆《赵州志》卷二《建置志》记隆平文庙曰：

儒学在县治东南，原在旧城。宋大观中被水灾，迁于县之东。国朝洪武中迁于此。正统年间知县黄友重修，有教谕徐碧记。嘉靖四年（1525）署县事冀州判官杨季云、二十五年（1546）知县杨自効相继重修。

崇祯《隆平县志》卷三《学校志》记云：

> 文庙。县治东南。宋靖康毁于兵，金太和间复创于此。国朝洪□□正间，知县罗敏中、黄友、柳绅、关瑜、纪世相相继修葺。嘉靖间义官赵廷相修大成殿及东西两庑。□万□（历）乙酉（十三年，1585），知县林天秩修棂星门、门东西监、二坊，规制略备。学制旧无月池，有之自知县徐彬始。而池上石栏并城上云梯则乡宦赵炳捐资重修者。初棂星门外地狭甚，炳南拓五丈余，浚泮池，未就而炳卒。万□（历）戊申（三十六年，1608）知县仙克瑾继成之，乡宦郝佩倡议甃以砖。天启癸亥（三年，1623）圮圯，乡宦张如钰葺之，自圣殿、启圣、暨门、庑俱焕然矣。知县陈三重有碑记。

通过这两段记载，结合图2.2.5-4、图2.2.5-5和前述县委大院出土的元代《重修宣圣庙学贤廊记》碑可以知道，明代洪武以来的文庙，应有更早的基础。崇祯《隆平县志·县城图》所示隆平城内街道格局甚为清楚，与图2.2.5-2相比较，不难发现，城内的道路格局至少自明代晚期以来没有大的改易。主干大街在城内十字相交，崇祯《隆平县志·县城图》中所示文庙在城东南部，东门内大街以南，城内东南区域。值得注意的是，文庙地处北门内大街之西侧。若与图2.2.5-2对照，可判断隆平文庙的旧址即应在今天县委大院东偏一带，前述县委大院内施工所发现的元大德五年《重修宣圣庙学贤廊记》碑应即是原文庙内的遗物。洪武后，文庙不断完善、扩大规模，但其位置总体上没有大的更动。明洪武以前隆平文庙的具体情况，因地方志文献记载不详，元代残碑又多漫漶记载不清，尤其重要的是文庙遗迹已遭破坏不存，尚难以确定①。不过在确定了宋金以来文庙的位置的基础上，我们仍可据此将隆平县城东南一带特别是文庙所在周边的街道格局，上溯至北宋晚期。

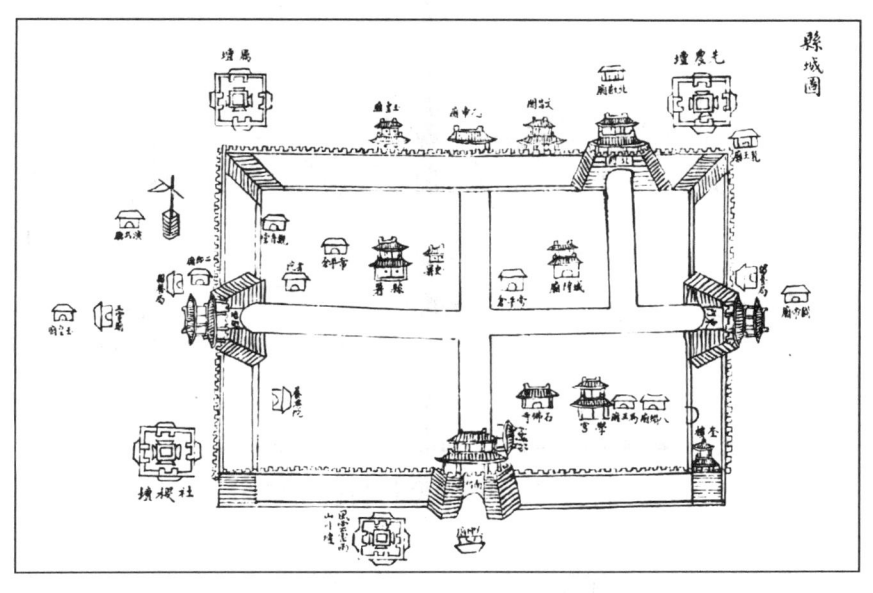

图 2.2.5-4　乾隆《隆平县志·县城图》（采自国家图书馆数字方志资源库）

崇祯《隆平县志》卷二《制置志》"公署"条记隆平衙署云："县治。在大街北，洪武间知县罗敏中建，正统间知县黄友、成化间知县柳绅相继重葺。"这里提到的洪武间"罗敏中建"应该指的是洪武年间隆平县按照"洪武新制"对县署进行的一次重修②。隆平县城

---

① 隆庆、崇祯二志及正德《赵州志》卷六《隆平县》"学校"条关于文庙的记载，颇有抵牾。隆庆《隆平县志》记文庙洪武迁今地，而崇祯《隆平县志》则言宋末毁于兵，金代即在此地。结合元代《重修宣圣庙学贤廊记》的出土，似应以崇祯《隆平县志》为是。

② 有关华北地区地方衙署的"洪武新制"问题，参见王子奇《河北省定兴县金代城址调查及其相关问题》，载《扬州城考古学术研讨会论文集》，科学出版社 2016 年版，第 331—350 页，收入本书附录二；李志荣：《元明清华北华中地方衙署建筑的个案研究》第三章第二节"衙署的布局"之"（二）明代的布局"，北京大学考古文博学院博士论文，2004年，第 113—115 页。

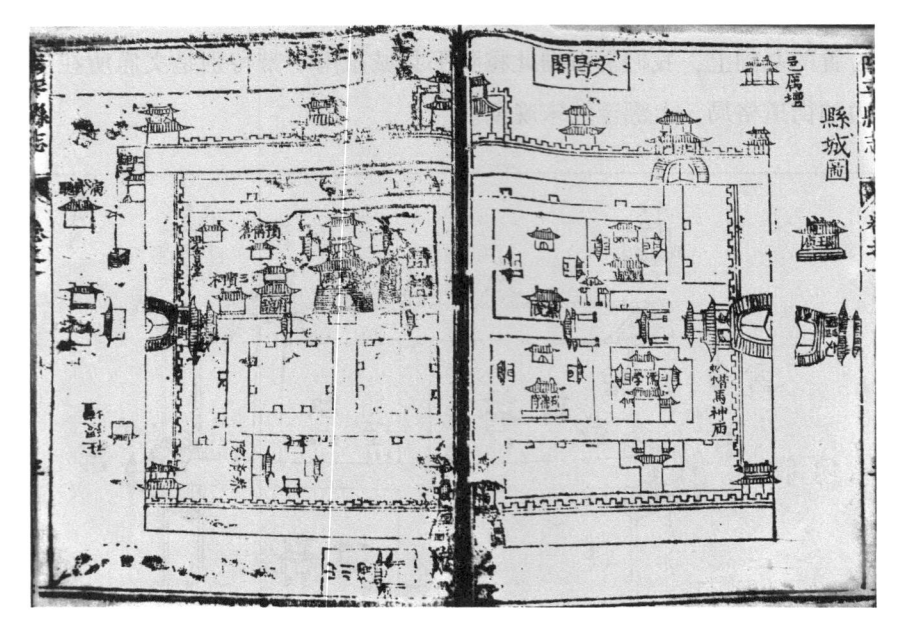

图 2.2.5-5 崇祯《隆平县志·县城图》

规模不大，文献中亦不见洪武初年衙署迁徙的记载，参考华北地区其他县城的通常情况，明初重修的衙署应该有更早的遗迹。结合前述隆平县城街道格局的情况，并参考图 2.2.5-4、图 2.2.5-5 可以推定，今隆尧宾馆一带即是原来隆平县署的位置。

隆庆《赵州志》卷二《建置志》载：

> 本县旧城在县治东十二里，大宋间为水湮没，乃迁今治，元末兵毁。国朝洪武初，知县罗敏中重建，正统间知县黄友、成化间知县柳纮尝增修之，周围城六里三百一十二步，高三丈，上阔一丈有五尺，下阔三丈有三尺，东、西、南三门，俱用铁裹门，上有券，上各盖重檐楼三间，门外有桥，城外池濠四围各阔三丈，深一丈三尺。

崇祯《隆平县志》卷二《制置志》"城池"条载：

> 宋宣和间旧城水没，始改创于此。元末复毁于兵，至洪武初知县罗敏中重建，正统间知县黄友、成化间知县柳绅相继修拓。城广袤六里三百一十二步，高三丈，阔一丈五尺，基阔三丈三尺，东、西、南、北门上楼橹三间，门外有桥。筑堤护城，阔三丈，深一丈三尺。……先，城辟三门，隆庆五年（1571）知县苏伟翊开北门。万囗（历）三年（1575），知县李应麟议建重门城铺十二座，吊桥三座，垛口二千一百三十二个，敌楼三十五座。万历四年（1576），知县黄荣构成匾，东门曰近圣，南曰南熏，西曰宝成，北曰拱极。

根据以上文献和前举《宋史·河渠志》所记可知，隆平县在北宋大观二年被水患，诏迁县于今地。初创的县城仅辟东、南、西三门，至隆庆五年才开辟了北门。如前述，隆平城原四至，即应是北垣在今康宁路南侧一线，东垣在今隆平街一线，南垣在今康庄路一线，西垣在今兴隆市场东侧一线。参考前述推定的衙署和文庙的位置，如前述比照图 2.2.5-4、图 2.2.5-5 可知，隆平城内的街道也没有大的变动。这样，就可以根据城垣范围和城内道路推定原城门的位置。

试按上述做复原图，如图 2.2.5-6。北宋新建时隆平城原应是一座三门十字街城址，在大十字街之下的每个小区域内，似乎还保留有次一级小十字街的痕迹。明代隆庆年间，在北城垣东段新辟北门，形成了保存到今天的城市格局。

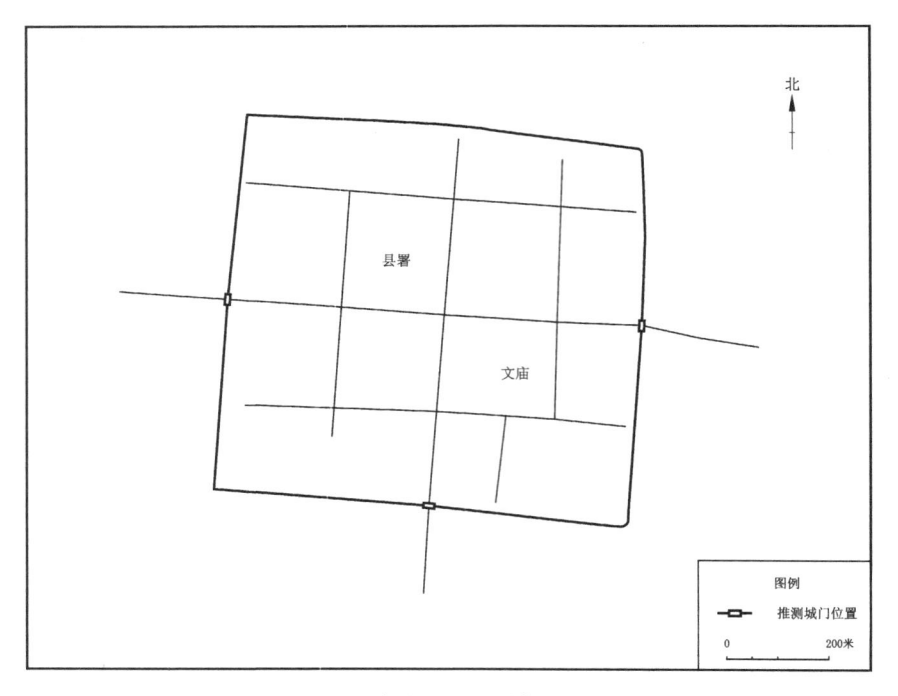

图 2.2.5-6　北宋末至明代前期隆平城复原图

六　岚县

岚县位于山西省西北部山区，吕梁地区北端，今岚县之北的岚城镇所在地（图2-1）。

（一）岚县沿革概况

《舆地广记》卷十九《河东路下》记载：

> 岚州，春秋属晋，后为胡地，有楼烦王居焉。其后属赵，秦属太原郡，二汉、晋因之。后魏末置岚州。隋大业四年（608）置楼烦郡。唐武德四年（621）置东会州，六年（623）更名岚州。皇朝因之。

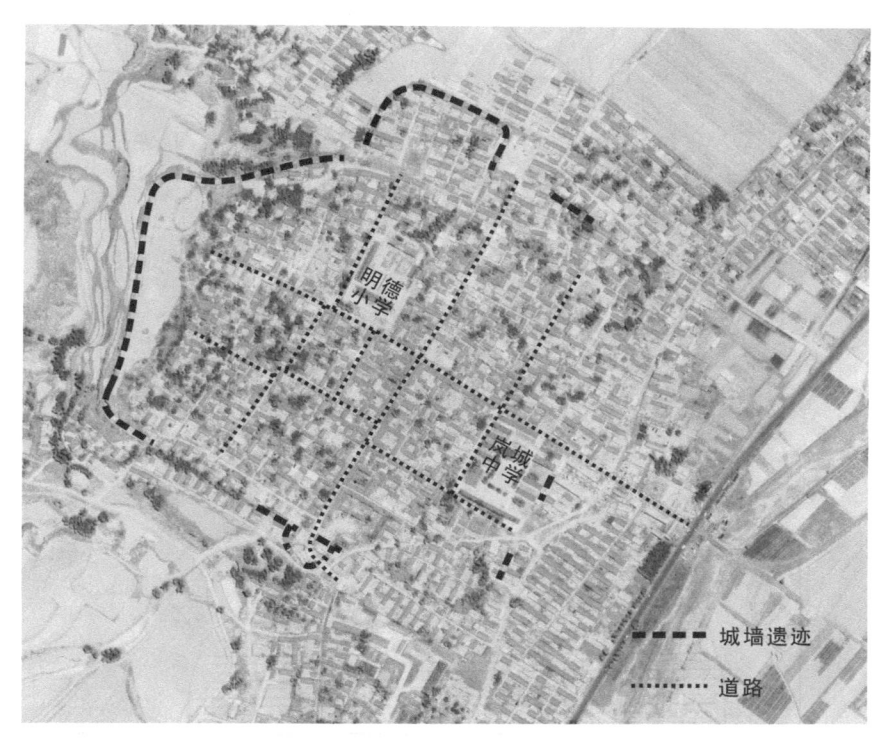

第二章　宋代北方地区新建建制城市个案研究

图 2.2.6-1　岚县城现状
(上为北，底图采自谷歌地球软件，拍摄时间：2013 年 5 月 30 日)

成化《山西通志》卷一《建置沿革》记载：

岚县，本汉汾阳县地，属太原郡。汉末地空。三国魏为新兴郡地。后魏为岚州地。隋置楼烦郡。唐置东会州，寻改岚州。天宝初改楼烦郡，乾元初复为岚州，治宜芳县。宋立岚州节度使于此。金升为镇西军节度。元复为岚州，隶太原路。国朝洪武二年 (1369) 改为岢岚县，九年升为州，本县属焉。

雍正《岚县志》卷二《城垣》记载：

119

图 2.2.6-2　南门瓮城里侧城门东侧断面 A

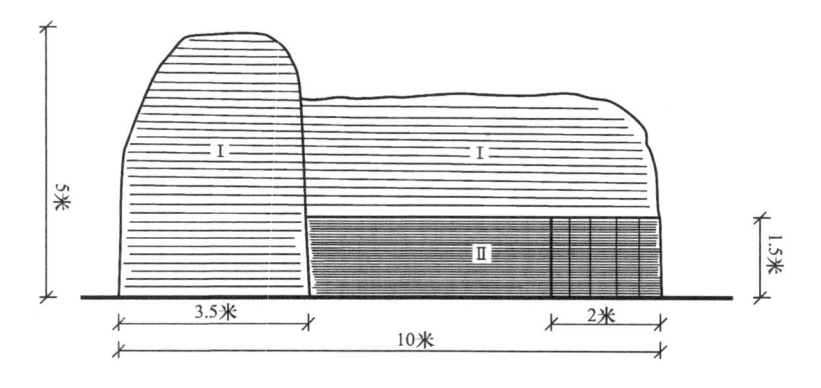

图 2.2.6-3　南门瓮城里侧城门东侧断面 B

岚之城垣，隋大业十年（614）始建，周围六里又四步。至宋知岚州事王舜臣于故城南改筑新城，周围计四里，高一丈五尺，濠深一丈，东西北三门，起工于元丰己未（二年，1079）之仲夏，告成于绍圣丙子（三年，1096）之仲秋，有《郭孚新城记》。至明正统十三年（1448），县令郝凤复增筑之，城高二丈，濠深一丈。嘉靖十一年（1532），知县吴璋复修水门于城之东南隅。嘉靖二十年（1541），知县张崇德因十九年大遭兵燹，又增筑之，城高三丈，濠深二丈。嘉靖三十五年（1556），知县李镕重修，建舒啸楼三十六座，敌台八座，浚壑濠隍，深阔俱足二丈。隆庆四年（1570），知县李用宾感石州之变，砖砌女墙，建城门楼三座，东曰迎曦，南曰永康，北曰保安。万历五年（1577），巡抚高兵备、萧轸念边陲，为防守计，请旨砖包城垣，委岢岚州守董督其事，仍大发军壮搬运灰炭，本县知县张继勋效率士夫黎庶，输材助工，并力营造，戊寅（六年，1578）兴工，壬午（十年，1582）始落成焉。东城南有水门，年远淤壅，久雨灌损，知县谈应春复疏通修整。崇正（祯）九年（1636），知县郝锦复修理城垣。

图 2.2.6-4　南门瓮城里侧城门东侧断面局部

由上可知，宋代于隋代岚县旧城之南改筑的新城，就是历经明清修缮使用至今天的岚县老城。

（二）岚县城现状

岚县城西枕高峻的黄土山塬，山塬高出城内数十米，其西侧即城外一侧为自然冲蚀的沟壑。城就建立在山塬之下，城内一带地势较为平坦（图 2.2.6-5）。旧城尚存部分残垣，其中西城垣保存较完整（图 2.2.6-6、图 2.2.6-7），建立在城西山塬之上，系利用自然地形所修筑的（图 2.2.6-8）。西垣沿山塬向北、向南伸展，然后折向东沿山势而下。北垣尚存数段（图 2.2.6-9），从保存的几段残迹看，原来的北垣也应是利用地势有所曲折。南垣保存较差，但南门瓮城残迹尚存。东城垣仅在今岚州中学东侧尚残余两段（图2.2.6-1）。城垣在中国人民解放军总参谋部测绘局1959年5月航摄、1965年8月调绘、1967年成图、1968年制图出版的文水县1∶50000地形图上所示，较今天保存更完整，其中西城垣枕山塬而建与今相同，西城垣弯曲北折后与北城垣西段相接，东城垣南段与南城垣相接；北城垣东段与东城垣北段图上未绘出，应已遭破坏。

图2.2.6-5　城西山塬之上城西旧垣内俯瞰旧城

图2.2.6-6　岚县旧城西城垣　　　图2.2.6-7　西城垣局部

第二章 宋代北方地区新建建制城市个案研究

图2.2.6-8 山塬上的西城垣外侧

图2.2.6-9 岚县旧城北城垣

各处所见城垣情况基本相同，残高最高处可达约5米，残宽1米余至10米。部分城垣可见分层，现以南门瓮城里侧城门东侧城垣断面为例予以介绍。此段城垣残宽约10米左右，残高最高处约5米。

123

城垣可见明显的分层，上层夯层较厚，约20厘米，包含有少许残砖瓦，以残瓦为主，见少量瓷片。下层高约1.5米，土色较上层深，夯层较薄，约5厘米，内含大量残砖瓦，见少量陶片，不见瓷片。断面南侧下缘尚存包砖（图2.2.6-2、图2.2.6-3、图2.2.6-4）。由这样的遗迹现象可知，下层夯层较薄的夯土城垣应是早期的城垣遗迹；后期在早期城垣遗迹的基础上进行了补筑，这次补筑除了增修残存的早期城垣外，还在靠近城内一侧对早期城垣进行帮筑，从而增加了城垣的厚度。

城内除城垣外其他遗迹已不存。道路情况如图2.2.6-1。

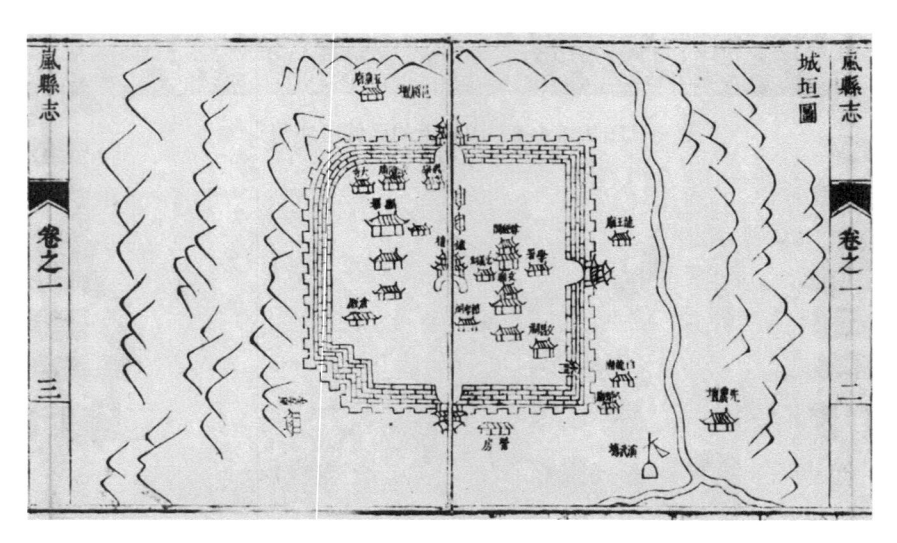

图2.2.6-10 雍正《岚县志·城垣图》

（三）岚县城布局

据前引雍正《岚县志》卷二《城垣》记载知，今天的岚县城即是宋元丰至绍圣间，在隋故城南侧展筑的新城。雍正《岚县志》记载中，仍可见宋代《郭孚新城记》的碑记，可以说明其年代应是可信的。惟记宋修城时辟东、西、北三门，当属文献记载中产生的讹误。从城址现状来看，西垣建在地势高峻的土塬上，没有开门的必要，宋代修城时应当是在山塬之下的辟东、南、北三门。这样的城市选址和城垣修建，主要从军事防御的角度出发，与建立城垣包尽地势的考虑有关，而不开西门也是囿于自然地势的限制。依据前述残垣的分布和走向，再结合城内的主要道路，可以大体复原岚县城的城垣规模和门址位置。

雍正《岚县志》卷三《衙署》记载："衙署之建，不知始于何代，观诸堂壁所刻宋、元诗，疑即古岚州衙舍也。元大定二年重建，洪武二十一年（1388）知县陈圭重修，正统间知县郝凤重修，相沿日久，堂宇倾毁，万历十四年（1586）知县谈应春大加创修，体制斯备。"据此可知，雍正时明确可知的衙署兴建年代，可以上溯至金代大定二年（1162）①，又雍正时尚可在衙署建筑群的堂壁之上目睹宋、元诗文，说明宋代以来岚县的县署方位未曾改变，明清时期岚县衙署就是在宋代岚县衙署旧址上重建、重修而来的。

雍正《岚县志》卷七《儒学》记载："明伦为民睦之源，士行实民风之倡，设学彰教诚政治之要务。稽岚学创建始于南宋元丰（按应为北宋之误），元末兵毁惟存圣殿。明洪武四年（1371）县丞高九万重建，自作记。天顺四年（1460）参政杨璇、知县王准修大成殿、明伦堂，增建尊经阁、射圃。成化二年（1466）知县孙缉复增葺之，教谕张铎建朱文公祠于大成门西。洪（弘）治年知县胡泰、王宏，嘉靖九年（1530）知县张淮，二十年（1541）知县张崇德俱重修，雍正七年（1729）训导常大升重修崇圣祠。"由此知，岚县城内文庙始建于宋元丰间，这正与元丰年间岚县迁治、展筑新城有关。

在笔者前往调查时，访城内耆老，发现县署、文庙1949年后仍存，后被毁。县署原址即今明德小学一带，文庙原址即今岚县中学一带。这样我们结合图2.2.6-10，就可以复原宋代岚县衙署和文庙的方位。结合前述城垣的旧迹与城内道路，可以了解宋代岚县城应是一座

---

① 前文引为"元大定二年"，按元末陈友谅年号大定，应予岚县无涉。此大定二年当为金世宗大定二年。

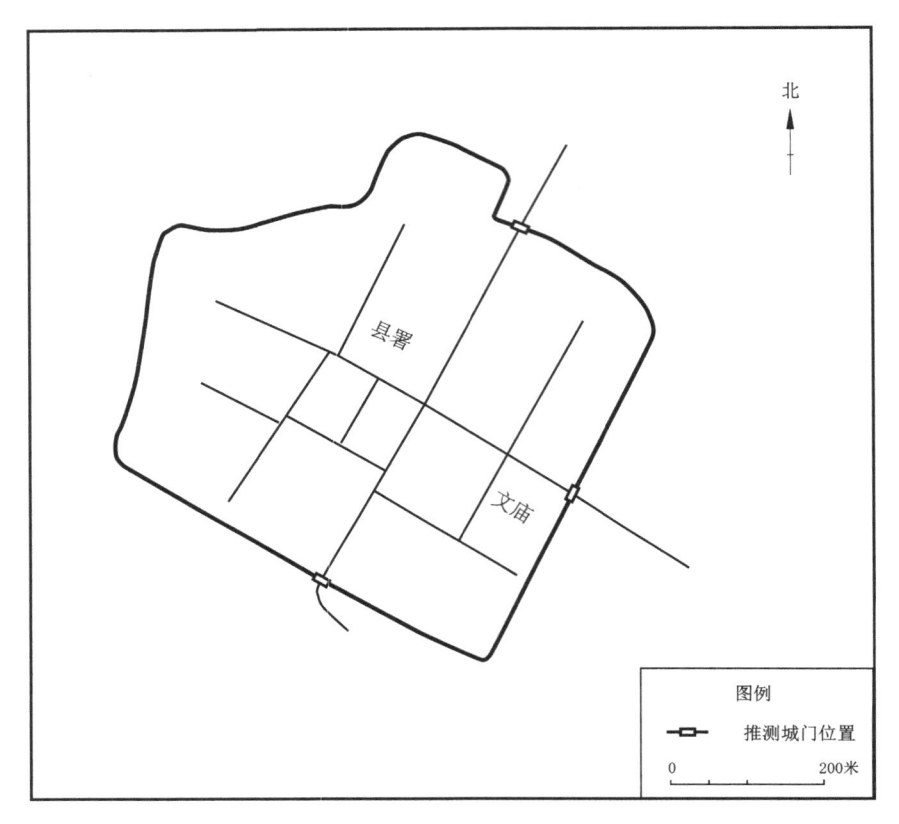

图 2.2.6-11　宋代岚县城复原示意图

辟东、南、北三门的十字街城址。据此，做图 2.2.6-11 复原宋代岚县城情况。

七　文水

文水县位于山西省中部，吕梁地区东北隅。地处太原盆地西缘，吕梁山东麓。东隔汾河与祁县相望，东南与平遥县毗邻，西依吕梁山与离石县交界，北与交城、清徐县相邻，南与汾阳县接壤（图 2-1、图 2.2.7-1）。县城位于县境中部。

第二章 宋代北方地区新建建制城市个案研究

图 2.2.7-1 文水城区 Corona 卫星影像
[上为北，采自美国地质调查局（USGS）网站，拍摄时间：1968 年 11 月 15 日]

（一）文水沿革概况

《元和郡县图志》卷十三《河东道二》记载文水县沿革：

　　文水县（原注：畿。东北至府一百一十里。开元户一万二千六百六，乡二十三。元和户），本汉大陵县地，属太原郡，今县东北十三里大陵故城是也。后魏省，仍于今理置受阳县，属太原郡。隋开皇十年（590），改受阳县为文水县，因县西文谷水为名。皇朝因之。天授元年（690）改为武兴县，神龙元年（705）

127

复为文水县。城甚宽大，约三十里，百姓于城中种水田①。

明初《永乐大典·太原府》之《建置沿革》记载：

宋元丰七年甲子（1084），为汾、文二水涨溢，城为隳坏，基址不存。元丰八年（1085），邑宰薛昌构于西山之下十里南张陀村，据高阜处筑兹邑，周九里。元因之，属太原路。国朝仍旧，属太原府②。

同书《古迹》载：

故县城，在县东十里，周二十里，后魏建于此。子城二里二百步，唐天授二年（691）修，宋元丰七年废。……

文水城，隋开皇二年（582）改西寿阳文水县，取文谷村为名。宋元丰间，城为汾水、文水所圮③。

光绪《文水县志》卷二《地利志·建置沿革》载：

……洎宋，县名仍旧。元符间避水患迁城于章多里之南④，即今县治也。金元仍旧，属太原路。明因之，属太原府，编户七

---

① （唐）李吉甫：《元和郡县图志》卷13《河东道二》，中华书局1983年版，第71页。
② 此据马蓉等点校：《永乐大典方志辑佚》，中华书局2004年版，第95页（以下简称《辑佚》）。按李裕民点校《文水县志（明天启）》（山西古籍出版社1996年版）附录一亦收录，但称之为"洪武《太原志》"。查是志下及永乐间事，应为明初时期编纂。
③ 马蓉等点校：《永乐大典方志辑佚》，中华书局2004年版，第297页。
④ 关于宋代文水县城迁城的时间，前揭明初《永乐大典·太原府》及成化十一年《山西通志·城池》俱言城坏于元丰七年，八年县令薛昌展地筑新城；天启《文水县志·舆地志》"沿革"及《规制志》"城池"则言迁城于元符间。查言迁城于元符间的已知最早记载，系弘治十五年《重修庙学记》（见天启《文水县志》卷九《艺文志》）。此后天启《文水县志》、康熙《文水县志》、光绪《文水县志》皆从此说。按，此说似谬，仍以元丰间迁城为是。以下不赘。

十九都。我朝定鼎亦因之，康熙七年（1668）并户七十都。

同书卷四《分建志》记载：

县城，宋元符间县令薛昌始建，筑土城，周围九里一十八步。高仅三丈二尺，厚亦如之。门、壕、马路粗备。明景泰初，守道魏琳重修，高增四尺。……万历五年（1577），知县郭宗贤暨县丞韩登始砌砖石，围广如旧，高厚增之。计城高四丈五尺，基阔四丈，顶阔二丈五尺。重门四，东匾曰瞻太、表曰朝阳；南曰迎熏，表曰带汾；西曰靖隩，表曰环岫；北曰望恒，表曰拱辰。四门四隅为重檐高楼八，堞楼六十有四。濠深三丈，阔四丈。城外垣墙为蔽，高七尺，兀然雄固矣。……

国朝顺治十二年（1655），知县刘乃桂补修北面雉堞十余丈，各门楼悬匾，东曰汾水环流，南曰南风熏阜，西曰商峰迭翠，北曰北拱紫垣。历年大雨圮坏。十八年（1661），知县王家柱补修东南角楼一座，南面雉堞十余丈，凡大小楼俱为整饬。康熙十一年（1672），南门外浮桥水冲，知县傅星修之，较旧加固。……光绪元年（1875）春，西南角倾塌十余丈，知县吴超补休，又增修角楼若干座，凡破缺处皆修葺整齐，依然壮观，城上有碑记。

由上可略知文水城的沿革。元丰七年（1084）因汾水、文水坏旧城，文水县城遂迁新地，于元丰八年展筑新城。这座城，也就是沿用至今天的文水老城。

（二）文水城现状

文水县城驻地西部倚子夏山余脉，老城城关一带地势略呈西高东低，较为平坦。原城垣与城门皆不存，但城垣在中国人民解放军总参谋部测绘局1959年3月航摄、同年10月调绘、1964年制图出版的文水县1∶50000地形图上和图2.2.7-1上均尚清晰可见。城垣呈规整的方形，城内主要道路为十字交叉状，通城垣开四门。今天北环路东西一线，地势高出城内两到三米，即应是利用了原北城垣的遗迹修建的。

城内衙署、文庙等遗迹已被拆毁，相关碑刻亦未能保留下来。其原本的位置及拆毁的经过，见载于1994年出版的《文水县志》①第十编城乡建设、第一章"县城建设"：

　　1971年，在西街文庙处，建县委大院，占地10856平方米，建筑面积3168.94平方米。

　　……

　　1978年以来，县城建设多为楼房建筑。1978年，在西街旧县衙前部与武陵书院旧址始建县政府四层办公楼。

根据上述记载，结合今天的现状图，即可以大体知悉文水城县衙署、文庙和武陵书院在拆除前，均位于老城西北，西大街以北，今县委、县政府一带（图2.2.7-2），这与历代方志所记载的衙署与文庙位置也是相符的（图2.2.7-3—图2.2.7-6）。

老城范围内，东、西、南、北四条大街十字相交，将城区分为东北、东南、西北、西南四个区。东南、西南两个区域，今天的道路格局所示每个区域又被"井"字街划分成九个小区域，东北、西北两个区域南部，尚仍可看出保存着这种道路格局；北部则因为近年来的城市建设，原有道路格局有部分已被破坏了（图2.2.7-2）。

---

① 李培信主编：《文水县志》，太原出版社1994年版，第283—284页。

第二章 宋代北方地区新建建制城市个案研究

图 2.2.7-2 文水城现状示意图
(上为北,底图采自谷歌地球软件,拍摄时间:2010年9月22日)

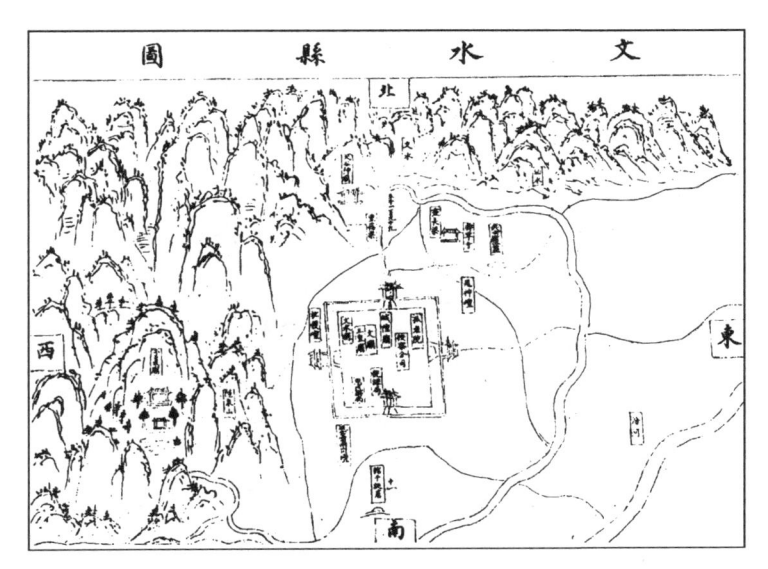

图 2.2.7-3 《永乐大典·太原府》文水县图

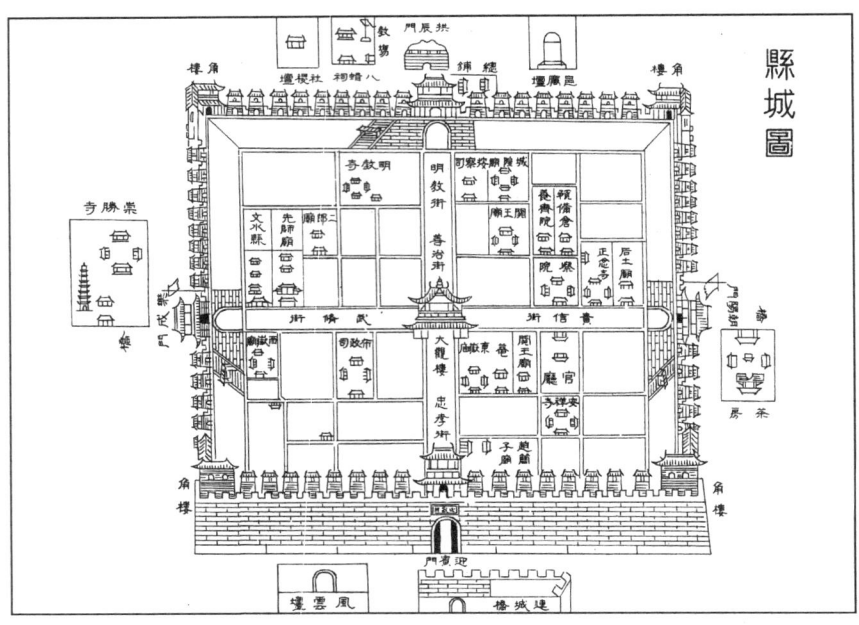

图 2.2.7-4 天启《文水县志》县城图

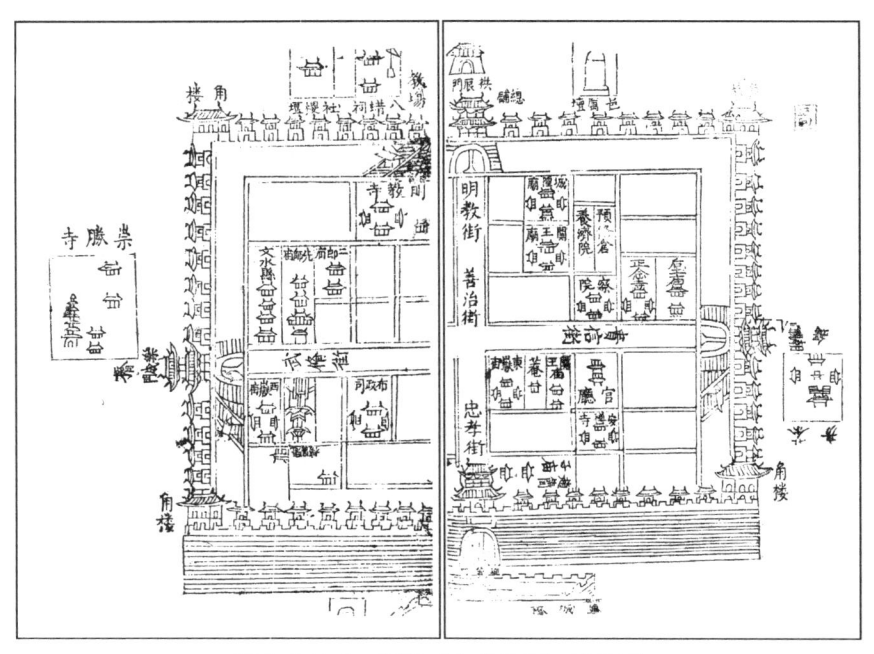

图 2.2.7-5 康熙《文水县志》城池图

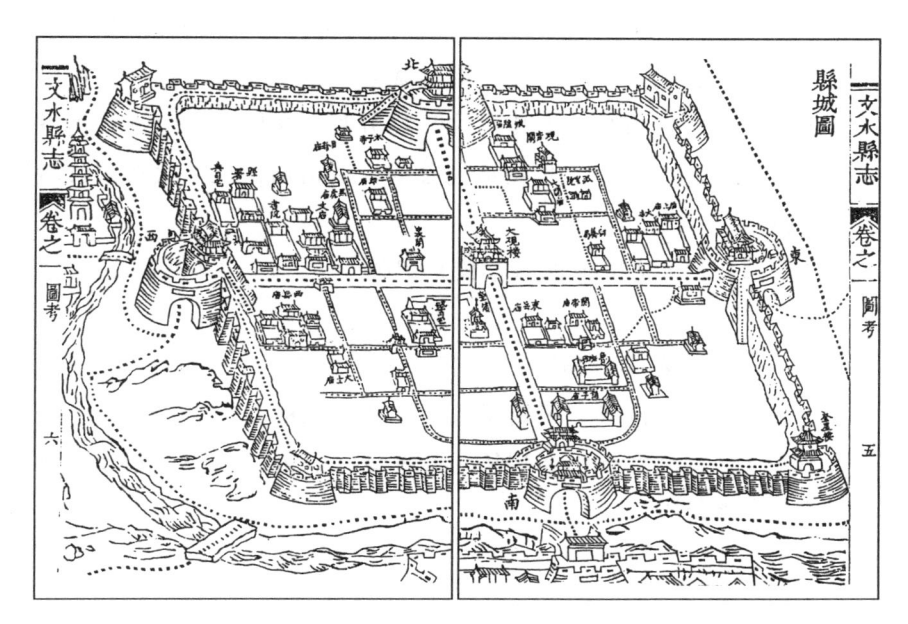

图 2.2.7-6 光绪《文水县志》县城图

(三) 文水城的布局

天启《文水县志》卷二《规制志》"街巷"条记载:

> 县城内中央大观楼一座，中分为四街，街各分为四巷。东北隅贵信街，巷四（原注：郑家巷、草场巷、关王庙巷、城隍庙巷）。东南隅忠孝街，巷四（原注：马家巷、高家巷、成家巷、李家巷）。西南隅武修街，巷四（原注：向家巷、文魁巷、布政司巷、潘家巷）。西北隅善治明教街，巷四（原注：贾家巷、蔚家巷、田家巷、郭家巷）。

光绪时大观楼尚在城内中央[①]，今已不存，原即应在今天城中心十字街口的位置。上引这段文献记载和光绪《文水县志》卷三

---

① 参光绪《文水县志》卷三《民俗志·民居》。

《民俗志·民居》中所说的"中分为四街，街各分为四巷"，指的应当就是东、南、西、北四条大街将县城分为四个区域，每个区域中又由二条横街、二条纵街将其"井"字分割。这样的四门十字街下每个小区域又用"井"字形街道划分的街道格局，是首次在宋代城址中见到。

成化《山西通志》卷四《学校》记载：

> 文水县学，在县城内西北隅育英街，宋元丰八年建，元至正十四年（1354）修。国朝洪武十九年（1386）知县于鹏益、张羽重修，正统十一年（1446）知县董茂、天顺二年（1458）参政杨璇继修。

天启《文水县志》卷二《规制志·学宫》记载：

> 儒学在县治东，宋元符年间建。中为先师庙五楹，堂高三尺，东西分列两庑各十七楹，前为戟门三楹。外有泮池，阔三丈余，旁为名宦乡贤祠各三楹。南为棂星门，外有砖壁一座。明伦堂五楹，在庙殿之后。……历稽建修年月大略自元符间，县令薛昌肇创。金天德三年（1151）县令吕孝扬，元至正十四年（1354）许继诚，国朝洪武二年（1369）县丞贾惟铭，四年（1371）知县杨仲安、张羽，正统十一年（1446）董茂相继修饬。弘治元年（1488）知县刘伟、六年（1493）邢懋并重葺之，有碑记。嘉靖四年（1525）学宪王公麟椷于明伦堂后建号舍二十楹。……

同书卷二《规制志·县治》记载：

> 在城西街，中为堂，匾曰"承天司牧"。（原注：堂五楹，左一楹，贮黄册，右一楹，贮铺陈）。赞政厅在堂左，会计厅在堂

第二章 宋代北方地区新建建制城市个案研究

右，东西分列六曹。甬路中为戒石坊，前为仪门（原注：三楹，中仪门，左右分角门）。东角门为钟楼、火药库，又东为土地马神祠，为迎宾馆，角门下为东西廊房（原注：里书于此收受钱粮）。左有仓，右有狱。正南为谯楼，大门匾曰"文水县"。大门左旌善亭，右申明亭。堂之后，左为帑藏库，右为銮驾库，北曰后乐堂，其后为知县宅，楼榭亭厦塾圊俱备焉。知县宅东为马厩，厩东为县丞宅，右为主簿宅。典史宅在县丞宅南，吏廨在六曹之后。以上建修年月，详不可考，大略肇创宋元符间县令薛昌。国朝洪武四年（1371）知县杨仲安、张羽，成化年高安，弘治年刘伟，嘉靖年李潮、樊从简，万历年马斯和重加修饬，厚下安宅，规制为之大备。

查康熙《文水县志》、光绪《文水县志》记载，大略与天启《文水县志》同但增加明清时期修建的情况。由上，大略可知，文水县文庙自宋迁城修建以来，地址不曾更易，历朝屡有修葺。天启《文水县志》所记述的这些修葺记录，当有碑记所本①。县署的情况大体一致。如前所述，1971年在原文庙地建县委大院、1978年在西街旧县衙前部与武陵书院旧址建县政府四层办公楼，对比图2.2.7-2—图2.2.7-6，可知文庙原在今县委一带，县署在今县政府一带。

又，明初《永乐大典·太原府·祠庙》记：三皇庙，在县西北隅②。比照图2.2.7-3可知，明初时文水三皇庙尚存，在文庙之西、县署之东，即清代武陵书院所在（图2.2.7-6）。三皇庙是在元代祭祀医学祖神的全国通祀建筑。明朝建立之初，尚诏全国通祀。后认为

---

① 前引天启《文水县志》记录文水县文庙修葺历史之外，尚有元大德十年的《重建文庙记》，记录了大德七年（1303）平阳地震时文水文庙遭到破坏的情况："是岁秋八月上旬□□□□□邑民室□□庙宇，撼摇摧圮，扫地一空，俱为瓦砾，而民多伤其命。是时，人心□恐□□公□□□李公□□□□□日□□与抚慰，未暇葺理，诸贤□皆为土木所覆，惟圣人像幸存焉。上构以棚厦，粗蔽风雨。"地震后，于大德八年（1304）十月始重修文庙，九年（1305）三月告成，十月立石。这也是目前现存有关文水文庙修建情况的最早记录。
② 马蓉等点校：《永乐大典方志辑佚》，中华书局2004年版，第221页。

汉族的人文初祖被贬低为医学祖神有悖于传统,因而很快加以改建①。明初《永乐大典·太原府》所记载的三皇庙,应该就是明初尚未及改建的三皇庙遗迹。这应是元代文水县城建所遗留下来的遗迹。

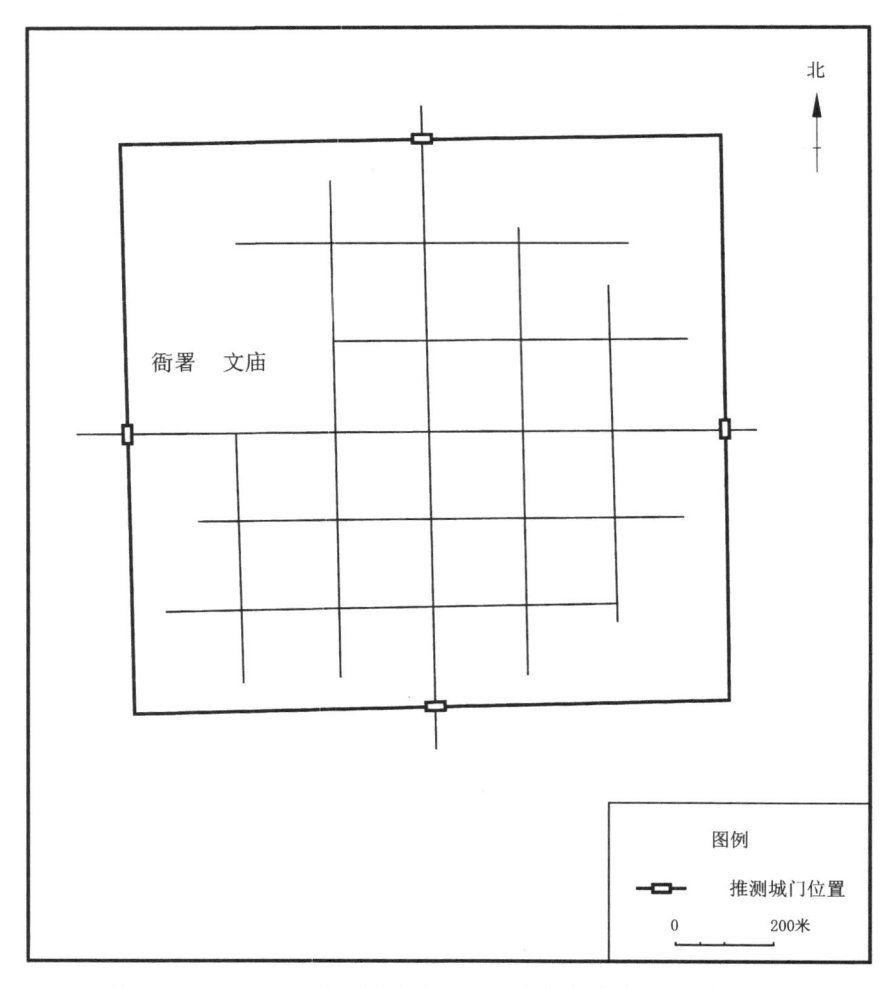

图 2.2.7-7　文水县复原示意图（底图为文水县 1∶2000 测绘图）

---

① 杭侃、彭明浩：《三皇庙铜祭器及其相关问题》,北京大学中国考古学研究中心,载北京大学震旦古代文明研究中心编《古代文明》(第 8 卷),文物出版社 2010 年版；王子奇：《河北省定兴县金代城址调查及其相关问题》,载《扬州城考古学术研讨会论文集》,科学出版社 2016 年版,第 331—350 页。

前引光绪《文水县志》卷四《分建志》记载历朝修葺文水县城经过，宋修土城，明万历始包砖，"围广如旧，高厚增之"，此后屡有修建。由此可知，明清时期的文水县城，当沿用自宋代土城。又据上文推定城内重要建筑和街巷布局，参考前述中国人民解放军总参谋部测绘局 1959 年 3 月航摄、同年 10 月调绘、1964 年制图出版的文水县 1：50000 地形图和图 2.2.7-1，可进一步确定原文水城的范围，北垣当在今北环路一线；东垣当在今新华北路、新华南路一线；南垣当在今大陵街一线；西垣遗迹已非道路，当在今县政府以西的南北一线。据此核查其周长，约 4.6 公里，和文献所记"九里一十八步"大体相合。

八 黎城

黎城县地处太行山腹地，位于山西省东南部，长治市东北部（图 2-1）。

（一）黎城沿革概况

康熙《黎城县志》卷一《地里志》"沿革"条记载：

> 宋仁宗天圣三年（1025）乙丑，迁其城于白马镇，即今黎城也。熙宁中，省入潞、涉二县，元祐复置。金元明因之，而以隶山西布政司，乡凡四，里凡四十五。嘉靖八年乙丑（1529），升州为潞安府，创置平顺县，析黎之东南五里以隶之。后又并集三里，至崇（祯）间并为二十七里。国朝亦因为黎城县，康熙五年（1666）编审并为一十五里，凡四乡，村落一百一十五处。

可以藉此知道黎城的沿革概况。关于宋天圣三年迁治，复见宋史卷八十六《地理志》：

> 黎城［原注：中。天圣三年徙治涉之东南白马驿。熙宁五年

(1072）省入潞城县。元祐元年（1086）复。]

（二）黎城现状

黎城县城地势高差较大，北高南低，西高东低。县城老城之北为一条西北东南走向冲沟（图2.2.8-1）。城东路之东，地势较城内亦明显低下。城西枕山，城内地势西北最高，往东、南倾斜逐渐变低。原城垣现仅南城垣残存一段，位于小南街南口以西，城东路西侧，夯土纯净，夯层不明显（图2.2.8-3）。但在Corona卫星影像上，仍可辨识更多的城垣遗迹，其北垣东段、东垣南段尚存（图2.2.8-1）。南城垣以南，地势亦显著较城内低数米。

图 2.2.8-1　黎城城区 Corona 卫星影像
（图片由中国社会科学院考古研究所刘建国先生提供，上为北）

城内现存城隍庙，当正街之北，现为黎城县文博馆（图2.2.8-2）。城隍庙门楼，又称三节楼，现存建筑系明嘉靖十六年至十八年

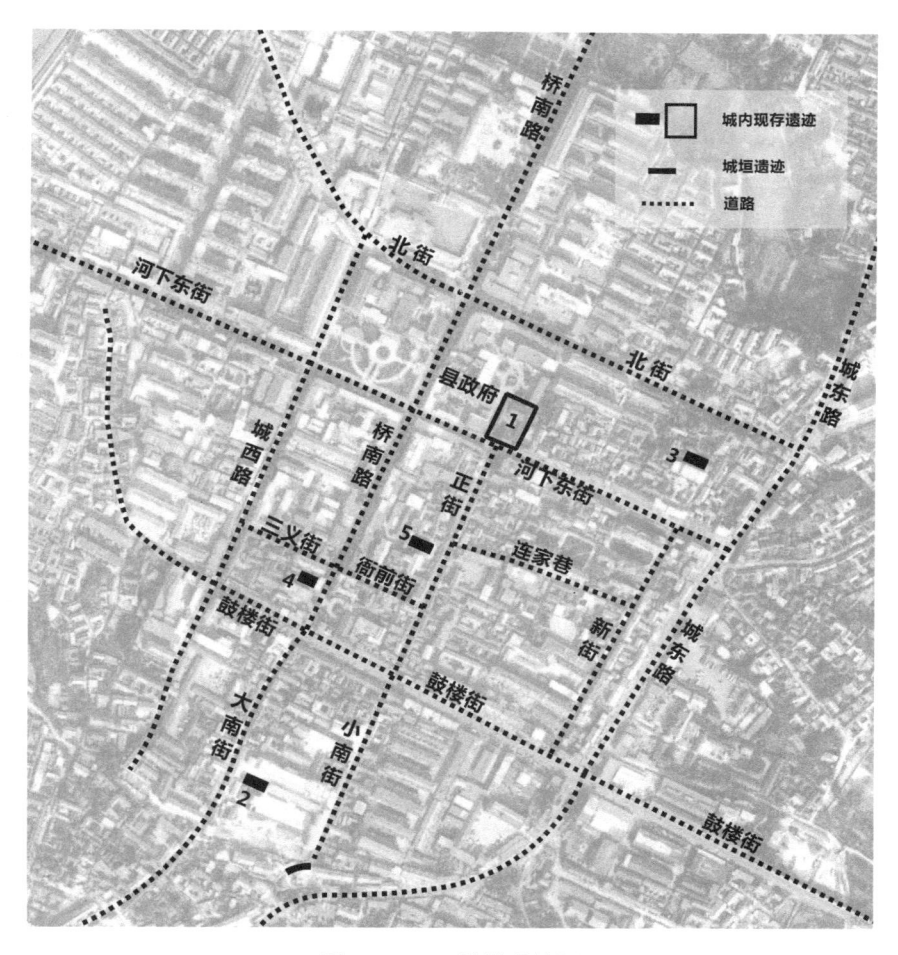

图 2.2.8-2　黎城现状图
（上为北，底图采自谷歌地球软件，拍摄时间：2010 年 10 月 22 日）
1. 城隍庙　2. 文庙大成殿　3. 关帝庙大殿　4. 文化馆北侧古建　5. 天主堂

（1539）重建[①]，立于高大的台基之上，面阔三间，三重檐歇山顶（图 2.2.8-4）。正殿，清咸丰八年（1858）重建[②]，面阔五间，单檐悬山顶（图 2.2.8-5）。

---

① 嘉靖三十一年（1552）《重修城隍庙门楼记》，碑现存黎城县文博馆。详见后文。
② 光绪《黎城县续志》卷一《祠祀》，卷三《重修城隍庙碑记》。

图 2.2.8-3　南残垣现状

图 2.2.8-4　城隍庙门楼

第二章 宋代北方地区新建建制城市个案研究

图 2.2.8-5 城隍庙正殿

图 2.2.8-6 文庙大成殿

文庙仅余大成殿一座，位于黎城县三中内（图2.2.8-2）。大殿面阔七间，进深六椽，单檐歇山顶，前檐施五踩双昂斗栱，后檐施五踩单翘单昂斗栱。前檐于近年加砌砖墙一堵，原立面已不可见（图2.2.8-6、图2.2.8-7、图2.2.8-8）。近年在原地坪上新砌砖铺地，柱础埋于其下，调查时未能得见。据今版《黎城县志》记载，形制不一，有覆莲、素面覆盆等①，应是不晚于元代遗迹的遗留。近年黎城三中在大成殿之南进行新学生公寓楼建设，曾在施工过程中发现《新建忠孝节义祠碑

图2.2.8-7 文庙大成殿前檐斗栱

图2.2.8-8 文庙大成殿梁架

① 黎城县志编纂委员会编：《黎城县志》卷28第一章第二节，中华书局1994年版，第568—569页。

记》石碑一通、龟趺碑座一通及抱鼓石等石构件若干（图2.2.8-9、图2.2.8-10、图2.2.8-11）。

图2.2.8-9 黎城三中施工出土龟趺　　图2.2.8-10 黎城三中施工出土石件

图2.2.8-11 黎城三中施工出土石碑

关帝庙仅余殿宇一座，现存黎城县武装部院内（图2.2.8-2）。大殿为清代建筑风格，面阔五间，单檐悬山顶，前檐柱头施五踩双昂斗栱，当心间柱头上置如意斗栱（图2.2.8-12）。除前檐明间用覆莲柱础外，余用素覆盆柱础（图2.2.8-13、图2.2.8-14）。从柱础看，关帝庙施用的柱础和今版县志所记载的文庙柱础颇为类似，是否是同时期建设所留下的遗物未敢遽定，但至少说明关帝庙原应有不晚于元的遗迹。

图 2.2.8-12　关帝庙大殿

图 2.2.8-13　关帝庙大殿前檐明间柱础　图 2.2.8-14　关帝庙大殿前檐次间柱础

　　城内除上述古建筑以外，在三义街以南，桥南路以西，今文化馆北侧，还有面阔五间、单檐悬山顶建筑一座（图 2.2.8-2）。建筑年代颇晚，应不早于清代后期。在今正街以西，北街路口以南，存天主堂建筑一座（图 2.2.8-2、图 2.2.8-15）。此外，在今城内沿正街、

第二章 宋代北方地区新建建制城市个案研究

北街、小南街、大南街两侧，尚分布有不少清至民国时期的民居院落。

图 2.2.8-15 天主堂

(三) 黎城的布局

康熙《黎城县志》卷二《政事志》"公署"条记载：

> 县治在城西北隅，中为忠爱堂，堂左为赞政厅，右为库，东西分列为各房科堂，后为退省堂，为式清亭，稍西为知县廨，堂前为戒石亭，为仪门，门内西折而北，为典史廨，又北为丞廨，仪门外左为宾馆，为土地祠，右为狱，为仓，又前为县门。申明亭、旌善亭在县治前，阴阳医学在县治东隅，钟鼓楼在县治东北，养济院在县治东，预备仓在县治北，教场在南门外西南一里。行台有察院，在县治东南，视事堂东壁嵌《故县寺法堂记》，纪县沿革，略置于堂壁备稽考也。

以上署次，洪武二年（1369）知县崔凤同主簿严杞因旧址创

145

建，永乐二年（1404）知县刘浩重建，成化五年（1469）知县李进重修退省堂，知县金山创建公□□□□知县刘大伦建大门，知县任应祺建式清亭，知县张遵约建靳惟精为之记。

据此可知，明洪武重建县署于城西北隅，其格局也是前文所述洪武时期的规制。并且志文明言洪武县署是"因旧址创建"，说明此前的县署也位于城西北隅一带。

洪武二年《黎城县建城隍庙记》[①] 记载：

> 凡天下府州县通祀城隍皆有庙，府城隍间有封王爵者，州县则未闻有封也。大明皇帝龙飞之元年，诏封府州县城隍爵位有差，县曰鉴察司民城隍显佑伯，锡以七旒七章，玄衣纁裳，冕服焜煌，承天之宠于戏盛哉。黎城县旧庙毁于兵，岁久榛没。明年正月，余佐知县崔君来董是邑，县治亦毁废，民皆逃散大惧，弗称图安集。俄而四民来归，议欲复庙城隍。适太守廉使金华潘公，以天子命，立庙设像，乃仍旧址为正屋十有二楹，中置神像侍以内官。周环墙垣，崇峙门庑，绘彩翚焕，仪卫森列，晨昏钟鼓，享祭有仪，礼制具备，不奢不逾，气象规式，如邑适称。足以奉扬明命，足以揭虔妥灵。夏四月癸酉，经始营之，六月甲戌落成荐享。

嘉靖三十一年《重修城隍庙门楼记》亦载[②]：

> 黎城县城隍神庙，幽邃严寂，灵应丕着，一方民物，□在鉴庇。其庙之门旧有楼，嘉靖十六年丁酉夏六月乃倾圮，维时县人典膳官连芳王骞郎图再建，……是月二十九日丙子，即楼遗址为

---

① 碑首残，现存黎城县文博馆。
② 参前注。此处录文据康熙《黎城县志》卷4《艺文志》。

楼一十二楹,迨嘉靖己亥(十八年,1539)六月之五日,工竣。嘉靖壬子(三十一年,1552)春三月首事官始过予问记。予谓天下城隍皆有庙,庙必有门,门未必有楼也。唯此黎庙之门有楼,意在饰庙云尔。粤自宋天圣三年乙丑迁创今县,高城深隍,其英灵之气,寓于城隍之中,而实超乎城隍之表萃而为神受命与上帝以主斯土者,盖五百二十八岁于今矣。其神栖有庙,肇构莫稽,元至正戊戌之乱燹毁一尽。逮我皇朝明洪武己酉,县令簿戒董部民仍庙旧地而创之,即今庙也。遡庙之成,以迨于丁酉仅一百六十九禩法庭殿庑咸无倾折而楼之系于门者,独坏谓之非数不可,然旧者虽毁,新者即□且其临正据胜,台层而础奠,柱直而㭉横,□隆而□密,……嘉靖三十一年冬十一月。

据此及前述城隍庙现状,可以知道今天的城隍庙的所在,就是明洪武二年"仍旧址"所建的城隍庙。其创肇年代据今天留存的文献已不可考,但元末至正间被毁,说明元代即有城隍庙的遗迹。城隍庙明代屡有修葺,其址未易。今天留存的城隍庙门楼是嘉靖十六年至十八年重建的。

康熙《黎城县志》卷二《政事志》"学校"条记曰:

文庙在县治南宣教坊,儒学之西,正殿七稳,东西庑各九间,戟门三稳,泮池一,桥一,棂星门三,名宦乡贤祠在戟门外之东西,神厨一,在戟门内,久废,宰牲房一,在庙东,久废。始宋金俱建,尽毁。元宪宗己未(1259),县令赵思忠再建。至元十年(1273),县尹刘渥重修□亦废。洪武二年知县崔凤因旧址重建,成化间知县李进重修,嘉靖间知县魏朝相增修,隆庆四年(1570)知县张遵约重修。……文庙久已鞠为茂草,国朝顺治十四年(1657)诸生李鼎黄、李芳黄各捐银叁百两,粟叁百石,焕然新之,督学钱公受□督抚白公尚登题请准贡勑部受职。

同书卷四《艺文志》载有元代元贞元年（1295）《黎城县重修宣圣庙记》，曰：

> 黎城南门左，旧有宣圣祠，金大定间，昭义军节度使李文简公宰是邑，庙宇视它邑为最巨，兵革之际，焚荡殆尽。踰三十年，至国朝己未年（1259），县长赵思忠访庙故址，筑以缭垣，而无朔望祭之所。中统建元（1260），先伯父凤岩君主簿事为屋三楹，春秋□□焉。厥后莅县者浸不加省。迨至元十年（1273）冬，磁州倅刘渥来尹于此，下车即慨然有修废之心。越明年，政通民和，乃谋诸僚吏暨乡先生，鸠工募材，庀徒葳事，以庙故址偏促，稍徙于后。簿尉姬绍荣董其工役，不一岁而庙成，高敞爽垲，令人望而生敬。……李琳代任，思继厥功，泊同僚末鲁不花温庭瑞筑建大成门，余亦阙如也，三十一年春建鲁花赤也孙朵力图兴修，同县尹成簿尉冯集邑之二十二社长相与计工度木，为周庑，为讲堂，为斋舍，为应门，为诸生肄业之所，凡七十二楹。又绘七十二弟子，配享汉唐以来诸大儒从祀焉。

据此结合前述文庙现状可知，今天的文庙，即清顺治重修后的文庙，是庙洪武"因旧址重建"。而洪武重建文庙的"旧址"，即应是金大定间"视它邑为最巨"，后遭毁坏，至元宪宗己未年（1259）重建、至元间重修的宣圣庙。这个记载说明今址文庙创建时间不晚于金代中期，结合文庙所遗存的覆莲、素覆盆柱础遗迹来看，应是有根据的。前引康熙《黎城县志》追溯文庙沿革称"始宋金俱建"，应是有一定依据的推测。又，元贞元年《黎城县重修宣圣庙记》，记载元时宣圣庙位于"南门之左"，这和康熙《黎城县志·城池图》所示——也就是文庙今天的所在相符，这说明黎城县南部文庙一带的街道格局可以上溯至宋金时期。

又康熙《黎城县志》卷一《地里志》"城池"条记载：

第二章 宋代北方地区新建建制城市个案研究

宋天圣三年,移治白马镇,即今城也。周围四里有奇,高三丈余,东北隅依旧阜,隍深阔俱丈许。……元至元末,知县崔聚□旺继修。明景泰初,知县廖靖重修。正德中,知县苟京高广门基,甃以砖石,门咸观楼,楼各十二楹。嘉靖中,知县李良能增筑城垣,四面各厚一丈许。隆庆戊辰(二年,1568),知县张遵约创筑敌台二十,上各系以楼,楼各一稳。角楼四,上咸冠以角楼,楼皆十二楹。又于三门外,咸创建重门,各饰以砖石,增雉堞一千五百有奇。□□□□□□各一丈五尺,□□□□□□度教谕□□□之记东城下水门一□□石□出城中水者,县丞刘靖建。崇(祯)十四年(1641)知□靳之屏将前所增堞俱易以砖,城内外建坊二十八座。

由这段记载,结合康熙《黎城县志·县城图》(图 2.2.8-16),可以知道清以前的黎城,是一座东、西、南三门的城。以残存南垣、城内现有遗迹和道路作为参考,可推定黎城原城址的范围为:北城垣

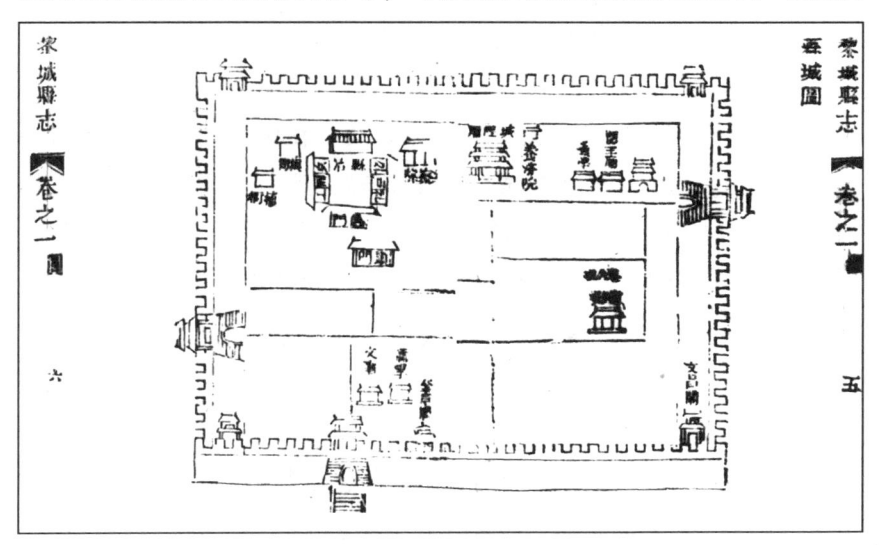

图 2.2.8-16 康熙《黎城县志·县城图》

在今北街一线，西城垣在今城西路一线，东城垣在今城东路一线，南城垣在今南残垣东西延伸一线。这个范围，和文献中黎城"周围四里有奇"是大体吻合的。

并据上述分析已知，位于黎城城内西北的县署是明洪武因旧址重建的，应该有更早的遗迹。城内北部的城隍庙的创建不晚于元，城内南部的文庙和城内东北的关帝庙则宋、金时已在今址。通过这些早期遗迹的分布，结合其周边道路的情况，就可以知道宋、金以来城内建筑的变化不大。与今天相比，变化较大的，是城内的西北一带的部分道路系统（图2.2.8-2、图2.2.8-16）。今大南街与桥南路，原本不正对，拉通取直应是现代城市建设改易的结果。县署原在城内西北隅，桥南路原向北延伸至县署前即止，结合今天"衙前街"的道路名称，大体可以知道原县署的南界应不过衙前街一线。今天衙前街以北的桥南路向北一段，应是现代在原县署废弃以后，新开的南北大道。与之类似，根据县署和城隍庙的相对空间关系，可以大体判断出原县署的东界在今城隍庙西墙外一线；原来的河下东街是至县署东墙即止，今天的河下东街西段也应是县署废弃以后开通的东西大道。这样，黎城原有的道路系统应是丁字街系统，东西、南北道路彼此不相对，东西门亦彼此错开。类似的道路系统，在中原北方地区流行于宋、金时期。元代元贞《黎城县重修宣圣庙记》碑，记载宋金元时期的文庙位于南门之左，可确证南门在图2.2.8-16所示的位置。结合前述城内建筑的沿革，可以推定这样的城市布局就应该是宋天圣徙治以后黎城新建时奠定的格局。试做复原图以示之（图2.2.8-17）。

九　乡宁

乡宁县位于黄河中游，山西省西南部，吕梁山南端，临汾市西部山区。县城位于县境北部，鄂河中游（图2-1）。

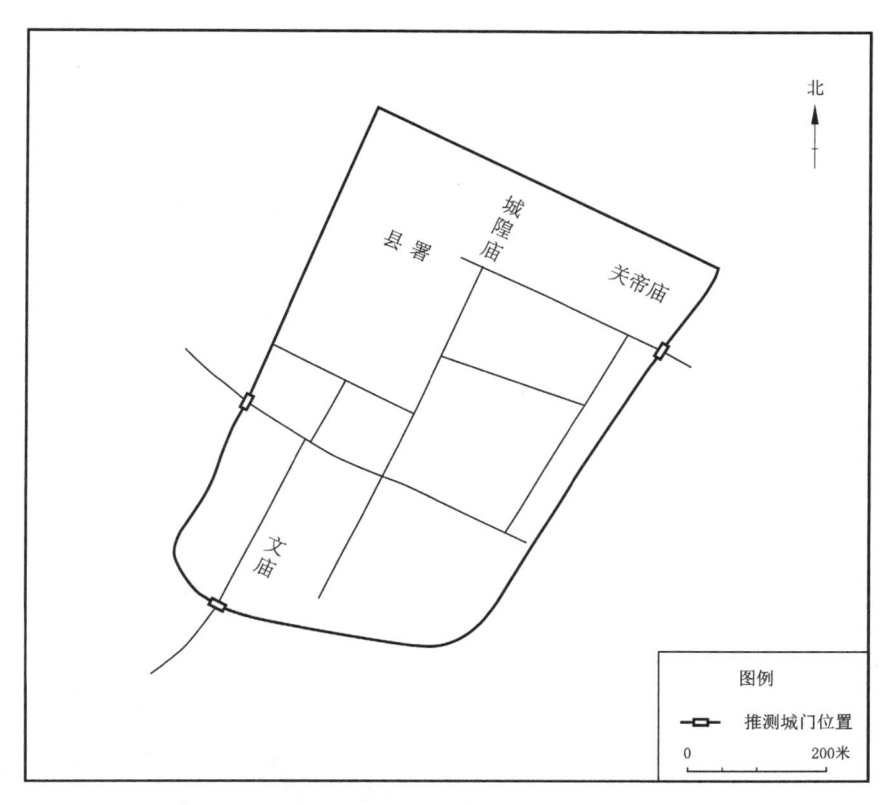

图 2.2.8-17 黎城县复原图

(一) 乡宁沿革概况

今天的乡宁城，宋皇祐三年（1051）因水患迁至今地①。顺治《乡宁县志》卷一《舆地志》"城池"条载："宋皇祐中，以旧县患河水，公私以改邑便。知县刘舒即鄂侯故墟，移建今制，更历金元以及国朝……"②

---

① 顺治《乡宁县志》卷四《人文志》"碑记"载刘舒撰《重建文庙记》；《山右石刻丛编》（四编）卷二十八，白贲撰《后土庙重修记》。
② 此处"国朝"，指明朝。顺治《乡宁县志》系据万历二十年（1592）焦守己纂修的《乡宁县志》于顺治七年（1650）由侯世爵主持续修增刻，多在万历本县志内容后增补少许。故基本仍保持了万历本原貌。

151

乡宁县宋隶慈州，熙宁五年废慈州，析乡宁县地入晋、绛二州[①]。后复置。金改慈州为吉州[②]。元初一度将乡宁县省入吉州，后复置[③]。明清仍旧。

（二）乡宁城现状

今天的乡宁县城，沿鄂河谷地展开，限于地势，东西绵延，南北局促。老城位于县城西部鄂河北岸，罗河从老城之东南流汇入鄂河。城北枕山塬，南临河水，地势北高南低，登山可俯瞰城内。明代诗人郑崇俭有诗云："南北无二里，上下一条川。人饮泉中水，牛耕山上田。"就清楚地说明了乡宁城的地势概况（图2.2.9-1、图2.2.9-2）。

图2.2.9-1　乡宁周边Corona卫星影像
（图片由中国社会科学院考古研究所刘建国先生提供，上为北）

[①]（宋）李焘：《续资治通鉴长编》卷二百三十三熙宁五年五月条，中华书局2004年版，第5668页。
[②]（元）脱脱等：《金史》卷26《地理志下》，中华书局1975年版，第636页。
[③]（明）宋濂等：《元史》卷10《地理一》，中华书局1976年版，第1382页。

第二章 宋代北方地区新建建制城市个案研究

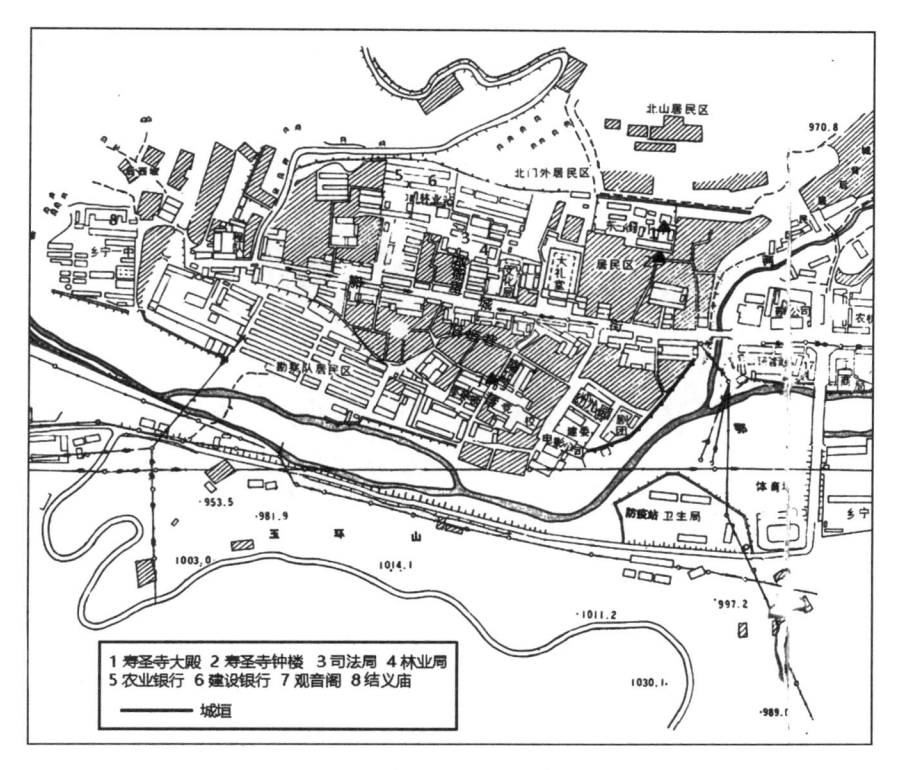

图 2.2.9-2 乡宁现状图
(上为北,底图采自乡宁县志编纂委员会编《乡宁县志》书前插页,新华出版社1992年版)

城东南幼儿园东侧,现存城垣夯土外石砌墙垣,其内夯土因建设工程已遭破坏。残存夯筑遗迹,土质细密,黄色,夯土纯净,夯层约20—25厘米。残墙高约4—5米,残宽约2—2.5米。南北一线,仍保存近200米

图 2.2.9-3 乡宁城残垣

153

(图 2.2.9-2、图 2.2.9-3、图 2.2.9-4)。此外，在 20 世纪 60 年代末 Corona 卫星影像上还可以看到更多的城垣遗迹，北城垣一线保存尚清楚（图 2.2.9-1）。

图 2.2.9-4　乡宁城残垣　　图 2.2.9-5　南门巷观音阁

城东北东街小学内，存寿圣寺大殿及钟楼。大殿建在高台之上，单檐悬山顶，面阔三间，进深四椽，三椽栿对箚牵用三柱（图 2.2.9-6、图 2.2.9-7、图 2.2.9-11）。前檐柱头斗栱外转四铺作单昂，上承令

图 2.2.9-6　寿圣寺大殿

第二章　宋代北方地区新建建制城市个案研究

图 2.2.9-7　寿圣寺大殿山面

图 2.2.9-8　寿圣寺大殿前檐明间

栱与有内凹曲线的爵形耍头十字相交，上承替木及橑檐槫；里转第一跳华栱上承异形栱与绰幕枋（即耍头后尾）十字相交，并托于三椽栿之下（图2.2.9-9、图2.2.9-11）。前檐明间双补间，两次间单补间，亦为四铺作单昂（图2.2.9-8）。前檐均用八角抹棱的石柱，明间西侧柱下尚可见覆莲柱础。石柱上均打糙道，柱八角的每面上糙道线皆呈斜向三角形交错分布，是有意加工的装饰（图2.2.9-10）。后檐柱及础石在后期添加的墙内现不可见（图2.2.9-12）。前后檐均用石地栿。这座大殿现存的主体大木部分应是金代遗存。

图2.2.9-9　寿圣寺大殿前檐明间斗栱 　　图2.2.9-10　寿圣寺大殿前檐西侧平柱及柱础

图2.2.9-11　寿圣寺大殿梁架

大殿南为平面方形的歇山顶二层钟楼。底层面阔三间,上层面阔一间。上层各面用单补间,补间及转角斗栱均为四踩单昂。下层皆用八角抹棱石柱,石柱亦均打糙道线,加工方式与大殿同。柱础掩盖在今地平以下,不可见,亦施用石地栿。下层北侧西角柱题记"乾隆五年四月十三日",当心间东侧柱上题记"成化十二年五月十三日立",当心间西侧柱上题记"大金甲子泰和四年正月十六日铸钟",东角柱上题记"民国十三年四月十六日重修"。几处题记字体不一,大小不匀,除当心间西侧柱上题记因柱风化漫漶较严重且题记可能经后代重镌外,其余题记均明显叠压在石柱的糙道线上。楼内悬铁钟一口(图2.2.9-13、图2.2.9-14)。

图2.2.9-12 寿圣寺大殿后檐　　图2.2.9-13 寿圣寺钟楼

南门巷另存观音阁一座,坐北向南,下为券洞式过街楼,最下砌五层青石条,上部包砖。楼北侧扁曰"拱北极",南侧扁曰"迎南熏"。楼上建一面阔三间的悬山小殿(图2.2.9-5)。

图 2.2.9-14　寿圣寺钟楼上檐

（三）乡宁城的布局

顺治《乡宁县志》卷三《官司志》"县治"条载："县治初附河，宋皇祐知县刘舒改迁鄂侯故垒，即今在城西北隅。至元末知县宋景祁复建，国朝洪武八年（1375）知县荆守正重建。"①此后，明隆庆、万历，清雍正、乾隆、同治、光绪年间陆续重修。② 今天老城内鄂城街之北，居城北部之中，仍存南北向的街道"故衙里"，俗称"衙门坡"，沿街道向北地势显著升高。这个地名即应是原衙署废弃后遗留下的（图2.2.9-2）。据此结合图2.2.9-15、图2.2.9-16可以知道，今天的司法局、林业局一带，应是原衙署所在。

自宋以来的文庙，在衙署的西侧。顺治《乡宁县志》卷三《官司志》记云："儒学在县治西，宋皇祐三年（1051）知县刘舒建，国朝洪武十一年（1378）知县荆守正重葺，嘉靖三十四年（1555）地震，

---

①　宋景祁撰、至元三十二年（按当为元贞元年，1295）立石的《复立乡宁县治碑记》的录文现存于乾隆《乡宁县志》卷十五"艺文"，据此可以了解当时的概况。

②　民国《乡宁县志》卷六"城邑考"附"公署"条。

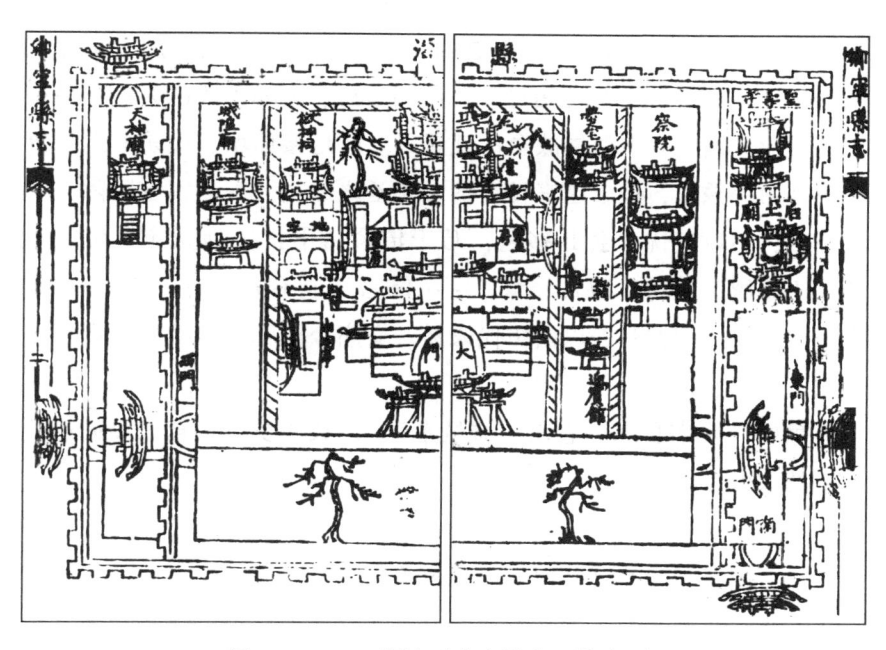

第二章 宋代北方地区新建建制城市个案研究

图 2.2.9-15 顺治《乡宁县志·县治图》

图 2.2.9-16 乾隆《乡宁县志·县治图》

159

庙学俱坏，知县张云从复修，万历十七年（1589）知县崔允恭申请重修，典史徐文钟任其劳。"同书卷四《人文志》载有刘舒撰《重建文庙记》，云："乡宁，慈之古邑，以附河水患，公私务改邑为诉，皇祐三年始遂其请，寻卜鄂侯故垒而迁置焉。邑地接原壤，民乐其居。舒是岁被命理兹邑，授署越三日，恭谒先圣之故祠，观其宫宇陿陋，加之隳颓，不堪其忧，会此移邑，乃于传舍后卜得隙地余亩，可为基址，于是鸠工度材，诹日经营，……儒宫一成不劳民力。"可知文庙自迁治以来，即在县署以西历代未易。文庙今已不存，推测应在今天的农业银行、建设银行一带。

民国《乡宁县志》卷六"城邑考"，记载了乡宁城自宋皇祐迁治以来的大致情形：

> 宋皇祐三年（1051）知县刘舒因迁县治筑，明正德间知县赵元重修，建东西二城楼及西门外石桥，嘉靖间知县王杨、辛丑知县惠及民相继增筑南城建楼，后河水冲塌，知县王国正复增修之，缭以女墙。隆庆间知县马秉直筑北城，张一敬修东城，增四围女墙，城始高大，计周二里半，高厚各二丈有奇，池深二丈、广称之。万历十七年（1589），山水蚀西城，知县焦守已甃以石，浚池增垛口，新城楼题曰登龙。天启间知县张文熠铸铁牛、铁幢于东门外镇水。清康熙五年（1666），知县张联箕重修，增筑护城石堰，后因水涨坏城，复修建石堤一道，长二十五丈，高一丈二尺，阔八尺，联箕自为记。四十七年（1708）知县屠辉加修。道光二十六年（1846）知县王筠重修四城，今惟东西南各有城楼一座，北无楼，上有礮台四座，下为水门。东门外瓮城一所，西门外关厢一所。

> 乡宁治城东西袤长，南北短狭。县署居东西之中，县署东百余步有桥，旧名永宁桥。父老传言，明以前桥之西皆属城内，桥之东为东关。不忆明代何官并东关圈入城内，工程颇巨，考之

《通志》及旧县志,殆隆庆间张一敬之功乎。又考寿圣寺后土庙及东街各坊,今皆在城内,而乾隆时旧志犹云在县东关,盖沿康熙时旧志,而康熙时志又沿明之旧志,均未改也。

根据这段记载,结合图2.2.9-15和图2.2.9-16可知,乡宁城自宋迁治以来,建立了一座规模不大的旧城。金元之际曾修葺旧城①。明正德间修建东关和西关。嘉靖中,对南城进行了增筑,很可能扩大了南城的范围。隆庆中,将东关城并入大城之内,城规模增大,自此奠定了一直到民国时期的基本格局。图2.2.9-15仍反映了正德以后、隆庆以前大城之外建有东关和西关的情况,而图2.2.9-16则反映了东关并入大城后的情况。图2.2.9-15较为简略,但结合图2.2.9-16可以推知,在隆庆以前,衙署、文庙皆在城内,寿圣寺、后土庙在城外东关,结义庙在城外西关。且使用到隆庆以前的旧城原无南门,只有东、西二门。首先可据此和前述现状遗迹推定明隆庆以来乡宁城的范围,如图2.2.9-17。东、西二门即位于今鄂城街上,南门位于南门巷之上。

据此就可以进一步对宋代城垣的范围稍加推定。城的西垣,到明清时期应没有大的改动,今天北环路以西地势遽卑亦是旁证。南垣西段地势,到明清时应变动不大;东段因为前述推测嘉靖中的增筑和图2.2.9-2中"旧垣巷"的地名,颇疑"旧垣巷"即是原宋城南垣留下的遗迹。城东垣在寿圣寺以西,即今东街小学以西。又宋代城垣无南门,正德后南门设在东关城南,则宋城的东垣应在明清城垣南门一线以西,据此可以大体推定宋城的范围,如图2.2.9-17。

宋代乡宁城,只有东西二门,依山沿河且以一条主街为主干。明代正德间修筑东关城、西关城,至隆庆间将东关城纳入大城之内,辟

---

① 张安石撰《后土庙重修记》(1242)记载:"至大朝癸巳年,权州赵仲、刘琛等募民还集,复立城池,经画田舍,渐成伦理。"碑现存结义庙内,录文又见《山右石刻丛编》(四编)卷二十四。

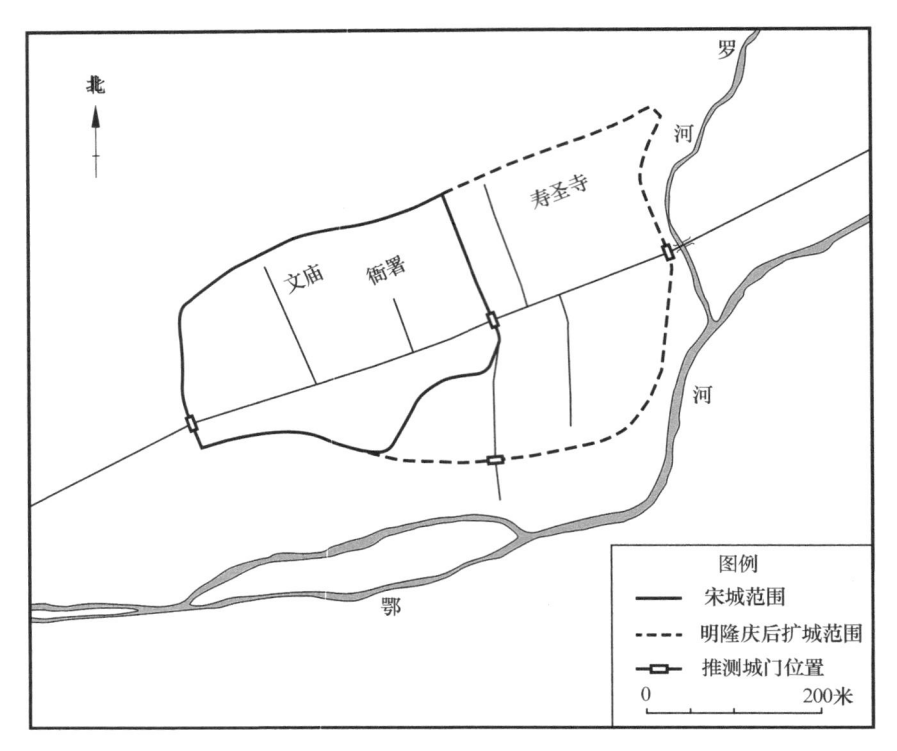

图 2.2.9-17 乡宁城复原示意图（底图同 2.2.9-2）

有东、西、南三门，呈现依山沿河山地城的格局。根据今天的遗迹，城东寿圣寺至迟在金代已经具备了今天的规模，即金代城外已经修建了规模颇大的寺院。毗邻寿圣寺的后土庙也是金大二十五年（1185）创建的①。可见，远在明代修建东关城和西关城之前，乡宁城就已经在宋代旧城之外有了较大的发展。

十　淳化

淳化县位于陕西省中部偏西，咸阳市北部，为泾水之阳（图2-

---

① 张安石撰《后土庙重修记》（1242），白贲撰《后土庙重修记》（元元贞二年，1296），以上二碑现存结义庙内，录文见《山右石刻丛编》（四编）卷二十四。

1)。县人民政府驻城关镇,距西安市有100公里,距咸阳市有76公里。

(一) 淳化沿革概况

隆庆《淳化县志》卷四《地理志》记载淳化县建筑沿革曰:

> 宋淳化四年(993)割金龟、平泉、古鼎、甘延、温威(按:当为温丰之误)、威远六乡,升梨园镇为淳化县,属永兴路。宣和初,改隶邠州。建炎四年(1130),没于金。金隶京兆府路。元改奉天路。至正七年(1347)移县治于三水,为三水县。至正十八年(1358)复徙今治,隶凤翔府邠州。皇明改隶西安府,编户三十二里。

由此可知,淳化原为梨园镇,宋淳化四年升县。关于此间经过以及淳化四年建县的原因,《长安志》卷二十《县十》记载更为详尽:

> 梨园镇,在金龟乡,王褒《云阳宫记》曰:车箱坂下有梨园,汉武筑之,大一顷,树数百株,青翠繁密,望之如车盖,镇因名之。唐李克用以并师讨邠、岐,驻军梨园寨。皇朝淳化四年建为淳化县,以云阳金龟、平泉、古鼎三乡,仍析山后甘延、温丰、威远三乡属焉。(原注:按太子舍人黄观言此地山林深僻多聚贼盗,遂建为县。)①

又据上引隆庆《淳化县志》知,淳化四年建县以后,除元至正间徙治三水十一年外,至隆庆间均治今地。此后县治未易。

---

① 《元丰九域志》卷三《陕西路》《舆地广记》卷十四《陕西永兴军路下》《宋朝事实》卷十八《升降州县一》《文献通考》卷三百二十二《舆地考八》《宋史》卷八七《地理志三》《类编长安志》卷七《镇聚》所述与此略同或较简,不复赘。

(二) 淳化城现状

淳化县城位于冶峪河西岸，沿河南北展开。211国道（三旬公路）南北穿淳化县城新城，沿老城西侧通过。老城区北、西两侧枕山地，地势北高南低，西高东低。沿老城正街自南向北而行，地势渐次升高。老城旧垣残迹，现尚存两段。一段位于老城东南角，今环城东路以西，梨园广场以北（图2.2.10-1）。这段城垣残基依地势而筑，

图 2.2.10-1 淳化城现状图
（底图据淳化县志编纂委员会编《淳化县志》之《淳化县城平面图》，三秦出版社2000年版）

残基以东——即城外东环城路一线——与城内地势有数米的高差。残基部分被民宅等建筑叠压。另一段沿211国道东侧南北分布，南至城西南角，北至城西北角向东延伸。亦依地势而筑，主体修建在老城西侧的山塬之上，依残垣而行，俯城内如指掌（图2.2.10-1）。残垣南段城西南角附近，近年以砖包砌（图2.2.10-3），并在背街南口修建了城楼。按此处原非淳化南门所在，新修的城楼依据不足（详见后文）。残垣向北延绵至垣下民政广场以南，括尽地势。绵延至垣下的北段残垣，残高距今地表约3—4米，可分为上下两层。其中，下层高约1—2米不等，夯土纯净，包含有极少量残砖瓦，夯层较薄，约5厘米左右；上层夯土亦较纯净，除极少量卵石外，不见其他包含物，夯层厚约10—12厘米不等（图2.2.10-1、图2.2.10-2）。

图2.2.10-2　人民广场南侧残垣局部

县城内，曾保留不少与城建有关的遗迹（图2.2.10-1）。1980年于县政府院内出土《吏隐堂题记》。碑残为两段，呈长方形，高65厘

图 2.2.10-3　西南城角城垣局部

米，宽 68 厘米，厚 14 厘米。四周有减底蔓草花纹。刻文 18 行，2—6 行行书，余为楷书①。隆庆《淳化县志》卷八《艺文志》录有《吏隐堂记》，记载了北宋末年的淳化情况："梨园，昔云阳支镇尔。我宋淳化间为县，隶华原。宣和初，请复属南豳，羽檄飞书，控扼两路，今为冲途。簿书之繁，户口之伙，不减剧邑，名公巨儒，临莅于此者比比焉。盖亦善地也。……宣和七年十月初三日杜陵石彦政记并书。"记文还记载了北宋宣和年间吏隐堂的兴建。乾隆《淳化县志》卷二十四收录了清人张遇《吏隐堂后记》曰："入其（按指淳化）城，设三门，其一尝闭，颓垣废址，廛市萧然。余谓如锦曰，古有称吏隐者，是可以隐矣。乃登其堂，额曰吏隐堂。考所自创始，则宋宣和中贤令

---

① 笔者在淳化进行现场调查时，未见到此碑。以上据淳化县志编纂委员会编《淳化县志》（第二十七编《文物》第三章《石刻》第一节《碑志》），三秦出版社 2000 年版，第 990 页。按 2000 年版《淳化县志》记《吏隐堂题记》刻于政和四年（1114），不确，应为宣和七年（1125）。

张安祖原题也。"知"吏隐堂题记",清时仍存于淳化县署内。

此外,县政府院内原存《淳化县地粮记》碑,现存淳化县文博馆。碑刻于万历十年(1582),残为两段,原通高180厘米,宽73厘米,厚20厘米①。另于1986年6月在县政府院内出土《兴国寺故大德上座号宪超塔铭并序》,《塔铭》刻于元和十三年(818),沙门玄应撰并书。长方形,高53厘米,宽78厘米,厚20厘米,中部鼓起呈弧形(图2.2.10-4)②。《塔铭》现存淳化县文博馆。

在今淳化中学内,原存有北宋大观二年(1108)的《耀州淳化县御制学校八行八刑碑》。碑通高270厘米,碑额楷书阴刻碑名,3行15字。碑阳刻文27行,每行60字③。现已断为两节,有残缺,存淳化县文博馆院内(图2.2.10-5)。1986年4月在淳化中学院内出土了《淳化县新迁庙学记》碑首,碑首高87厘米,宽83厘米④。碑身遗失,碑首现存淳化县文博馆。此外,淳化中学内还曾出土一处钱币窖藏,包括开元通宝、崇宁通宝、大观通宝、正隆元宝、大定通宝等唐、宋、金时期钱币,现存淳化县文博馆。在今县医院一带,也曾出土众多宋代钱币,包括宋元通宝、淳化元宝、至道通宝、咸平通宝、祥符元宝、天禧通宝、景祐通宝、治平通宝、元祐通宝、元符通宝、政和通宝、宣和通宝、圣宋元宝等(图2.2.10-4)⑤。

1952年还在县城南门内唐塔下,出土经幢两通。一为大中五年(851)《佛顶尊胜陀罗尼经》幢,幢高151厘米,各面行书刻写经文8行,每行62字至65字。一为大顺二年(891)《尊胜陀罗尼》幢,幢断为两截,高125厘米,每面刻文字7行,每行64字。前六面正文同大中五年经幢正文,后两面刻写《靖难军梨园镇新修禅院尊胜经幢

---

① 淳化县志编纂委员会编:《淳化县志》,三秦出版社2000年版,第991—992页。
② 淳化县志编纂委员会编:《淳化县志》,三秦出版社2000年版,第987页。
③ 淳化县志编纂委员会编:《淳化县志》,三秦出版社2000年版,第988页。
④ 淳化县志编纂委员会编:《淳化县志》,三秦出版社2000年版,第990页。
⑤ 淳化中学出土的钱币窖藏和县医院所出土的宋代钱币,现存淳化县文博馆。此俱承淳化县文化馆姚生民先生于笔者在淳化调查时见告,谨致谢忱!并,据姚先生推测,淳化中学所出钱币窖藏应为一金代窖藏。

图 2.2.10-4 淳化县文博馆藏县城出土遗物
1.《兴国寺故大德上座号宪超塔铭并序》；2. 淳化中学、淳化县医院出土钱币；3. 淳化中学出土钱币

第二章 宋代北方地区新建建制城市个案研究

铭记》。二幢现存淳化县文博馆①。又据2000年版《淳化县志》，唐塔七级位于县城南门内东侧，即原县轻工机械厂内，1952年拆毁②。

城内原有城隍庙。1954年淳化中学扩建，将城隍庙拆除，仅存鼓楼一幢。楼为方形，通高5米余，每面阔3.4米。至1986年7月，淳化中学二次扩建时亦将鼓楼拆毁③。城内原存关帝庙，旧址在今县医院内，1953年前后拆毁。1986年10月，出土清光绪三年（1877）重修庙记碑首一段④。

图2.2.10-5 《耀州淳化县御制学校八行八刑碑》残段

城内街道主要为南北贯通的正街，老城内主要建筑亦沿正街次第布置。在正街之西，另有南北向背街一条，二街之间有东西向小巷若干（图2.2.10-1）。

（三）淳化城的布局

淳化城的遗迹不是一个时期形成的，要理清现存遗迹，有必要梳理其布局沿革。

乾隆《淳化县志》卷十四《衙署》"宋淳化县署"条记载，"陕

---

① 淳化县志编纂委员会编：《淳化县志》，三秦出版社2000年版，第987—988页。笔者在淳化进行现场调查时，于文博馆院内见此二幢，皆翻覆于地，大顺二年幢《靖难军梨园镇新修禅院尊胜经幢铭记》未能见识。大顺二年幢两截中较短一段，在靠近幢身上端遭破坏，钻有一圆孔，直径约5厘米。
② 淳化县志编纂委员会编：《淳化县志》（第十四编《建设志》第一章《县城建设》第五节《主要建筑物》），三秦出版社2000年版，第533页。
③ 淳化县志编纂委员会编：《淳化县志》，三秦出版社2000年版，第533页。
④ 淳化县志编纂委员会编：《淳化县志》，三秦出版社2000年版，第534页。

169

西通志，旧在北门内，宋宣和七年（1125）县令张安祖完治西堂使南向。州志，宋淳化中建。旧志，宋县令张安祖吏隐堂额尚存。"同书同卷"明淳化县署"条载："陕西通志，明洪武初移建城内正中，崇正（祯）中知县杨泰贞拓修。……旧志，始建在北门内，明洪武初年知县楚桓移置今地，堂曰节爱堂。自太守吴公六泉氏以训词颁行各邑后，俱仍之。今其词悬西壁，俱吴公名及岁月俱不载。考通志，名宦亦阙。"同书同卷"国朝淳化县署"条载："陕西通志，康熙中知县张如锦重葺。旧志，前正中仪门，东西角门，大堂额曰节爱堂，堂西为库房，堂前甬道为六房吏，廨堂后为宅门，为后堂，左右有书室，又后为房舍……乾隆三十二年（1767）知县于珽详请动项重修，四十五年（1780）知县万廷树捐修……"

由上可知，淳化县署原在城北门内，明洪武年间移置城中，历明清两朝其址未易。结合前述今淳化县政府院内出土的相关碑刻，并比对图 2.2.10-1、图 2.2.10-6、图 2.2.10-7，可以确定，自明洪武以来，淳化县署即在今天淳化县政府的所在。

隆庆《淳化县志》卷五《建置志》"祠祀"条载："城隍庙，在县治北，街之西。旧直距城下，嘉靖三年（1524）于后隙地建学，移庙于前。隆庆初封郎中罗中夫纠众重修。"又，乾隆《淳化县志》卷九《祠庙记》"明城隍庙"条载："旧志在县治北。明嘉靖三年，署县事县丞毕经移建。隆庆初，邑人罗中夫同众修。万历八年（1580）重修，三十六年（1608）增飨殿，四十二年（1614）增石栏。邑人罗廷绣廷绅贾克忠各有碑记。国朝顺治十二年（1655），知县张邦佐重修。乾隆四十六年（1781）知县万廷树捐俸重修寝室、正殿各五间，献殿三间，廊房十六间，又新建乐楼三楹。"又据隆庆《淳化县志》卷八《艺文略》之《淳化重修城隍庙碑记》，记载了嘉靖三年（1524）移县学迁城隍的经过："庙故在县治北，门临通衢，寝庙薄西山城麓下，北临废仓衺后广。正德末臬副何公者以学宫卑隘，将迁学而易其庙。邑父老金曰：学可迁，而庙不可易，仍缘前址，移庙足

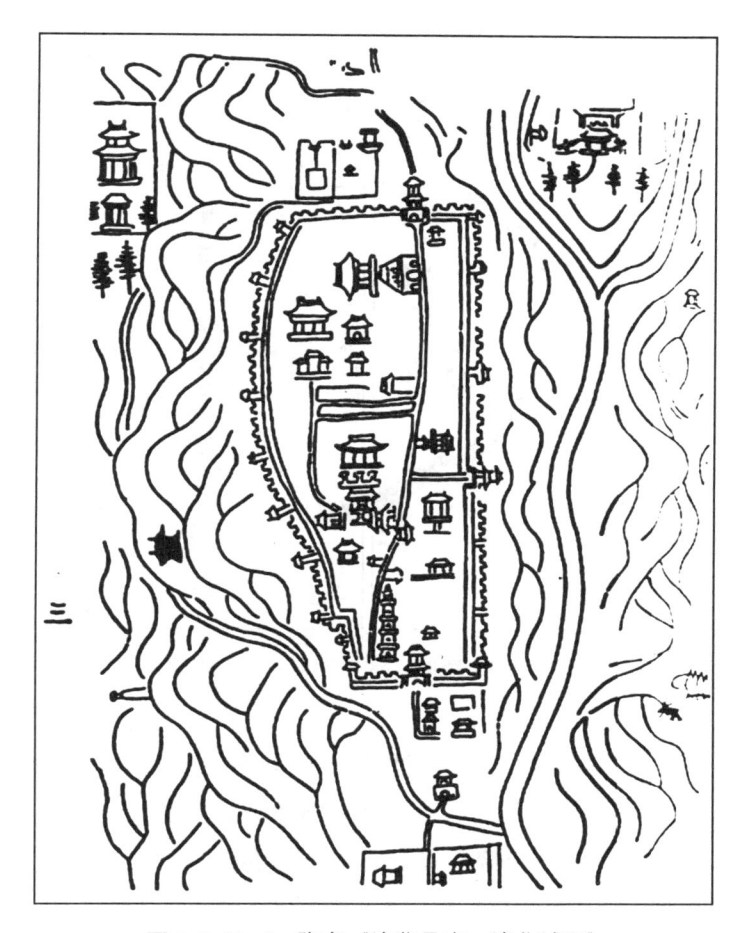

图 2.2.10-6 隆庆《淳化县志·淳化城图》

矣。于是迁殿宇于前。"

由上，结合前述淳化中学内的城隍庙鼓楼遗迹，可知城隍庙至迟在明代已经在今天淳化中学的北部一带。嘉靖三年将城隍庙殿宇向北移建，将县学置于城隍庙之南。这也与图 2.2.10-7 所反映的情况是一致的。

乾隆《淳化县志》卷十三《学校》"宋淳化县学"条载："旧志，儒学有宋大观二年（1108）八行八刑碑。"同书同卷"元淳化县学"条载："县册，元儒学在县南。"同书同卷"明淳化县学"条载，"旧

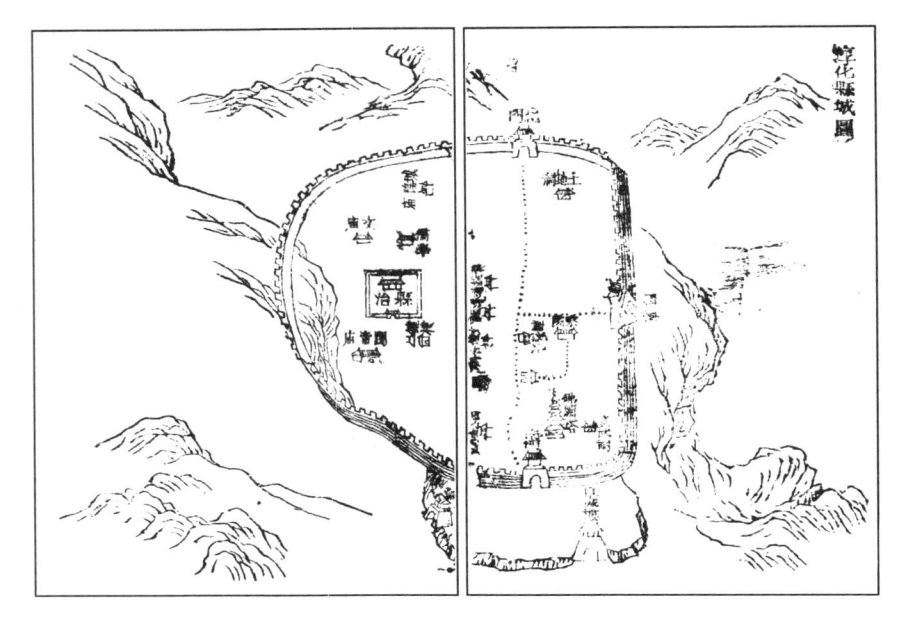

图 2.2.10-7　乾隆《淳化县志·淳化县城图》

志,明洪武二十年(1387),迁儒学于县东南,面城。嘉靖三年(1524)按察司副使何天衢行县以逼南城下,命署县事县丞毕经复移置今地,有碑记。"又据隆庆《淳化县志》卷八《艺文志》之明嘉靖三年《淳化县新迁庙学记》曰:"粤昔淳化在洪武时建学,县治之左,门临通衢,当时士乐于学,多显者焉。厥后令有李仲贤者,以学为神祠而迁于南城之下,后又坏而不加葺也。于是士荡析废,学而鲜成名矣。故淳化之人,小大咸怨。……正德甲戌(九年,1514)臬司大夫何公至淳化,谒庙视学而病焉,淳化师生以众情告之。公曰:吾意也,乃为身相地焉。乃得县北废仓及城隍庙地,曰:于此建学,如是如是,善矣。时令未之能行也。岁庚辰(正德十五年,1520),令缺,丞毕氏至。谒庙视学而病焉。学谕王氏以往事告之。丞曰:令在,吾不可专,今诚吾责矣。于是学谕赞之,丞任之,乃白于当路,咨于有众,乃取薪于山,以甄以然,取材于巅,以栋以枅,取石于川,为础孔坚。作庙渊渊，为堂为廡；为舍联联，如翚斯妍，如鸟斯骞。凡数月而讫工矣。丞又曰：庙学之前，无通衢焉，未善也。乃悉召诸居民，谓曰，若属后园墟地若通以为衢，则士利于行，而尔辈亦利于廛矣，如何？皆唯唯于是。悉取其壤，为衢为廛，如矢如弦，士民攸便，凡数日而讫工矣。"

由上并结合前述嘉靖三年县丞毕氏移建县学与城隍庙前的记载，可知淳化县学原在县南，洪武迁址，嘉靖三年又迁，此后明清两朝其址未易。结合前述淳化中学出土的有关碑刻，并比对图2.2.10-1、图2.2.10-7，可以确定嘉靖三年以来的淳化县学，即在今天淳化中学的南部。

乾隆《淳化县志》卷九《祠庙记》"关帝庙"条载："旧志，在县治西南。明天启四年（1624）邑人贾克忠等修。崇正（祯）十五年（1642）重修，山东司郎中杨国柱碑记。后三义殿，万历三十五年（1607）增建，邑人郗应芳碑记。崇正（祯）中重修，知县杨泰贞碑记。乾隆十八年（1753），把总朱富荣重修。"

由上可知，明天启四年关帝庙在县署西南修建，历明清两朝其址未易。结合前述县医院所出土的碑刻，并比对图2.2.10-1、图2.2.10-7，可以确定县医院一带即是原关帝庙的所在。

乾隆《淳化县志》卷九《祠庙记》"唐佛图塔"条载："旧志，在县南门内，浮图七级，系唐时建造。明崇正（祯）中，知县植之琴重修，邑人罗大縉记，刻石甃其旁，今已渐圮。"结合前述1952年拆毁唐塔的记录，和大顺二年经幢上的《靖难军梨园镇新修禅院尊胜经幢铭记》，可知唐代曾于原淳化轻机厂一带新修禅院一座，并立有七级唐塔一座。这座唐塔，其后一直矗立在淳化城南门之内。

乾隆《淳化县志》卷二《土地记》"国朝淳化城"条载："旧志，明仍宋旧，国朝亦因之。顺治五年（1648）知县赵宾修城楼，康熙三十九年（1700）冬十月，知县张如锦捐俸补筑垣城一百三十余丈，县册城皆山，围东西一百七十步，南北一里二百六十步，周四里一百七十步，高二丈五尺，池深一丈，阔五尺。东、南、北三面有门，东曰迎和，南曰阜民，北曰拱极。南北以沟为隍，东以河为隍。至乾隆二十八年，知县吴国栋详请动项重修城垣一座，周围四里一分二十步二尺，其西城依塬修筑，无城门，周围长七百四十八丈二尺。"由此可知淳化城原城周四里余，城辟东、南、北三门。又据今天保存下来的残垣，大体可以复原淳化城旧城的四至和范围。检核这个城的大小，与乾隆《淳化县志》所记基本吻合。同时，结合城内遗迹分布、道路格局和城内地势，可以较为准确地确定南北二门的位置，即正街与残垣延长线相交的位置。又笔者调查时，承淳化文化馆姚生民先生见告，东门旧在今淳化电视台即原淳化剧场处，据此可以复原淳化旧城的规模。

至此，基本可以勾勒出自明代以来淳化城的大体布局，试作图2.2.10-8以示之。

又，本节前引隆庆《淳化县志》卷四《地理志》"宋淳化四年……编户三十二里"一段文字后记："成化四年（1468）分建三水县编户八里，广七十里，袤七十里，……城围东西一百七十步，南北一里二百六十步，周围四里一百七十步。崇二丈五尺，池深一丈，阔五尺。嘉靖九年（1530）知县马崇增筑。四十三年（1564）张介垛楼十八，皆至今存。"参照前引乾隆《淳化县志》卷一《土地记》"国朝淳化城"条的记载，可知淳化在明代以前即有城，乾隆二十八年（1763）重修。结合前述西垣北段所见，可分为上下两层的城垣遗迹推测，上层即应是乾隆二十八年重修后的遗迹。而下层的城垣遗迹应即是"明仍宋旧"的淳化旧垣。同时，考虑淳化城西、北两侧枕山，城东侧临河，城内外地势差异亦明显的地貌情况，似可推测自宋以来的淳化城，历经元明清，难有大的更动。如果这个推论无大误，则宋以来淳化城的范围应与图2.2.10-8所示基本一致。

又如上述知，淳化县署建自淳化四年置县，原在城北门内，明洪武年间移置城中今县政府一带。淳化县学亦建于宋代，原在县南，洪

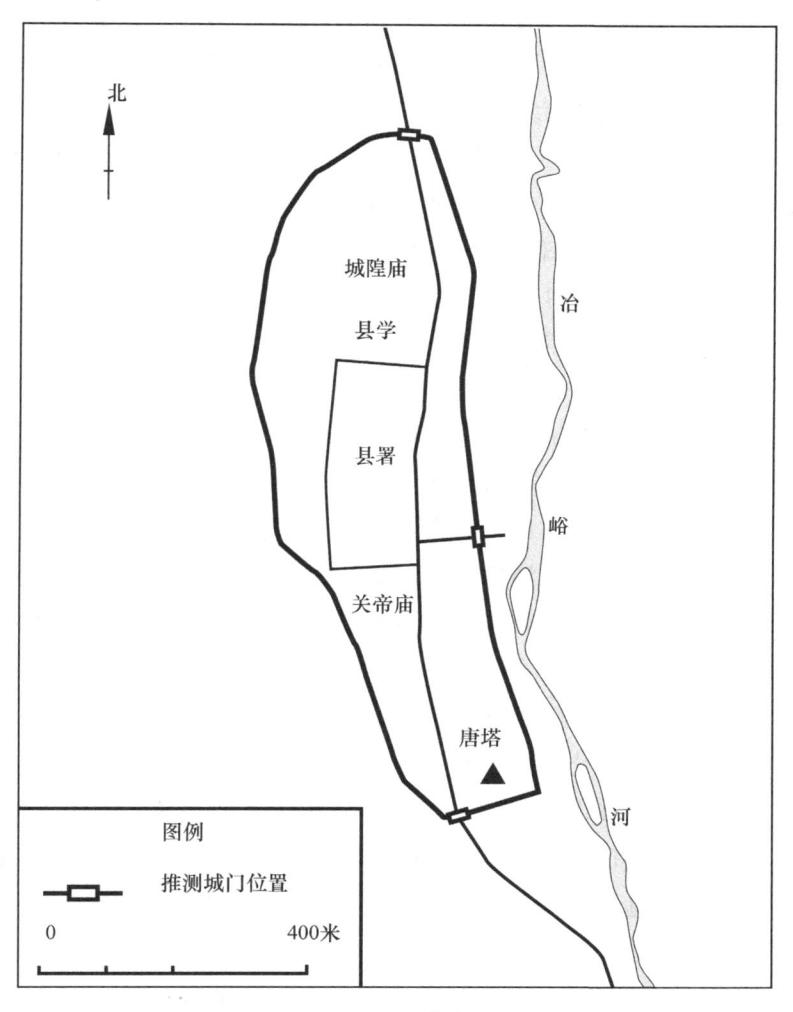

第二章 宋代北方地区新建建制城市个案研究

图 2.2.10-8 明以来淳化城布局

武迁址，嘉靖三年又迁至今淳化中学南部一带。此外，城内还在县医院一带出土大量宋代钱币，在淳化中学出土金代钱币窖藏。基于这些材料，虽然宋代县署和县学的具体位置今天已经难以考订，但是结合宋以来淳化城范围难有大的更动这一推论，以及古今重叠型城址街道在历史时期难以改易的通常情况考虑，则宋代的淳化县署、县学原址

175

仍应当沿当时淳化城内的南北大街（即今正街）分布，县署在北，县学位南。如果这个推论不谬，那么淳化城在宋代建县之时，即应是一座枕山临河的以一条南北大街为主的山地城。

《资治通鉴》卷第二百六十七有这样一段记载："（乾宁二年九月）李克用急攻梨园，王行瑜求救于李茂贞，茂贞遣兵万人屯龙泉镇，自将兵三万屯咸阳之旁，克用请诏茂贞归镇，仍削夺其官爵，欲分兵讨之。……冬十月丙戌，河东将李存贞败邠宁军于梨园北，杀千余人。自是梨园闭壁不敢出。……克用令李罕之、李存信等急攻梨园，城中食尽，弃城走。罕之等邀击之，所杀万余人，克梨园等三寨，获王行瑜子知进及大将李元福等。克用进屯梨园。"① 结合前述大顺二年幢《靖难军梨园镇新修禅院尊胜经幢铭记》，可知在唐末淳化县今地——即梨园镇曾经有城。但从文献的记载看，宋初建淳化县时的原因也并非经济发展，而是考虑淳化一带"山林深僻多聚贼盗"，可以想见唐末宋初的梨园镇（或曰梨园寨）不会有太大的规模。加之淳化城内的主要建筑如衙署、文庙等都是宋代初年置县以后创建的，这提示我们，淳化城沿用到今天的格局应该是宋代奠定的。

总的来说，淳化城位于黄土高原之上，西、北两面枕山，东侧临河，一条南北大街贯通城内，衙署、庙学等重要建筑沿大街次第分布；自宋初置县以至明清，规模和格局都没有大的变化。淳化城的选址受到了自然地理因素的限制，构筑在一个相对独立的自然地理小区内。城垣或依山而筑、或临水而营的做法也明显考虑了防御的因素。这样的地方城址选址和格局，在北方黄土高原地带似具有一定的共性，前文所述的山西省乡宁县城也属此类。

除了以上数处城址以外，以前做过考古调查工作并已刊布资料的河南省桐柏城，也是宋代新建的一座格局较清楚的城址。桐柏城于北宋开宝年间随着淮渎庙的迁徙移至今地。城周围四里，明成化年间又

---

① （宋）司马光编著：《资治通鉴》，中华书局1956年版，第8476页。

在旧城的基础上进行了修葺增补。城平面方形，四门十字街，十字街分割的每个小区域下又有十字街分割的痕迹。城中央十字街口原有火星阁，衙署原来的位置在城内西北部，后迁城东北，文庙也位于城西北部（图2-3）①。

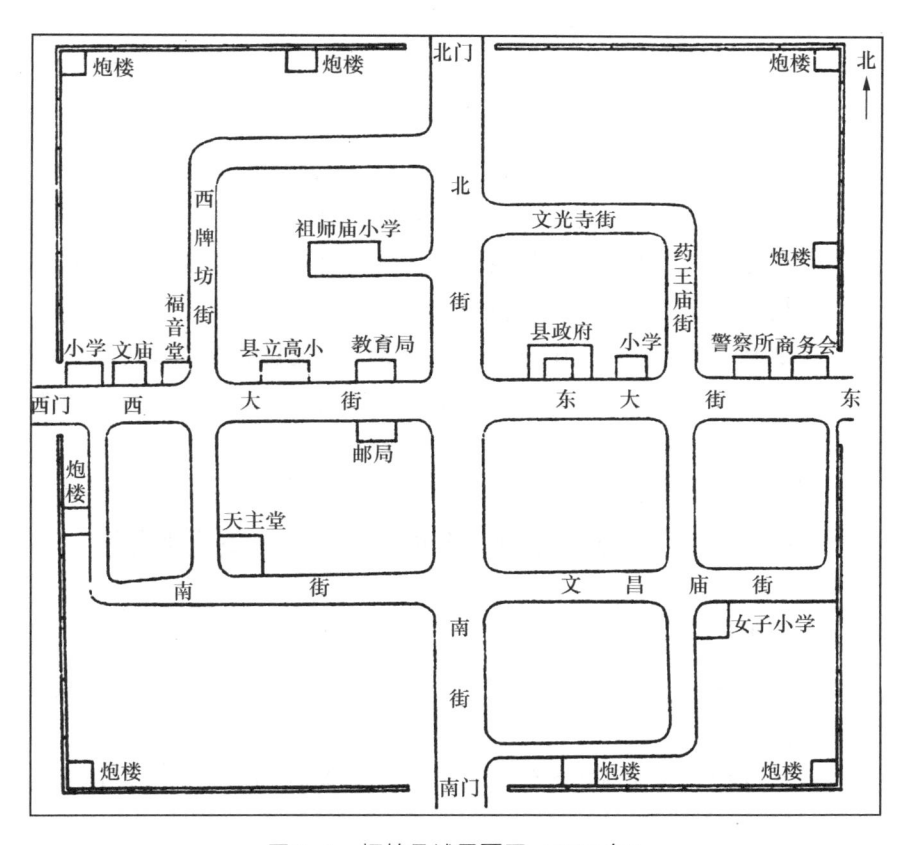

图 2-3 桐柏县城平面图（1931年）

---

① 杭侃：《宋元时期的地方城镇——以中原北方、川东和江南地区为例》，载侯仁之编《燕京学报》（新23期），北京大学出版社2007年版，第15页。

第三章 有关问题的讨论

本书的第二章，结合文献和实地考察所获得的一手资料，一方面梳理了宋代北方地区新建建制城址的数量、地理分布、迁址新建的时间和具体缘由；另一方面则从城址现状、规模、布局等方面做了较为细致的梳理，复原了一批宋代新建城址。

在此基础上，可以从中分析出这些城址所反映的有关宋代新建城址的新建背景及原因、新建城址的布局和类型、新建城址的规模和等级以及新建城址所反映的若干历史趋势等问题。

第一节 因水患迁址新建城址的背景及原因

在本书所讨论的宋代北方地区的新建城址中，特别显著的是因水患迁址新建的城址。在第二章表2-1所列36处城址中，确知其迁址新建原因的城址中，因水患原因数量最多，共计16处，为讨论之便将这些城址按其迁址新建的年代为序再次摘抄表列如下（表3-1）。

表3-1　　　　宋代北方地区因水患迁建城址表

序号	名称	地区	迁治时间及原因	资料出处
1	平乡县	河北西路邢州	宋建隆元年（960）漳河水坏旧城，大中祥符间迁治今平乡镇。	乾隆《平乡县志》卷二《地理上》"城池"
2	临邑县	京东东路齐州	建隆元年（960），河决坏旧城，三年（962）迁治。	《宋史》卷八十五《地理志一》

续表

序号	名称	地区	迁治时间及原因	资料出处
3	阳谷县	京东西路郓州	凡两迁，第一次迁：至皇朝开宝六年（973），又河水冲破县城，至太平兴国四年（979），移于上巡镇，即今县理。第二次迁：景德三年（1006），徙孟店。	《太平寰宇记》卷十三《河南道十三》；《宋史》卷八十五《地理志一》
4	博州	河北东路博州	宋淳化三年（992），黄河水坏旧城，熙宁三年（1070）迁治。	《文献通考》卷三百十七《舆地考三》
5	郓州	京东西路郓州	宋咸平三年（1000），河决郓州，浸没旧城，遂迁治。	《宋史》卷九十一《河渠志一》
6	棣州	河北东路棣州	宋大中祥符四年（1011）清河水坏旧城，迁治，八年（1015）新城毕。	《齐乘》卷三《郡邑》
7	朝城县	河北东路大名府	明道二年（1033），徙大名之朝城县于社婆村，避河患也。	《续资治通鉴长编》卷一一三
8	乡宁县	河东路绛州	宋皇祐三年（1051），因旧县患河水迁治。	顺治《乡宁县志》卷一《舆地志》"城池"
9	饶安县	河北东路沧州	熙宁二年（1069）八月，河决沧州饶安，漂溺居民，移县治于张为村。熙宁五年正月废县为镇。	《宋史》卷六十一《五行志一上》；《续资治通鉴长编》卷二百二十九"熙宁五年春正月己酉"条，《元丰九域志》卷二《河北路》
10	清平县	河北东路大名府	熙宁二年（1069），又割博平县明灵寨隶焉，本县移置明灵。元丰间，漯河决坏城，徙治明灵砦，即今治也。	《宋史》卷八十六《地理志二》；乾隆《清一统志》卷13"东昌府清平故城条"。
11	馆陶县	河北东路大名府	熙宁六年（1073）六月十八日，北京留守司、河北都运司言："馆陶县在大河南堤之间，欲迁于高囤村以避水。"公私以为便，从之。	《宋会要辑稿·方域》五之十二
12	文水县	河东路太原府	宋元丰八年（1085），避汾、文二水水患迁治。	明初《太原志·建置沿革》
13	合河县	河东路岚州	宋元丰间，因旧城濒河地狭，迁治今地。	乾隆《兴县志》卷三《建置志》

续表

序号	名称	地区	迁治时间及原因	资料出处
14	巨鹿县	河北西路邢州	宋大观二年（1108）五月丙申，邢州言河决，陷巨鹿县。诏迁县于高地。	《宋史》卷九十三《河渠志三》
15	隆平县	河北西路赵州	宋大观二年（1108）五月丙申，邢州言河决，陷巨鹿县。诏迁县于高地。又以赵州隆平下湿，亦迁之。	《宋史》卷九十三《河渠志三》
16	通利军（浚州、安利军）	河北西路	政和五年（1115）八月己亥，都水监言："大河以就三山通流，正在通利之东，虑水溢为患。乞移军城于大伾山，居山之间，以就高仰。"从之。	《宋史》卷九十三《河渠志三》

本表中路分府州的划分，以政和元年为准。参见谭其骧《中国历史地图集（第六册）》，中国地图出版社1982年版。

比照图2-1和图3-1，这十六处城址全部位于北宋时期黄河河道附近或者黄河支流（包括二级支流）附近。其中，兴县、文水、乡宁地处黄河中游，其余十三座均位于黄河下游。这一现象，是和晚唐至北宋时期黄河的变迁密切相关的。经历了自东汉至唐代中期的稳定，随着黄河中游地区农业开发的不断加大和森林植被的日益破坏①，加之唐代黄河下游堤防日益完善后河道不断淤积升高，唐代中后期开始黄河就不断发生决溢，进入五代后决溢的频率显著提高②。1019年注梁山泊夺泗、淮入海。1034年决澶州横陇埽形成新道，史称横陇河。1048年决澶州商胡埽，河道改由北流，经河北平原中部汇入御河至天津合界河入海，是为黄河北派。1060年又在大名府魏县第六埽决出一

---

① 谭其骧：《何以黄河在东汉以后会出现一个长期安流的局面》，《学术月刊》1962年第2期；史念海：《历史时期黄河中游的森林》，载史念海著《河山集（二集）》，生活·读书·新知三联书店1981年版，第232—305页；辛德勇：《由元光河决与所谓王景治河重论东汉以后黄河长期安流的原因》，《文史》2012年第1期。

② 周魁一：《隋唐五代时期黄河的一些情况》，载水利水电科学研究院编《中国科学院水利电力部水利水电科学研究院科学研究论文集（第12集 水利史专集）》，水利电力出版社1982年版，第15—31页。

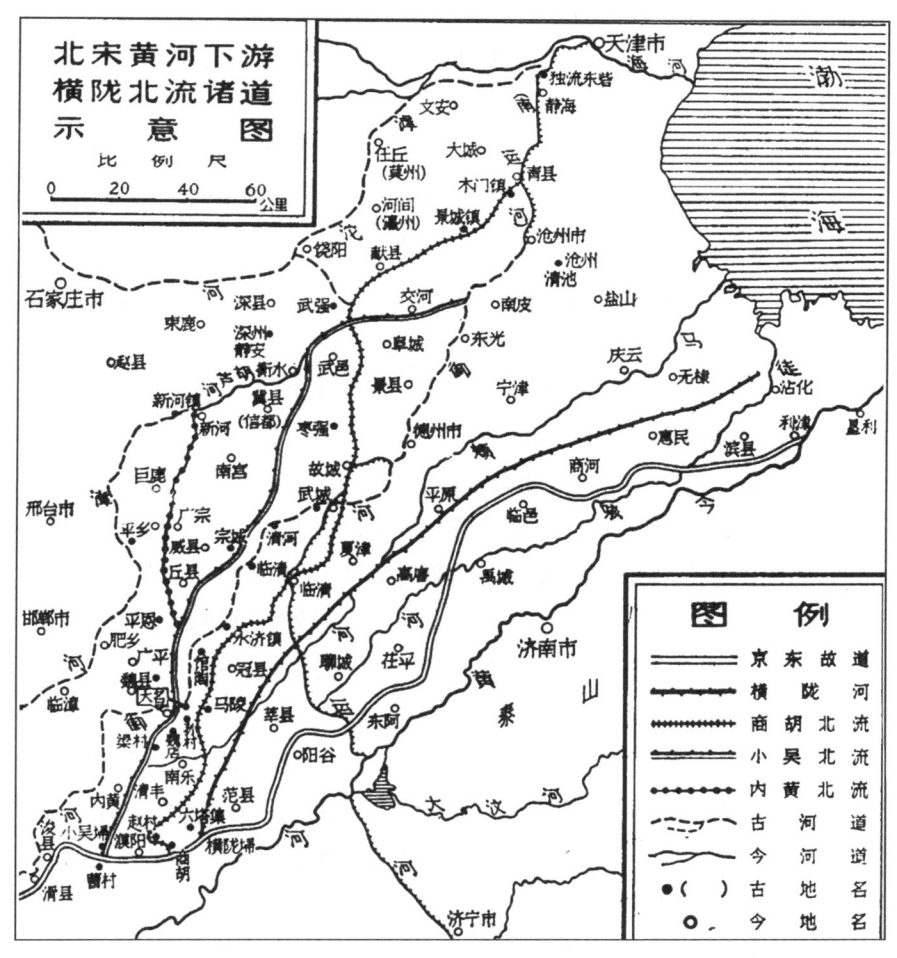

图 3-1 北宋黄河下游横陇北流诸道示意图

(采自邹逸麟《宋代黄河下游横陇北流诸道考》,《文史》1981 年第 12 期)

条分流,东北流经一段西汉大河故道,下循汉代的笃马河入海,称二股河,是为宋代黄河的东派。1077 年决澶州曹村,一股夺南清河合淮入海,另一股由北清河入海,形成东流、北流并行的局面。1081 年河水又决于澶州小吴埽而北流。1094 年闭北流,单行东流。至 1099 年又于内黄县决口,河道北流,东流遂决,直至宋亡。这段时间,黄河下游进入了变迁紊乱的时代①。正是由于黄河下游在黄淮海平原内不断改道，使得这一区域内的城址频繁遭遇水患，有些最终就不得不迁址新建。

北宋政府对这一情况也是熟悉的。而且对于遭水患较为严重的城市，采取迁城的办法予以解决，也正来自于北宋最高统治集团的认识。宋神宗曾于元丰四年（1081）对辅臣说："河之为患久矣，后世以事治水，故常有碍。夫水之趋下，乃其性也，以道治水，则无违其性可也。如能顺水所向，迁徙城邑以避之，复有何患？虽神禹复生，不过如此。"辅臣皆曰："诚如圣训。"② 这也正是今天河北、山东地区宋代新建城址多和水患有关的背景和原因。

对比表3-1所列这16处城址，前7处除平乡县为漳河水坏城以外，其余几处都是不晚于1033年因黄河水患迁治的。而这几处城址恰好都位于今天山东省北部，大约就分布在黄河1034年决横陇埽以前的"京东故道"沿线上。除了这几座城址以外，文献阙载其迁址新建的原因，但又分布在这一区域、于996年徙治新建的长清，应该也是因水患的缘故。

1034年以后，黄河先是不断向上游决口，并改而北流，随之又决而东流，或者二流并行，因此此后因水患迁治的城址也随之北移，分布在今天山东北部至河北一带。例如1069年被水患迁址的饶安，距离黄河东流不远，正是黄河东流期间所致。又如1108年同时迁址的巨鹿和隆平，位置偏北也正是1099年黄河决内黄埽以后改走北流所致。

这些因水患迁址新建的城址，正反映了北宋时期黄河下游变迁的过程。

不仅如此，这一地区的城址在宋代以后的发展中，一些城市建设

---

① 邹逸麟：《宋代黄河下游横陇北流诸道考》，《文史》1981年第12期；中国科学院：《中国自然地理·历史自然地理》（第四章第二节"黄河"），科学出版社1982年版，第38—85页。

② 《宋史》卷92《河渠二》，中华书局1985年版，第7745页。此事亦见《续资治通鉴长编》卷321神宗元丰四年十二月戊辰条，中华书局2004年版，第7745页。

活动也反映了黄河水患对城市的影响①。例如宋代迁址新建的聊城，在明代修建有护城堤（图3-4）②。建护城堤的目的，就是防止洪水对城市的侵扰，宣统《聊城县志》卷二《建置志》"城池"条记曰："护城堤延亘二十里，以御水涨，金城倚之。"雍正八年（1730）为防水患，还曾再次修缮③。

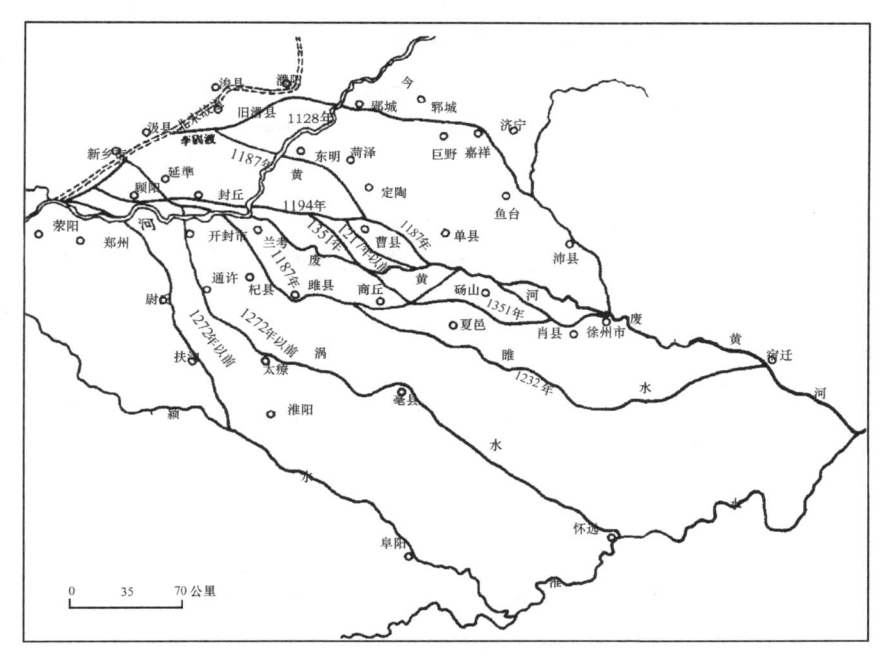

图 3-2　金元时期黄河南徙主要泛道图

（采自邹逸麟主编《中国历史地理概述》，上海教育出版社 2005 年版，第 36 页）

聊城城外护城堤的修建，也是和这一时期的黄河活动直接相关的。南宋建炎二年（1128）东京留守杜充为阻金兵南下，于今河南滑

---

① 关于本节的内容，在笔者博士论文撰就后，又有学者做了较为综合的讨论，参见刘天歌《试论黄泛平原古城的环形护城堤》，《中原文物》2022年第6期。
② 嘉庆《东昌府志》卷五《建置一》"城池"条，第1—11页。
③ 宣统《聊城县志》卷十《艺文志》之三，蒋尚思撰《聊城护城堤碑记》（雍正九年），第45页。

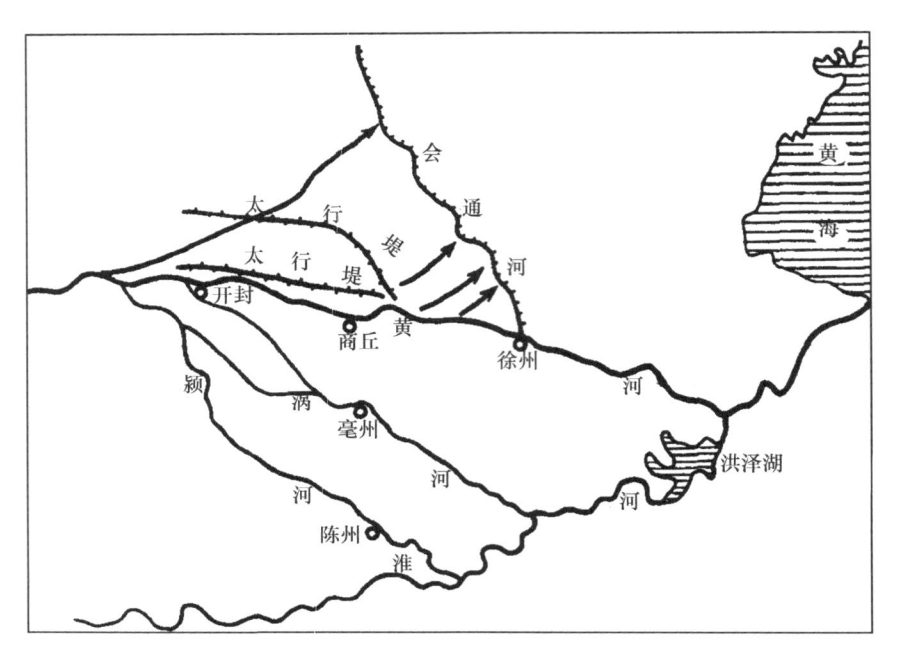

图 3-3　明清时期黄河泛决示意图

（采自邹逸麟主编《中国历史地理概述》，上海教育出版社 2005 年版，第 36 页）

县西南李固渡扒开河堤，人为决河，使黄河东决经豫东北、鲁西南地区，汇泗入淮。自此黄河不再进入河北平原，此后 700 年内以东南流入淮河为常。并经历了决口地点不断西移，河道干流逐渐南摆，并在干流以外分出若干岔流，迭为主次，变迁无定的历史过程（图 3-2、图 3-3）。直到明嘉万时期，才将黄河下游逐步确定在清咸丰四年（1854）决口改道大清河渤海湾入海以前的单一的黄河故道上（即今地图上的废黄河）[①]。在这段历史时期内，黄河多次决口、泛滥，对这一地区的城市建设活动带来了直接的影响，聊城即属此例。黄泛平原地带（即上述豫东北、鲁西南地区）与聊城类似、为防止水患在城外

---

① 邹逸麟编著：《中国历史地理概述》"第四章第一节 黄河下游河道的变迁及其影响"，上海教育出版社 2005 年版，第 29—41 页（特别是 34—38 页）。

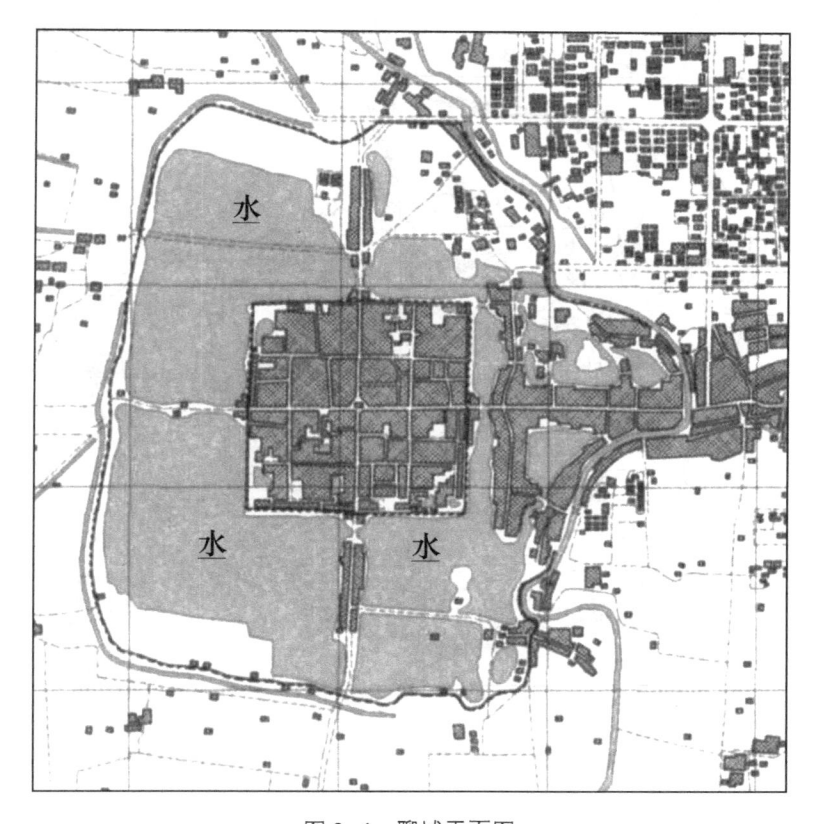

图 3-4 聊城平面图
（采自《黄泛平原古城镇洪涝经验及其适应性景观》，《城市规划学刊》2007 年第 5 期）

修建护城堤的尚有不少。

偃师城外即修建有护城堤（图 3-5）。乾隆《偃师县志》卷一《地里志上》记曰："护城堤防周九里十三步，西北曰白虎堰，东南曰王公堤。"元代元统间，在城外修建了护城堤："以捍邙山二龙沟水。"明永乐、正德、嘉靖相继重修城东南王公堤。大概这时城外的护城堤仍是分段修筑，分别抵御城北和城东南方向的洪水。到明隆庆年间，则环筑使之围城，"以御伊、洛泛涨"，清代仍屡有修葺。

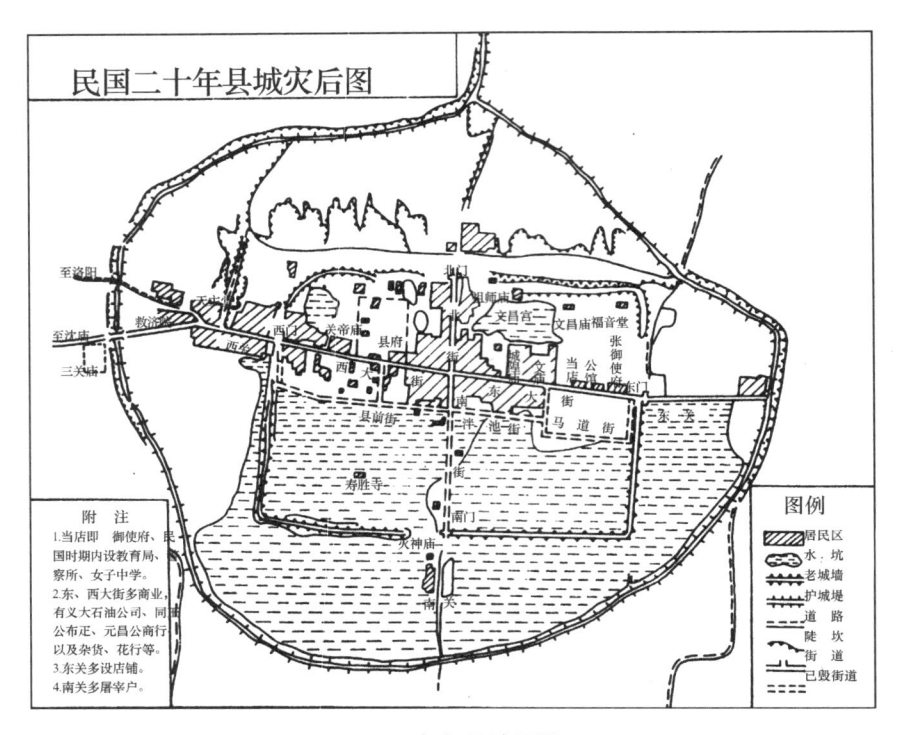

图 3-5 偃师县城平面图
（采自偃师县志编纂委员会编，《偃师县志》，生活·读书·新知三联书店 1992 年版）

商丘，明弘治十五年（1502）旧城毁于水，正德六年（1511）在旧城之北重建新城，新城南墙压在旧城北墙之上①。嘉靖年间，开始在城外修筑护城隄，距城一里许，周十六里②（图 3-6）。

正德六年（辛未，1511），夏邑筑护城堤"以防河水冲突之患"，周围八里（图 3-7、图 3-8）③。康熙四年（乙巳，1665）秋河决坏

---

① 中国社会科学院考古研究所、美国哈佛大学皮保德博物馆中美联合考古队：《河南商丘县东周城址勘查简报》，《考古》1998 年第 12 期；康熙《商丘县志》卷一《城池》，第 6—8 页。
② 康熙《商丘县志》卷一《城池》，第 7 页。
③ 嘉靖《夏邑县志》卷二《建置志》"城池"条，第 1 页。

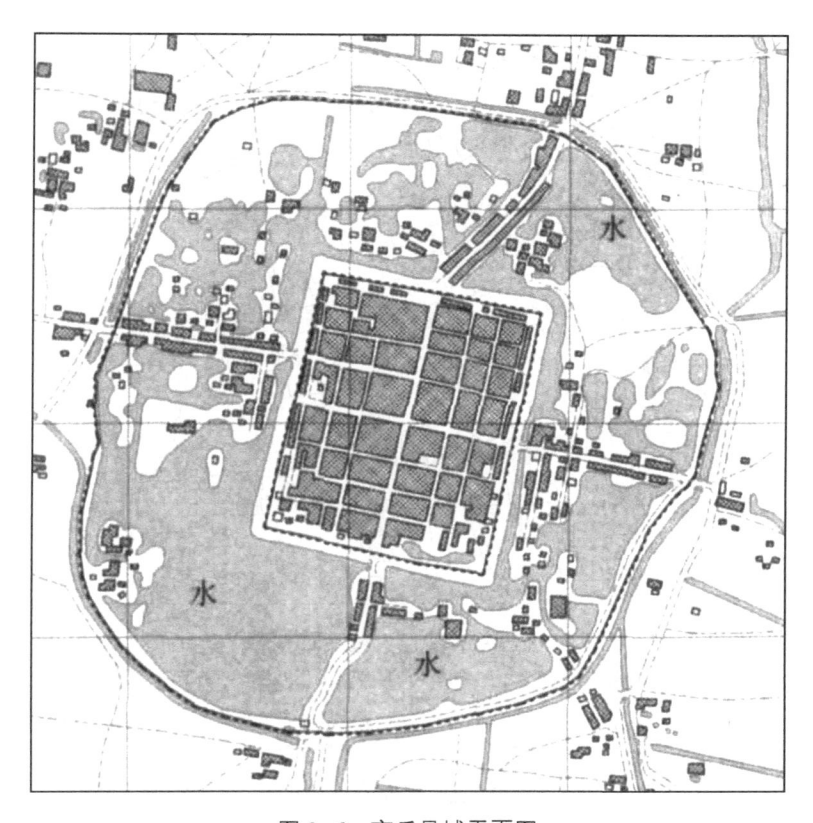

图 3-6 商丘县城平面图
（采自俞孔坚、张蕾《黄泛平原古城镇洪涝经验及其适应性景观》，《城市规划学刊》2007 年第 5 期）

城、堤，康熙二十七年（1688）又重修①。城堤相互呼应，"雉堞望堤上行人，如在翠微中"②。清末明初又屡次在城堤两侧植树③。

菏泽，即曹州府城，也在城外筑有护城堤。"嘉靖元年（1522），知州沈韩离城五里，周围筑大堤，防水护城"（图 3-9)④。

---

① 民国《夏邑县志》（民国九年石印本）卷二《建置志》"城池"条，第 4 页；卷九《杂志》"文诗"《徐公德政碑记》，第 54 页。
② 民国《夏邑县志》卷九《杂志》"文诗"陈希稷撰《风土记略》，第 58 页。
③ 民国《夏邑县志》卷二《建置志》"城堤"条，第 9 页。
④ 乾隆《曹州府志》卷三《舆地志》"城池"，齐鲁书社 1988 年版，第 68 页。

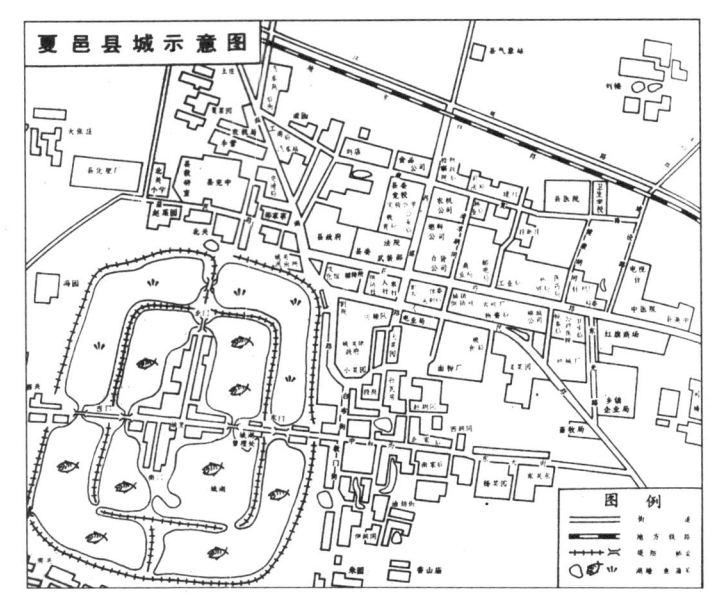

图 3-7　夏邑县城平面图

（采自夏邑县志编纂委员会《夏邑县志》，河南人民出版社 1989 年版，第 86 页。）

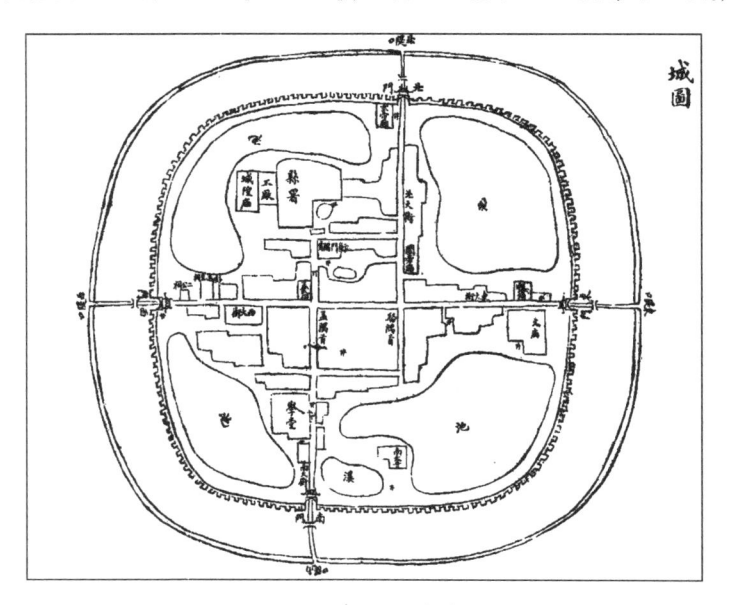

图 3-8　夏邑县城城图

（采自民国《夏邑县志》）

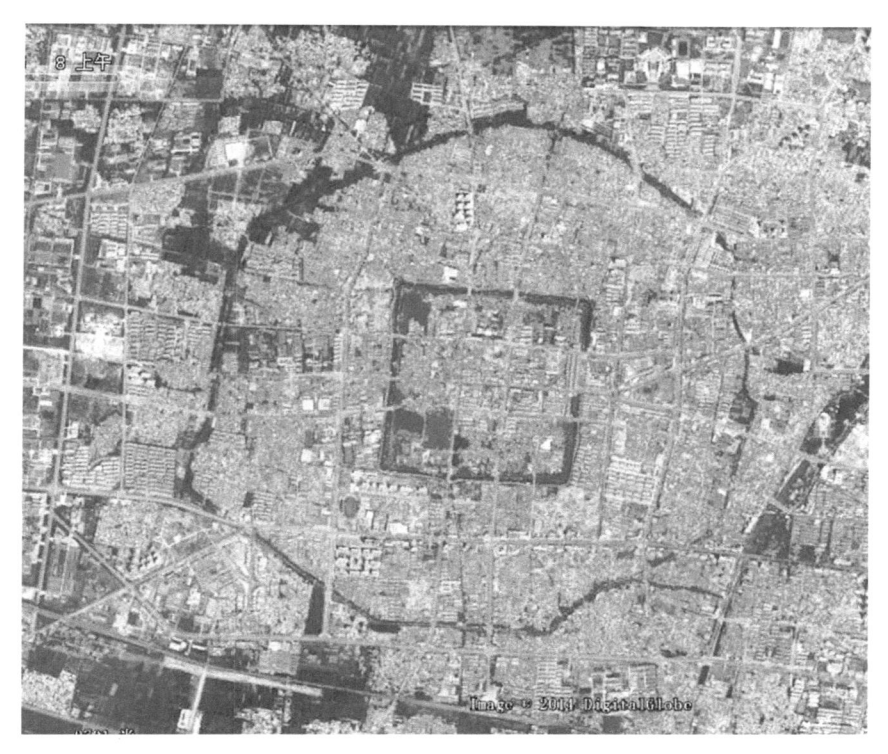

图 3-9　菏泽市平面图
（采自谷歌地球软件，影像拍摄日期：2012 年 9 月 15 日）

鹿邑，元初在今址建新城，嘉靖十五年（1536）筑护城堤，周十二里十八步（图 3-10）。此后嘉靖二十四年（1545）增筑，并成功抵御了崇祯十五年（1642）、康熙四十八年（1709）、乾隆四年（1739）、乾隆六年（1741）的几次洪水，使"城得无圮"[①]。

宁陵，康熙《宁陵县志》卷二《地理志》"堤防"条记载："按旧志云：宁濒大河，每罹水患。吕司寇谓有城无堤，何以御之？况关厢之人，岂忍为鱼？经度于四关之外，筑堤周围十四里（图 3-10）。"按吕司寇指明代名臣吕坤，宁陵人，嘉靖十五年（1536）生，万历二

----
① 光绪《鹿邑县志》卷三《建置志》"城池"条，第 1—2 页。

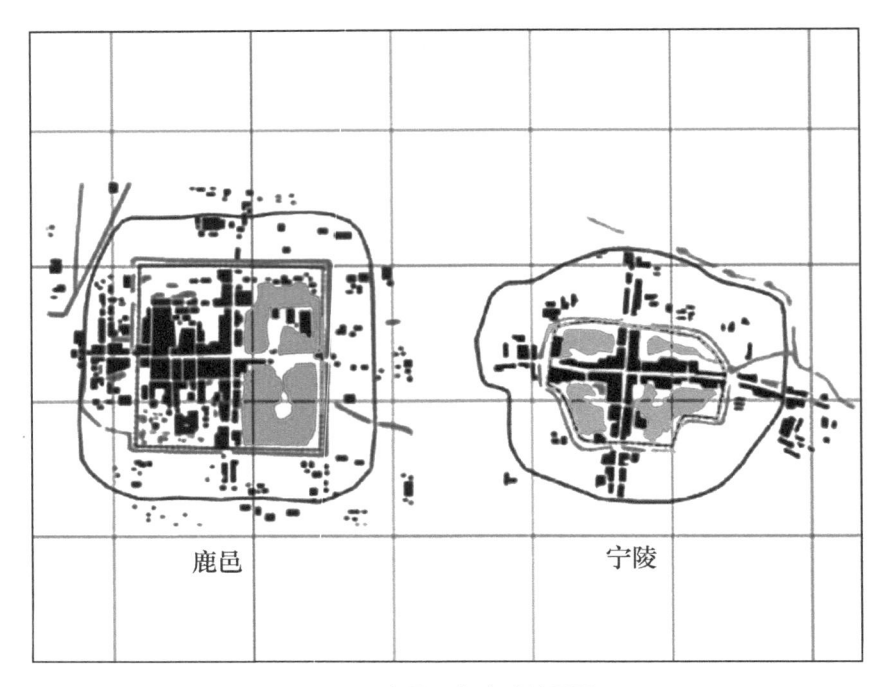

图 3-10　鹿邑、宁陵城址平面图
（采自张蕾《传统的绿色基础设施之华北黄泛平原古城坑塘景观启示》，《给水排水》2013 年增刊）

年进士，同年任襄垣知县，万历二十五年（1597）致仕返乡，四十六年（1618）卒于家。吕坤之言与护城堤的修筑未详何时，但从吕坤致仕后积极参与乡里活动，颇疑即在万历二十五年后至其殁前[1]。

虞城县因旧城屡遭水患，明嘉靖九年（1530）迁新城。城外亦修有护城堤（图3-11），其始建年代不详。康熙十九年（1680），因嫌护城堤"旧制低薄"，将之"加筑高厚，堪为城池"，因之护城堤之修建在此之前，则亦在明后期至清初之际；此后乾隆二年（1737）又曾加筑[2]。

---

[1] 参见郑涵《吕坤年谱》，中州古籍出版社1985年版。
[2] 乾隆《虞城县志》卷一《城池》，第8—9页；卷八《艺文志》之程善述撰《加修护城隄记》，第140页。

第三章　有关问题的讨论

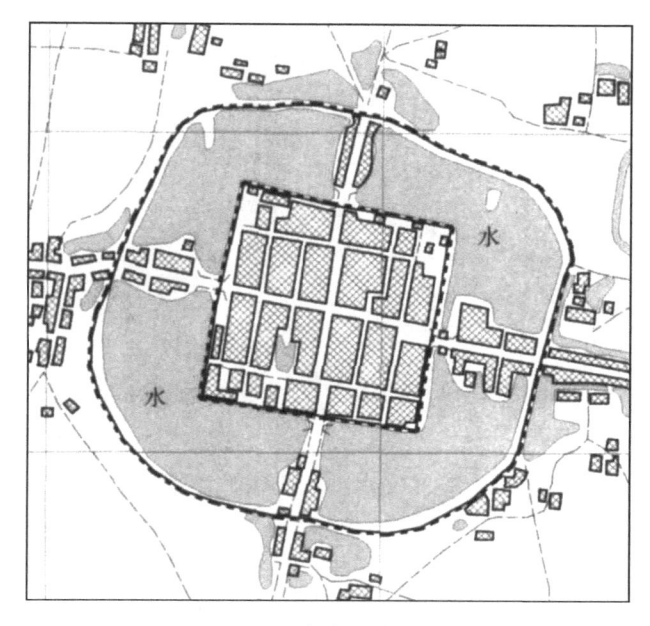

图 3-11　虞城县城平面图
（采自俞孔坚、张蕾《黄泛平原古城镇洪涝经验及其适应性景观》，《城市规划学刊》2007 年第 5 期）

类似的还有单县。单县旧城明弘治十年（1497）圮于水，嘉靖五年于旧城之北迁筑新城。并在城外四面"各距城一里一十步"修筑护城堤，"周十二里有奇"（图 3-12）[①]。护城堤的具体修筑时间未详，但清顺治八年（1651）重修，后清康熙、乾隆、道光、咸丰至民国年间屡有修葺。则护城堤之修建亦应在顺治八年之前，即明后期至清初之际。

此外建护城堤较晚的还有杞县，道光二十二年（1842）、二十三年河决祥符中牟，横流杞县四境，知县徐大墉预为筑护城堤 15 里 330 步，计长 2865 丈（图 3-13）。

以上这些现象说明，在城市研究中，需要注意不同地区城市的不同特点。针对城市考古进行个案调查时，往往较难发现其共性；若对

---

① 民国《单县志》卷二《建置志》"城池"条，第 2 页。

191

图 3-12　单县县城平面图
（采自谷歌地球软件）

图 3-13　杞县县城平面图
（采自谷歌地球软件，影像拍摄日期：2009 年 2 月 11 日）

一区域展开普遍的调查研究，则即可能发现这一地区城址的共同特征。

除了因水患迁址新建的城址外，这一时期新建的城址则主要从政治军事和经济两方面的因素加以考虑，这里一并略作交代。例如北宋平北汉后，宋太宗虑太原城之险，毁旧城、徙州治，太平兴国七年（982）在今天太原城一带建立新城。这是从政治、军事角度考虑新建的城市。再如淳化、昌邑、胶西等则都是因为地区发展需要新建的城址。淳化城是在原梨园镇基础上新建的县治，原因是当地"山林深僻多聚贼盗"，昌邑是恢复了隋代建置后在旧城东南新建的县城，胶西则更是在建立了市舶司的板桥镇发展的基础上新建的建制城市。较特殊的一例是河南的桐柏城，桐柏城在北宋开宝年间移至今地，迁治的原因与淮渎庙的迁徙有关。

第二节　新建城址的布局和类型

第二章中重点分析的数处城址，可以按照其街道布局，划分为三类：十字街类型、丁字街类型和一条主街类型（图3-14）。

十字街类型（Ⅰ）的城址包括聊城、长清、桐柏、文水、岚县及隆平城。前四座城址是四门十字街类型的城址，后两座则是三门十字街的城址。在前述四座四门十字街的城址中，又可细分为两类。聊城、桐柏和长清城，以四门十字主街将城内分为四个小区域，在每个小区域中又设次一级的十字街。文水城则在四门十字主街划分出的每个小区域中设两横两纵的"井"字街。

丁字街类型（Ⅱ）的城址包括黎城、昌邑及惠民。这类城址或城门不正对，或街道彼此相错，与前述十字街如整齐的棋盘式的城址，有所不同。前两座是三门丁字街类型的城址，惠民是一座四门丁字街的城址。

一条主街类型（Ⅲ）的城址为淳化城和乡宁城。这两座城址都是

图 3-14 新建城址的类型

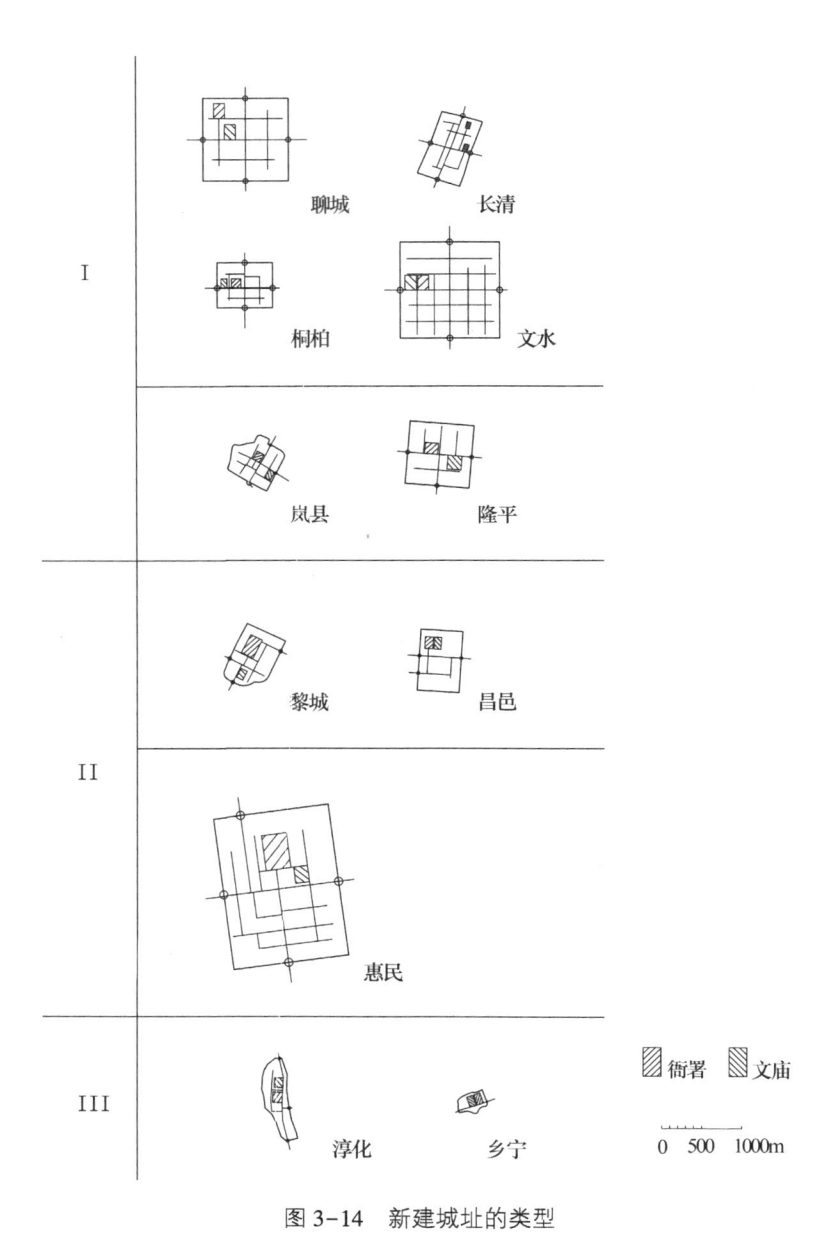

在山地地区台地上，凭借地势、依山沿河修建的以一条主街为主干的城址。

就目前已展开的考古调查和发掘工作的情况来看，宋元时期的城镇类型远较隋唐时期丰富①，这是宋元时期城镇发展的显著特征之一。其中，十字街型城址和丁字街型城址的共存，是其体现方面之一。本书所及的城址中，相当一部分仍使用隋唐以来流行的四门十字街的格局，且都分布在平原地区（图2-1）。这说明了此类城址在宋代北方平原地区的流行。且这一趋势金元时期仍然保持（如定兴②、蒲州、孟州、邹平、南乐、鹿邑等③）。

以往考虑这类城址的规划问题，涉及两个方面值得注意。宿白曾指出："自宋以来，街道作长巷式布局的城制兴起后，隋唐城制，主要是唐州县城制并未退出历史舞台，特别是在中原和北方地区似乎还有强大的生命力，一些唐代旧城被沿用到明清乃至更晚的且勿论；值得注意的是，宋元乃至明代新建的州县城仍有不少承袭唐代的城制……这清楚地告诉我们，唐以后黄河流域，坊里式布局的城制和长巷式布局的城址一直并用，或许前者更为流行。这个现象，恰好给盛唐以后中原北方战乱频仍，人口流失，农业生产和城市经济，除个别地区外，一般陷入长期停滞不前的局势，提供了一个重要实证"④。这段研究性的结论事实上蕴含着两个方面的主要内容，一个方面是四门十字街的城址反映了唐代城制——即宿先生所说的坊里制，是和宋以后的长巷式布局相对应的，并将其与南方城市如苏州等加以对比；另一个方面则是

---

① 杭侃：《宋元时期的地方城镇——以中原北方、川东和江南地区为例》，载侯仁之编《燕京学报》（新23期），北京大学出版社2007年版，第84—89页。
② 王子奇：《河北省定兴县金代城址调查及其相关问题》，载《扬州城考古学术研讨会论文集》，科学出版社2016年版，第331—350页。收入本书附录二。
③ 杭侃：《中原北方地区宋元时期的地方城址》，北京大学考古学系博士学位论文，1998年。
④ 宿白：《隋唐城址类型初探（提纲）》，载北京大学考古系编《纪念北京大学考古专业三十周年论文集（1952—1982）》，文物出版社1990年版，第279—285页。

认为造成这一情况的原因,大约是因为北方地区经济滞后,此后也有学者重申了这一观点,并补充了军事需要等角度①。

我们认为,这两个方面,都有必要再加以分析。首先,这类城址在相当长的一段历史时期内在平原地区普遍流行,似乎说明了平原地区这类城址规划的合理性和便利性。及至明代,四门十字街型的城址再一次在北方地区的平原地带广泛流行②,正说明了这种城市规划布局的生命力。当然,明代重新兴起的四门十字街城址和隋唐时期的城址有所不同,已经从大小十字街相套的里坊制布局转变为十字街下的横巷式布局了。换言之,十字街(特别是州县一类的四门十字街)城址是否即是唐代坊里制的存留,我们认为恐怕并不一定。城市管理制度与城址平面格局是否具有这样的对应关系,似乎仍有必要进行深入的分析。

这同时牵涉到宋代城市中的里坊制度的问题。北宋时期里坊制度确实施行过,加藤繁在《宋代都市的发展》中即提出,坊市制在宋代崩溃,但他以首都开封城为例分析认为开封宋代初年仍实行过坊的制度,到宋代末年则已完全崩溃,并由此认为地方城市的坊制也和开封一样崩溃了③。北宋时期施行坊制的例子,还见于《宋史·李允则传》中的记载,真宗时李允则知雄州,"始教民陶瓦甓,标里闬,置廊市、邸舍、水硙"④。说明当时在雄州设置了里坊,施行了坊里制度。有名的记载还有《续资治通鉴长编》卷二百六十一熙宁八年三月癸巳条:"提举河东路义勇保甲司请五路州县镇寨城内居人并团保甲,诏诸路察访司与坊正同详定以闻。上批:'近沈括建议边郡城中置坊、

---

① 杭侃:《宋元时期的地方城镇——以中原北方、川东和江南地区为例》,载侯仁之编《燕京学报》(新23期),北京大学出版社2007年版,第1—98页。
② 学者将此称为明代城市"向传统礼制的复归"。参见李孝聪《明清时期地方城市形态试析》,载武汉大学历史地理研究所编《石泉先生九十诞辰纪念文集》,湖北人民出版社2007年版,第496—536页。
③ [日]加藤繁:《宋代都市的发展》,载[日]加藤繁著、吴杰译《中国经济史考证》(第一卷),商务印书馆1959年版,第248—259页。
④ (元)脱脱等撰:《宋史》,中华书局1985年版,第10480页。

设垣为门，以备奸伏。契勘熙、河、岷州新创民居未多，宜易施行，可先札与经略司，仰稍度画图闻奏。'"① 其缘由在同书卷二百六十七熙宁八年八月癸巳条中记载甚明："先是，括察访河北，……时契丹略汉境，民不安于鄙，傅城自归，而夷夏莫能辨，守者无敢纳。赖敌退，鄙之人几肉于契丹。括为讲坊市法，严为防禁，使民各以乡间族党相任，分坊以处之，谨启闭之节。坊有籍，居有类，出入有禁，边人为安。"② 这也说明，北宋中后期曾在边城中设坊，实行的也是隋唐时期常见的坊里制度。但这些城址中的坊里制度，则未必是通过四门十字街这样整齐的里坊来体现的。坊里制度的再次实施，事实上是出于军事的需要，只要达到防御的需要，坊的形态可能未必是方形的，整个城市的形态布局也未必是四门十字街式的。

丁字街型城址正如以往所认识的那样，是中原北方地区在北宋流行的一类新型城址③。以往学者多借用两宋之际陈规所著《守城机要》的记载来讨论丁字街在军事战争中的实际作用，笔者认为是符合当时的历史实际的④。事实上，在宋代文献中还可以看到类似思想的例子。例如《桯史》卷一记载：

> 开宝戊辰（968），艺祖初修汴京，大其城址，曲而宛，如蚓诎焉。耆老相传，谓赵中令鸠工奏图，初取方直，四面皆有门，坊市经纬其间，井井绳列。上览而怒，自取笔涂之，命以幅纸作大图，纡曲纵斜，旁注云："依此修筑。"故城即当时遗迹也。时人咸罔测，多病其不宜于观美。⑤

---

① （宋）李焘：《续资治通鉴长编》，中华书局2004年版，第6355页。
② （宋）李焘：《续资治通鉴长编》，中华书局2004年版，第6543页。
③ 杭侃：《宋元时期的地方城镇——以中原北方、川东和江南地区为例》，载侯仁之编《燕京学报》（新23期），北京大学出版社2007年版，第73—81页。
④ 有关《守城机要》所反映的城市攻防和城市建设问题，已超出本节所要讨论的范围，将另文探讨。
⑤ 岳珂撰、吴企明点校：《桯史》，中华书局1981年版，第8—9页。

这则史料记载太祖否定了开封城规整的街道格局，而以"纡曲纵斜"代之。开封外城修筑于后周世宗时期，岳珂生活在南宋中后期，文中所记北宋初开封外城营建的有关内容当然是错误的①。但是，值得我们注意的是在这则史料中所反映的对城市规划与布局的理解方式。太祖是出身于五代战乱中的军将，这则史料正可视作太祖基于自身经历所认识的开封城市街道布局对于军事防御重要性的反映。太祖修改开封外城修筑规划的事实虽不存在，但这则史料反映的宋人对城市街道布局和军事防御的关系，则值得我们重视。

当然，这里需要特别说明的是，丁字街型城址的特点，不只是主干街道丁字相交，而是城内的街道普遍存在丁字相交或者弯曲以使之不能直通，这样也才能达到军事需要的目的。

本书所举的一条主街的类型，是两座沿河谷地带展开的规模不大的山地城。两座城址的特点都是依山而筑，另一侧毗邻河谷。这和已经展开调查的川东地区的很多城址是类似的②，一定程度上反映了这时期此类城市选址的共同性。淳化城依地势而筑，西垣主体修建在老城西侧的高塬之上，向北延绵至塬下括尽地势，则是这一时期建城思想的反应。宋代城址中，城垣"随宜增展""包尽地势"的实例并不鲜见。笔者曾调查的陕北地区的清涧、绥德城和闽西的汀州城即属此类，川东地区的忠州、巫山、归州等山地城亦存在这样的情况。《续资治通鉴长编》卷三二八，元丰五年七月戊子，徐禧上书载："寨之大者，城围九百步，小者五百步。一寨用功略十三余万。堡之大者，堡城围二百步，小者百步，一堡用功略万三千。其堡寨城围，务要占尽地势，以为永固。其非九百步之寨、二百步之堡所能包尽地势处，

---

① 参见[日]久保田和男《神宗朝的外城修筑》，载久保田和男著、郭万平译《宋代开封研究》，上海古籍出版社2010年版，第201—219页。

② 杭侃：《三峡工程淹没区的城址类型及其所反映的问题》，载许倬云、张忠培编《新世纪的考古学——文化、区位、生态的多元互动》，紫禁城出版社2006年版，第229—262页。

则随宜增展，亦有四面崖险，可以朘削为城，工料但如所约可足从之。"① 这段文献就说明了"包尽地势"在山地城修筑中的实际情况。

事实上，山地城修建中重视包尽地势，也是出于军事方面的考虑和需要。正如本书所举三门十字街类型的岚县城，西垣修筑在高耸的山塬之上，不开西门的做法，也是这一思想的实际体现。

除了街道类型以外，这些不同类型的城址则在城内布局上体现了一些共性，即城内的重要建筑——尤其是衙署——虽然没有一定的分布方位，但无一例外都选择在城内地势较高爽的区域（图3-14）。隋唐时期，北方地区城址的衙署多安排在城内西北一带②，由于中国中原北方地区地势整体西北高、东南低，故一般情况下城内西北一带也就是城内地势较高的区域。宋代重要建置的选址，从规划精神上，与隋唐时期的城址一脉相承③。不仅如此，这一规律在华北华中地区的元明清城址中，也得以继承④。这与学术界以往所了解的三峡地区城址衙署多位于靠近水道和码头的低地⑤，或陕北地区黄土高原山地城衙署多选建在城内平地与台地相接的地势较为高爽、同时较易取得水

---

① （宋）李焘：《续资治通鉴长编》，中华书局2004年版，第7896页。

② 宿白：《隋唐城址类型初探（提纲）》，载北京大学考古系编《纪念北京大学考古专业三十周年论文集（1952—1982）》，文物出版社1990年版，第279—285页。

③ 目前学术界对于宋代风水堪舆学说对城市建设的影响，尚无较充分的研究。北宋王洙编修的《地理新书》卷一引刘启明之说，对城市和风水特别是五音的关系加以说明：刘启明曰：九州城邑皆向生背死，左阴右阳。故城郭、官寺、祠庙、公馆、市肆皆同商音，以其西北高、东南下，水流出巽，如天地之势也。故宜西山之东，西来之地，南北相望而远，东有流水，吉。南为前为生气，北为背为死气，东为左为阴气，西为右为阳气，水出破巽，吉。

上述这段文字中所称"吉"的城市布局，与唐宋时期在中原北方地区、特别是平原地带流行的城址布局相类似。宋代的地方志中也有关于城市风水的记载，如《吴郡志》卷三《城郭》等。这些文献记载提示在以后的研究中注意宋代风水思想和城市建设的关系，包括不同地区流行的不同风水流派的差异及其与城市建设的关系。

④ 李志荣：《元明清华北华中地方衙署建筑的个案研究》"第三章第二节 城署关系"，北京大学考古文博学院博士学位论文，2004年6月，第117—122页。

⑤ 杭侃：《三峡工程淹没区的城址类型及其所反映的问题》，载许倬云、张忠培编《新世纪的考古学——文化、区位、生态的多元互动》，紫禁城出版社2006年版，第229—262页。

源地带的情况①，很不相同。这也正反映了北方平原地带古代城市规划建设的需要。

第三节 新建城址的规模和等级

城市的等级是城市史研究中关注的一个热点议题。讨论城市的等级问题，往往从行政、经济、人口、规模四个视角切入。行政等级是建制城市生而就有的等级，最为明确。特别是宋代由于《宋史·地理志》《太平寰宇记》《元丰九域志》等正史和地理总志、《宋会要辑稿·方域》《文献通考·舆地考》和各地地方志等大量文献的存世，使得宋代城市的升、降、废、置相对清晰，有脉络可循。具体到宋代行政城市的实际地位，曾有学者提出可以进一步细分为京城、区域中心城市、路治城市、一般州军城市和县邑五类②。

经济和人口是反映城市等级的另一个侧面，由于人口与经济的紧密联系，这两点似乎也可以视作是同一问题的的一体两面。从经济角度讨论城市等级，较为直接的切入点应当是经济总量或者赋税收入等一类指标，然而由于历史文献的限制，至少在有关宋代城市的讨论中，尚难以系统展开。因此，人口成为从这一侧面探讨城市等级或者进一步展开至城市体系讨论的另一个重要维度，学界曾有不少论述。但是，总的来看，从人口上讨论宋代城市的研究仍显得不尽如人意，这一方面是因为缺少细致、准确、连续的人口统计数据，具体到地方城市这类数据往往未能尽载、充分满足学者研究的需求，另一方面则在于不少现存的数据都来自文人诗赋，其准确性遭到了学术界普遍的怀疑。尽管如此，从大量的现存文献抽丝剥茧，学界还是逐步厘清了从人口角度对城市等级的

---

① 如笔者曾调查过的清涧、米脂、绥德等城址。另外，笔者调查过的福建汀州城的建置安排，也与此类似，说明了这类城址选址的共性。关于汀州城，参见王子奇《福建汀州城址勘查》，《中原文物》2014年第2期。

② 包伟民：《宋代城市研究》第一章《城市的规模、类型与其特征》，中华书局2014年版，第42—101页。

分析①；特别是从宏观层面归拢了人口数据的记载后，进一步将宋代城市人口从宋人的"意向"中，归纳为百万户、十万户、万户、千家市这几个层级，并认为其分别对应着京城、区域中心城市（大多是路治城市）、州县城市、镇市等不同城市②。总的来说应该已经颇为贴近历史现实，也展现了唐宋时期城市发展的客观实在在人们观念中的反映。

相较于以上几个被经济史、社会史学界更关注的侧面，从城址的规模来探讨城市的等级问题，则更多地为考古学、历史地理学界所重视。这方面最具影响力的研究无疑当推宿白关于隋唐时期城址类型的研究。宿先生在《隋唐城址类型初探（提纲）》中，根据城址的规模和布局，将隋唐城址分为京城、都城、占地十六坊的大型府州城、占地四坊的一般府州城和占地一坊的小型州城与县城五个类型（图3-15）。尽管这一研究结论后来在细节上不断被研究者提出质疑或修正③，但直至今日从整体框架上讲仍然基本确立④。同时，这也是学术界目前从城址规模来讨论城市类型、等级最为系统的研究。

此后，有更多的学者试图比较系统地从城址规模的角度来讨论不同时期，如汉代、清代、宋代等不同时期的城址规模和等级问题⑤。

---

① 这方面的研究著述颇多，难以一一尽举，参见吴松弟《中国人口史》"第3卷 辽宋金元时期"，复旦大学出版社2000年版，第588—600页；梁庚尧：《南宋城市的发展》，载梁庚尧《宋代社会经济史论集（上册）》，中国台湾允晨文化实业股份有限公司1997年版，第481—590页；韩光辉：《12至14世纪中国城市的发展》，《中国史研究》1996年第4期。

② 包伟民：《意象与现实：宋代城市等级刍议》，《史学月刊》2010年第1期。

③ 成一农：《中国古代地方城市形态研究方法新探》，《上海师范大学学报》（哲学社会科学版）2010年第1期。

④ 参见［日］妹尾达彦《城市的生活与文化》，载［日］谷川道雄编《魏晋南北朝隋唐史学的基本问题》，中华书局2010年版，第317—385页；王子奇《隋唐地方城市的考古发现与研究》，载《中国考古学百年史：1921—2021》，中国社会科学出版社2021年版，第988—1005页。

⑤ 周长山：《汉代城市研究》，人民出版社2001年版；成一农：《清代的城市规模与行政等级》，《扬州大学学报》（人文社会科学版）2007年第3期，较为详细的版本后见于成一农《古代城市形态研究方法新探》"第四章 清代的城市规模与城市行政等级"，社会科学文献出版社2009年版，第126—138页；包伟民《宋代城市研究》第一章《城市的规模、类型与其特征》，中华书局2014年版，第42—101页；王子奇《宋元时期地方城镇的考古发现与研究》，载《中国考古学百年史：1921—2021》，中国社会科学出版社2021年版，第1190—1218页。

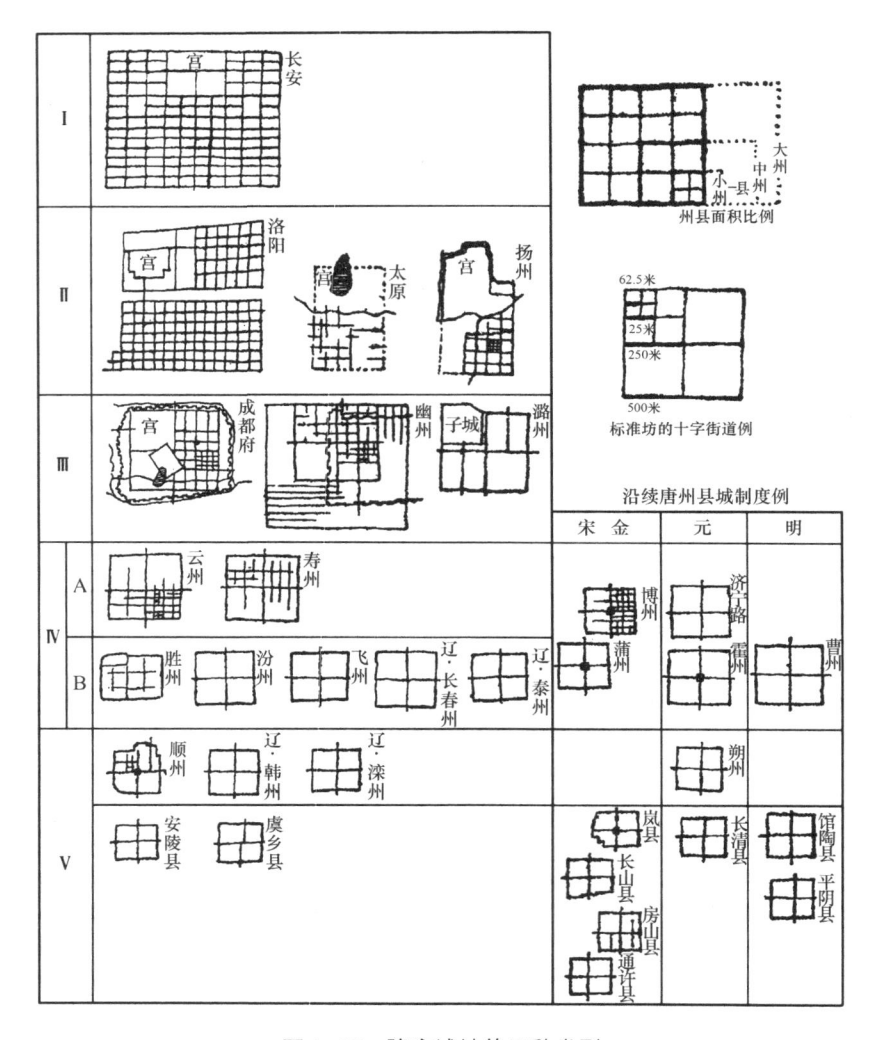

图 3-15 隋唐城址的五种类型

（采自宿白《隋唐城址类型初探（提纲）》，《纪念北京大学考古专业三十周年论文集（1952—1982）》，文物出版社 1990 年版，第 281 页）

并尝试由此入手，来讨论城址规模所反映的城市等级，及其与城市的行政等级、经济地位等诸多因素的相互关系，以至于几者的相互影响和互动关系。然而在这些研究中，特别是历史学者和历史地理学者的研究中，讨论城址规模往往从文献出发。如以讨论清代城市规模为例，历史文献所记载的城市，事实上许多是沿用自前代的城市。不同时期建设的城市沿用到清代，其规模在清代地方志等文献中有集中反映。这些材料倘若在研究中不加甄别地统一视作清代城市规模的一手材料予以使用，那么得出的结论难免有所偏差。在此基础上所做的进一步研究和推论，无论如何都是靠不住的。因此我们在试图讨论宋代城址的规模时，有必要对城址加以辨析，利用新建城址的材料来进行城址规模的讨论，可以较好地避免这一问题。

当然，首先需要明确的一个问题是，宋代城址是否存在不同行政等级和城址规模的对应关系。这个问题在宋代文献中，没有留下明确的记载，但我们通过相关材料仍可发现一些线索。例如，《宋会要辑稿·方域》一九之一五"修葺城寨"条记载：

> 绍圣四年（1097）三月二十七日，……诏鄜延路经略使详此密切准备，一千二百步、八百步城寨各一座，六百步城寨二座，合用材植、楼橹、防城器具，以至板筑所须之物，就近便处计造足备，候将来乘机修复，毋致阙误。[1]

这条记载似乎说明，宋代在城寨修筑中存在一定的等级关系，是以二百步或四百步为单位递进的。而前引《续资治通鉴长编》卷三二八元丰五年七月戊子徐禧的上书则更加明确的说明了城寨的规模与等级关系，颇为重要，兹不避冗，引用如下：

> 寨之大者，城围九百步，小者五百步。一寨用功略十三余万。堡之大者，堡城围二百步，小者百步，一堡用功略万三千。其堡寨城围，务要占尽地势，以为永固。其非九百步之寨、二百

---

[1] 刘琳等校点：《宋会要辑稿》第16册，上海古籍出版社2014年版，第9657页。

步之堡所能包尽地势处，则随宜增展，亦有四面崖险，可以朘削为城，工料但如所约可足从之。①

这条记载所记城寨的"城围"（周长）虽然和前引文献具体上有所不同，但其具有不同等级，且都是以四百步为递进关系则是明确的。结合这两条文献我们似可推想，在宋代的城市建设活动中理应是存在行政等级和城址规模的对应关系的②。那么，这一对应关系在实际城市建设中执行的如何，就需要通过考古学调查、复原研究后的案例来加以分析说明。

表3-2　　　　　　　部分宋代北方地区城址的行政等级

行政等级	城址
府城	大名。庆历二年建为北京。
	太原。
州城	博州。上，防御。
	棣州。上，防御。
	岚州。下，军事。
县城	咸平。畿。
	文水。次畿。
	昌邑。望。
	黎城。中。
	长清。中。
	隆平。中。
	淳化。中。
	桐柏。下。

文献出处：《宋史·地理志》。

---

① （宋）李焘：《续资治通鉴长编》，中华书局2004年版，第7896页。
② 当然，如前节所述，在山地、河谷等地区城址的营建中也存在因为地势原因"随宜增展""包尽地势"进行调整的情况。

第三章 有关问题的讨论

表 3-2 中的城址，除本书第二章第二节详细讨论的十一处宋代新建的城址个案①，还有北宋首都东京汴梁城、北宋陪都北京大名府城、北宋时期新建的太原府城和规模比较清楚的咸平县城（今河南通许）。

其中，开封城和大名城，都不是北宋时期新建的城市。开封城是沿用了唐五代以来的汴州城。汴州城在后周显德二年（955）下诏，在原有的旧城外新筑罗城。北宋定都开封后，多次在后周外城的基础上重修和扩筑②。大名城庆历二年（1042）建为北京，一度成为华北平原除开封以外地位最高的城市。其前身是唐后期河北三镇之一的魏博节度使治所魏州。大名城自唐末以来多次重修增扩，其中最主要的应是唐僖宗中和年间展拓新城（即罗城）。北宋时期大名城呈现不规则形态，南北突出，使得城垣四角呈屈曲状，有学者认为这就是唐末展拓的结果③。这两座城，虽然都不是北宋新建，但其扩城都下去北宋不远，又同为北宋时北方地区最为重要的城市（之一），在进行城址规模的讨论时，具有重要的参考意义，因此一并纳入讨论。

今天的太原城是在宋以来的太原城之基础上发展而来的。宋太平兴国四年（979）太宗平北汉后，堕晋阳城，将城址迁至榆次。太平兴国七年（982）又因榆次地非要会，再迁至阳曲县唐明村，也就是历宋金元明清至今的太原城。今天的太原城，继承自明清以来的太原府城。明代太原府城的规模是洪武九年（1376）永平侯谢成在宋代太原城的基础上扩城后奠定的。宋代太原城的规模和格局，目前尚缺少考古工作证实。一般学术界依据《永乐大典·太原府》"城池"条的记载："罗城周一十里二百七十步，宋太平兴国筑四门……子城五里一百五十七步，宋太平兴国七年筑四门，南门有河东军额，因唐旧也，鼓角漏刻在焉……"参考今天太原城内保存的地理遗迹

---

① 其中，乡宁县的行政等级文献阙载。
② 丘刚、孙新民：《北宋东京外城的初步勘探与试掘》，《文物》1992 年第 12 期。
③ 李孝聪：《公元十——十二世纪华北平原北部亚区交通与城市地理的研究》，载中国地理学会历史地理专业委员会编《历史地理》（第九辑），上海人民出版社 1990 年版，第 239—263 页。

（特别是水系）及古树，推测宋太原旧城大体呈东西稍窄、南北稍长的不规则四边形（或梯形）。南墙在今太原旧城区迎泽大街偏北一线，西墙在今新建路偏东南北一线，东墙约在今柳巷南路、柳巷、三墙街以东南北一线，北墙在今旱西门街、东缉虎营街、西缉虎营街偏南一线。罗城以内，又利用唐代唐明镇旧城建为子城[1]。据此，虽然难以准确考订太原城的布局，但基本可以推断出宋代新建太原城的规模（图3-16）。

图3-16中城址的行政等级如表3-2所示，开封是都城，大名和太原是府城，其中大名还是陪都之一，州一级的包括聊城（博州）、岚县（岚州）和惠民（棣州），其他则为县一级的建制，分属于不同的等第。宋代县城的行政等第主体沿用唐制，主要含"赤、畿、望、紧、上、中、下"数等，其中赤、畿两等具有强烈的行政色彩，都城所在的县为赤县，都城所属府的其他属县为畿县。后又增添次赤、次畿。而望、紧、上、中、下五等，则主要以户口为凭据。宋初太祖建隆元年（960）规定"以四千户以上为望，三千户以上为紧，二千户以上为上，千户以上为中，不满千户为中下"，至政和年间又调整为"一万户以上为望，七千户以上为紧，五千户以上为上，三千户以上为中，不满三千户为中下，一千五百户以下为下"[2]。

分析这些城址的规模，大体上可以看出，对应着城市的行政等级，城市的规模总体上与之呈现粗略的相应关系。诸城址中，五代即为都城并在后周时扩建的开封城，其规模无疑占据着绝对的优势地位。大名城唐后期就是华北平原的区域中心城市[3]，唐末扩建的大名

---

[1] 孟繁仁：《宋元时期的锦绣太原城》，《晋阳学刊》2001年第6期；郭英、曹红霞：《明清太原府》，《中国文化遗产》2008年第1期；臧筱珊曾主要依据文献记载复原探讨了太原城宋、明、清时期的布局，但其对宋代太原城布局的探讨中，街道基本主要根据今太原城的现状而未说明依据，对子城（文中称"唐明镇"）的复原，则与文献记载不符，参见臧筱珊《宋、明、清代太原城的形成和布局》，《城市规划》1983年第6期。

[2] 周振鹤：《中国地方行政制度史》，上海人民出版社2005年版，第312—315页。

[3] 李孝聪：《论唐代后期华北三个区域中心城市的形成和演化》，《北京大学学报》（社科版）1992年第2期。

第三章 有关问题的讨论

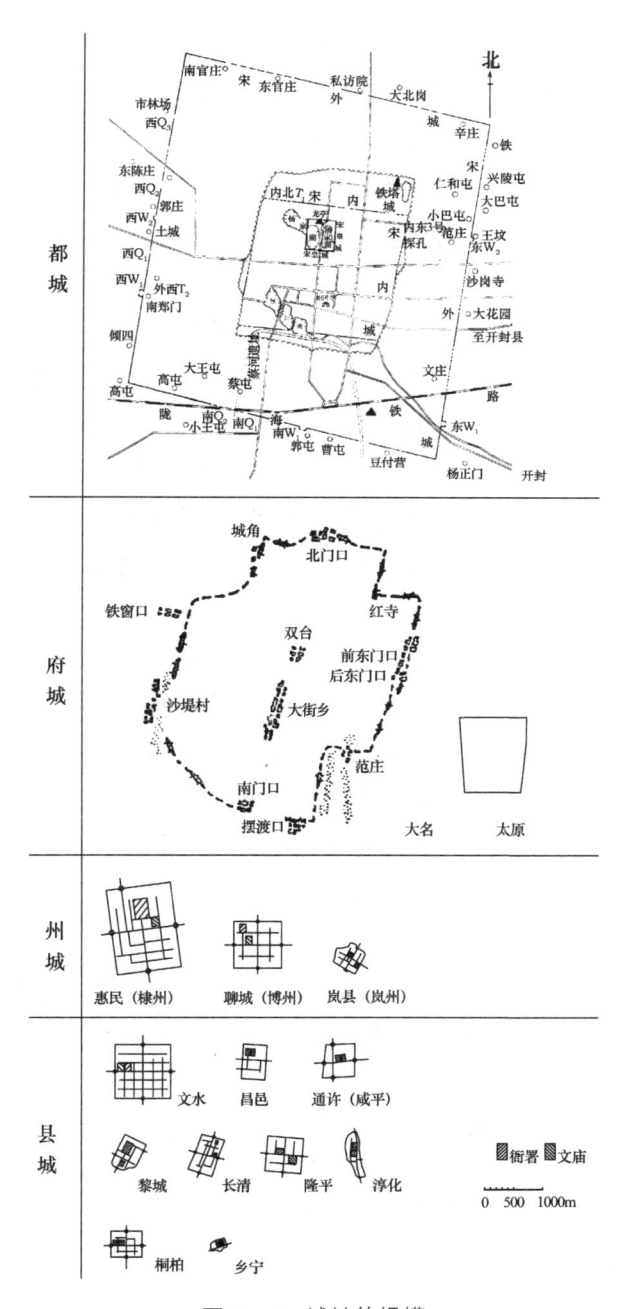

图 3-16 城址的规模

府城北宋时作为陪都之一，其规模虽较开封城为小，但相较于北宋新建的太原府城则具有优势地位。府、州城和县城之间总的规律是府、州城较县城为大。但仔细分析，则显示出没有严整的规律。这些城中，太原作为府城，也是河东路防御的中心和宪司所在①，无论在行政还是军事上都具有十分重要的地位，但其城址规模较惠民稍小。除大名以外的府、州、县城中，以惠民规模为最大，州城中聊城已经和其他众多县级城市相差不大，甚至比文水还小，而岚县更小于不少县级城市。诸多县级城市则既规模差异颇大，形态也并不趋同。这和隋唐时期北方地区城市等级较为整齐的情况是很不相同的②，体现出了较为明显的时代差异。

造成这样的原因，当然是多样的，例如岚县宋代为岚州，地处宋辽边境，实际上是宋代河东路防守的军事要点。北宋进攻北汉时，就曾首先拿下岚州，以此为据点。宋辽对峙时期，岚州也成为太原以北的一个军事重镇③。这一方面就解释了为什么宋代岚州规模虽小，但行政等级颇高，这与其处于边地但军事地位重要是分不开的；另一方面也解释了为什么岚县城在城市建设中，特别注意防御，城垣修筑务求"包尽地势"（详本书第二章岚县一节）。

总的来看，宋代城市发展一方面展现出与前代城市的差异，一方面也体现出很强的不平衡性。日僧成寻在行旅途中"至常州无锡县

---

① 河东路治所在，学术界尚存在分歧。王文楚：《北宋诸路转运司的治所》，载《文史》（第28辑），中华书局1987年版，第145—160页；该文认为自太平兴国四年至北宋末，转运使司一直设在太原。而李昌宪则认为北宋时期河东路转运使司当在潞州，提点刑狱司在太原，靖康时也许由于战局的需要将转运使司也转移至太原；李昌宪：《也谈北宋转运司的治所》，《中国历史地理论丛》1992年第2期。

② 宿白先生对隋唐时期城址的讨论，已有学界同仁指出所依据的案例主要也是北方地区的城址（参见图3-16），因此其所反映的情况也应主要是隋唐时期北方城址的情况。事实上，由于隋唐时期地方城址的规模并不很大，南方地区的城址也往往可以参照这一等级来安排，典型的情况如泉州、广州、明州等。参见宿白《隋唐城址类型初探（提纲）》，载北京大学考古系编《纪念北京大学考古专业三十周年论文集（1952—1982）》，文物出版社1990年版，第279—285页。

③ 参见曾瑞龙《经略幽燕——宋辽战争军事灾难的战略分析》"第三章 以北汉问题为核心的宋辽军事冲突"，北京大学出版社2013年版，第112—142页。

宿"时曾评论无锡县"广大县也,宛如州作法"①,这一评论似乎提示在宋人眼中,州、县城市的规模应有所区别;但至南宋时就有人感叹"军不如县""县不如镇"②,这又反映了宋代城市发展的复杂性和城址规模与行政等级的分离。从本书调查过的宋代北方地区新建城址的规模来看,州、县虽有区别,但已不明确严整。当然,本书所分析的城址尚很有限,要想进一步做更为系统的分析,就需要从考古学的角度出发,继续进行宋代城址的考古调查和复原研究,在此基础上才能更加充分地讨论宋代城址的规模和等级问题。

第四节　宋代北方地区新建城址反映的几个历史问题

一　北宋时期的新建城址与城市建设

谈及北宋时期的城市建设,以往学者往往重视其毁城政策。例如,漆侠即曾指出:"为防止地方割据局面的再现,宋太祖、太宗又在全国统一的过程中,下令拆毁江南、荆湖、京东西、川峡、淮浙等路州郡城郭。"他将此置于北宋初年"强干弱枝"的大背景下进行分析,认为是宋朝立国加强中央集权力量的系列举措之一③。此后谈及此问题的学者大多建立在漆先生的基础上,往往摘引《宋史》卷二九三《王禹偁传》中那段出名的记载对这一情况进行申说:

　　《易》曰"王公设险,以守其国"。自五季乱离,各据城垒,豆分瓜剖,七十余年。太祖、太宗,削平僭伪,天下一家。当时议

---

① ［日］成寻著,王丽萍校点:《新校参天台五台山记（熙宁五年九月六日条）》,上海古籍出版社2009年版,第220页。
② 祝穆撰,祝洙增订,施和金点校:《方舆胜览》卷六五"怀安军",中华书局2003年版,第1134页。
③ 漆侠:《赵匡胤与宋专制主义中央集权制的发展》,载漆侠《求实集》,天津人民出版社1982年版,第359—361页。

者,乃令江淮诸郡毁城隍、收兵甲、彻武备者,二十余年。……名为郡城,荡若平地。虽则尊京师而抑郡县,为强干弱枝之术,亦匪得其中道也。臣比在滁州,值发兵挽漕,关城无人守御,止以白直代主开闭,城池颓圮,铠仗不完。及徙维扬,称为重镇,乃与滁州无异。尝出铠甲三十副,与巡警使臣,彀弩张弓,十损四五,盖不敢擅有修治,上下因循,遂至于此。今黄州城雉器甲,复不及滁、扬。万一水旱为灾,盗贼窃发,虽思御备,何以枝梧。……今江、淮诸州,大患有三:城池堕圮,一也;兵仗不完,二也;军不服习,三也;濮贼之兴,慢防可见。望陛下特纡宸断,许江、淮诸郡,酌民户众寡,城池大小,并置守捉。军士多不过五百人,阅习弓剑,然后渐葺城壁,缮完甲胄,则郡国有御侮之备,长吏免剽略之虞矣。①

黄宽重的研究在此基础上进了一步,他提出,宋朝建立之后,为了伸张王权、加强对地方的控制,及防止五代时期的割据势力死灰复燃,对江南与四川兴起的军事性都城,或加以摧毁,或任其塌坏。但为了巩固边防,则又加意整治北方和西北的城池;在侬智高之乱之后,也改变对江南不筑城的政策,开始修筑城池②。与此类似的是,斯波义信也指出,华北地区在北宋建国以后仍处在军事戒备状态之中,宋初曾在以河北为主的五路对前朝遗留的城郭加以补修,基本上使这一地区城郭仍维持了前朝的旧态旧制。而北宋中后期和南宋,随着局部战乱和宋金对立,华北、华中地区修城保卫就成为必要③。

此后,则又有成一农进一步申说,对黄宽重的观点提出反驳,认为事实上宋代毁城和不修城的政策贯穿了王朝始终,甚至提出:"在

---

① (元)脱脱等撰:《宋史》,中华书局1985年版,第9798—9799页。
② 黄宽重:《宋代城郭的防御设施及材料》,载黄宽重《南宋军政与文献探索》,新文丰出版公司1990年版,第183—224页。
③ [日]斯波义信:《宋代的城市城郭》,载斯波义信著,方健、何忠礼译《宋代江南经济史研究》,江苏人民出版社2001年版,第291—320页。

两宋时期,无论面对何等艰巨的内忧外患的局面,两宋政府都一再坚持不修城的政策。"① 但随后,鲁西奇等则对此提出修正,认为宋代普遍在内地州县不提倡筑城政策,但与之形成鲜明对比的是两宋比较重视、提倡边地的筑城②。可以说,在一定程度上回归到了黄宽重的认识。

颇值注意的是,以上的分析大略可以分为两种类型。漆侠和鲁西奇等的分析,基本上是基于对于若干宋代文献的宏观梳理,由此对两宋时期城市建设的总体面貌进行勾勒③。而黄宽重、斯波义信和成一农的研究,则主要建立在对文献中城址个案记载的总结,然而值得思考的是,同样是基于城址个案的总结,三人的研究结论却大相径庭。归结来看,三人的研究资料来源,基本上是基于现存的宋元方志和《永乐大典》中的明初地志类材料,这些文献资料的保存情况,很大程度上制约了我们对宋代城市全貌的认识。三人中爬疏最为用力者当属斯波义信,大约汇总了一百余处城址的资料,但如果仔细分析就不难发现,这些资料主要是南方地区的,且以南宋为多,由此对于北宋北方地区的分析就难免失之简略。这样,基于零星的文献材料,加之不同的分析背景,五位学者对于北宋时期整体城市建设活动的分析就难免产生歧说。

要解决这一问题,就需要从两方面入手。一方面,在以保存至今的宋代方志为代表的直接记述城址个案面貌文献不足的情况下,是否能够从其他角度找出可以对此问题进行分析的文献和研究工具。另一方面,则在于能否从考古研究的个案出发,对这一问题加以推进。

对于宋代城市记载较为集中系统的文献,除了《宋史·地理志》

---

① 成一农:《宋、元以及明代前中期城市城墙政策的演变及其原因》,载[日]中村圭尔、辛德勇编《中日古代城市研究》,中国社会科学出版社2004年版,第145—183页。
② 鲁西奇、马剑:《城墙内的城市?——中国古代治所城市形态的再认识》,《中国社会经济史研究》2009年第2期。
③ 其中,鲁西奇还参照了他对汉水流域城址所做的研究。但对于宋代整体城市建设活动的分析,仍是借助于若干文献的宏观勾勒。

和若干地理总志以外，主要是南方地区的若干宋代方志。但以往被学者重视不足的还有《宋会要辑稿·方域》。在涉及宋代城市建设的方面，《宋会要辑稿·方域》八"修城上"和九"修城下"保存了大量一手资料。这类资料颇多，可以分为若干类别①，不能也无需一一抄录，兹先摘引与北宋沿边州郡修城有关的诏书等记载如下。

（1）《宋会要辑稿·方域》八之一记："景德元年（1004）四月二十九日，诏：'沿边州县军役人修城隍，宜令官吏常切按视，饮食以时，均其劳逸，无过督责，致其逃亡'。"②

（2）八之二记："（景德）二年（1005）三月十八日，诏：'河北诸州军敌楼、战棚有隳损，即葺之。'虑兵罢而列郡废急故也。"③

（3）八之二记："（天圣）六年（1028）九月十四日诏：'河北沿边及近里州军城壁，令逐处总管、知州军、同判、钤辖、都监，如城池、敌楼、壕堑等隳损，亦并修之。'自通和以来，只修近边州城，今并力修饰之。"④

（4）八之三记："庆历元年（1041）七月，诏：'河北、河东近经霖雨，恐城壁垫坏，及甲铠、弓弩损湿。其令转运、安抚司点检完葺，及所部有衰疾不任职者，选吏代之。'"⑤

（5）八之三记："治平四年（1067）六月八日（原注：神宗即位未改元。），诏河北沿边当职臣僚常切完城壁、楼橹、器用。"⑥

（6）八之四记："熙宁八年（1075）九月十三日，诏：'河北诸州军城壁见兴修外，权住修展。令转运司指挥逐处，据昨来检计合修展城所用楼橹，渐次计置材植，兴造收阁，准备缓急安卓。仍限三日

---

① 其中有不少是对个案城址的详细记述，价值颇高，例如本书第二章中所引《宋会要辑稿·方域》八之十四"棣州城"有关文献即是。
② 刘琳等校点：《宋会要辑稿》第 16 册，上海古籍出版社 2014 年版，第 9425 页。
③ 刘琳等校点：《宋会要辑稿》第 16 册，上海古籍出版社 2014 年版，第 9425 页。
④ 刘琳等校点：《宋会要辑稿》第 16 册，上海古籍出版社 2014 年版，第 9426 页。
⑤ 刘琳等校点：《宋会要辑稿》第 16 册，上海古籍出版社 2014 年版，第 9426 页。
⑥ 刘琳等校点：《宋会要辑稿》第 16 册，上海古籍出版社 2014 年版，第 9426 页。

了毕,先具工料闻奏,每季具已修、未修数目申枢密院。'"①

(7)八之四、五记:"(熙宁)十年(1077)七月十一日,河北西路提点刑狱丁执礼言:'窃考前代,凡制都邑,皆为城郭,于周有掌固之官,若造都邑则治其固,与其守法是也。盖民之所聚,不可以无固与守。今之县邑,往往故城尚存,然摧圮断缺,不足为固。况近岁以来,官司所积钱斛日多于前,富民巨贾萃于廛市,城郭不修,甚非所以保民备寇之道也。以为完之之术,不必费县官之财,择令之明者,使劝诱城内中、上户,出丁夫以助工役,渐以治之。缘城成亦民之利,非强其所不欲也。仍视邑之多盗者先加完筑,次及余处,庶使民有所保,而杜塞奸盗窥觊之心。'诏中书门下立法以闻。中书门下言:'看详天下州县城壁,除五路州军城池自来不阙修完、可以守御外,五路县分及诸州县城壁多不曾修葺,各有损坏,亦有无城郭处。缘逐处居民不少,若不渐令修完,窃虑缓急无以备盗。今欲令逐路监司相度,委知州、知县检视城壁合修去处,计会工料,于丰岁分明晓谕,劝谕在城中、上等人户,各出丁夫修筑。……一、应城门并检计合用物料、人工,差官覆检,支破官钱收买,应副使用。'从之。"②

(8)八之六记:"元丰二年(1079)正月十七日,诏诸路修城,于中等以上户均出役夫,夫出百钱。"③

(9)八之七记:"大观二年(1108)五月四日,枢密院札子:'臣僚言,诸州壮城兵士,州军多巧作名目影占,差充他役,不得专任修葺城壁。欲乞责在知通,如任满或非次替移,令递相交割。若有损坏去处,令新任官不得隐庇,具实申枢密院相度,若城壁大段损圮,取旨黜责。所贵知通任责,提辖兵官免有他役之弊,因致损坏误事及枉费官钱。'从之。"④

---

① 刘琳等校点:《宋会要辑稿》第16册,上海古籍出版社2014年版,第9427页。
② 刘琳等校点:《宋会要辑稿》第16册,上海古籍出版社2014年版,第9427—9428页。
③ 刘琳等校点:《宋会要辑稿》第16册,上海古籍出版社2014年版,第9428页。
④ 刘琳等校点:《宋会要辑稿》第16册,上海古籍出版社2014年版,第9429页。

(10) 八之九记:"(宣和三年,1121)十一月二十八日,朝散〔郎〕、直秘阁沈思奏:'前日鼠寇窃发,十百为群,辄敢侵犯郡邑者,独以城郭不完。而城郭之所以不完者,以州郡壮城兵卒虽有条禁,不给他役,然皆玩习故常,恬不知畏。工匠役使,冗占殆尽,坐视城郭隳圮,不复缮完。臣愚以谓,诸路州郡量大小,宜皆置壮城兵,仍责守贰、兵官旬月检察,修完城壁。欲望申明旧法。'诏申明行下,今后诸路州军修完城壁了毕,如功力就大,依元丰法遣工部郎官前去覆按。"①

通过以上记载,可以大致梳理出北宋一朝对于沿边地区修城政策的脉络。不难发现,在澶渊之盟之前,北宋一朝即已重视沿边地区的城池修筑。而且在实际执行中,还不断加强对其的督责。这其中,也还有一些文献特别值得我们重视,例如在(7)那段著名的有关熙宁十年"中书门下看详"就说:"天下州县城壁,除五路州军城池自来不阙修完、可以守御外,五路县分及诸州县城壁多不曾修葺,各有损坏,亦有无城郭处。"一方面在说明熙宁时期除北方沿边地区城池修筑十分频繁,城池完备以外,在这一时期内地的城市也疏于修筑,因而立法予以要求。随后就在元丰二年正月十七日,诏诸路修城。第(10)条宣和三年要求诸路州军修城的有关诏书中,还说"依元丰法遣工部郎官前去覆按",实际即应是"中书门下看详"所说"差官覆检",也说明北宋末期仍在执行熙丰时期的政策。这适足说明北宋时期并不是一直奉行"毁城"或者"不修城"政策的,而且在不同时期,也不只重视沿边地区城池的修筑,对内地城池也提出了修筑的要求。

除了以上这些直接的文献记载外,还有一些其他线索。例如(9)(10)两条文献中,都涉及到"壮城兵",这也是我们考察宋代修城实际情况的一个线索。壮城兵修城,广泛地见于宋代文献中。所谓

---

① 刘琳等校点:《宋会要辑稿》第 16 册,上海古籍出版社 2014 年版,第 9429—9430 页。

"壮城兵",是宋代厢军的一个专门兵种,《宋史》卷一八九《兵志》三记"壮城专治城隍,不给他役,别为一军",其职责就是专门负责城池的修缮。一般认为壮城兵的设立大约在太祖建隆四年(963),到太宗时期,河北已经普遍的设立了壮城兵。仁宗、英宗时期,进一步在河北、陕西等地增置壮城兵。至神宗时期,在厢军进行调整的过程中,壮城兵进一步扩大。熙宁三年(1070),枢密院提出:"诸路本城诸军,有人数至少不成指挥处,每遇差使,全然畸零。乞委转运司取索诸州军见管数,除教阅本城及壮城、作院、递铺、牢城等难合并外,欲将诸指挥畸零人数并合成四百人以上……"① 到哲宗时期,壮城兵的设置已经遍及全国,元祐三年(1088)四月,又"诏天下郡城以地里置壮城兵额,禁勿他役"②。徽宗时期,东南地区成为壮城兵增置的重点地区,壮城兵的编制大幅度扩大,但设置的政策和具体数额屡有变易。具体关于壮城兵修城的设置,《淳熙三山志》卷一八《兵防类一》"壮城指挥"条记载了元丰三年五月颁布的壮城兵职责和管理的诏令:"敕诸路已置壮城兵士,其有城壁楼橹去处,以城围大小分为两等,大城五十人,小城三十人,专充修城,不许招拣填别军分用,熙宁八年枢密院之请也。"③ 这也使我们可以了解,壮城兵不单负责修城,还根据城的大小设有不同的人数。④ 而宋代壮城兵也的确在城池的修筑中发挥了重要作用,例如台州修城,"淳熙二年六月癸酉讫闰九月戊辰,累日积工,凡一万五千三百七十有六,大抵取具于壮城之籍"。⑤

---

① (宋)李焘:《续资治通鉴长编》卷二一七熙宁三年十一月己酉条,中华书局2004年版,第5281页。
② (元)脱脱等撰:《宋史》卷十七《哲宗本纪一》,中华书局1985年版,第327页。
③ 《淳熙三山志》卷一八《兵防类一》"壮城指挥条",《宋元珍稀地方志丛刊·甲编》第5册,四川大学出版社2007年版,第557页。
④ 本节有关壮城兵的内容参见淮建利《论宋代的壮城兵》,《中国史研究》2007年第1期。
⑤ 嘉定《赤城志》卷二《地里门二》,《宋元浙江方志集成》第11册,杭州出版社2009年版,第5070页。

壮城兵的设置和分布，事实上也从另一个侧面提醒我们，北宋一朝壮城兵开始设置于沿边河北、陕西地区，而后则大约在神宗时期在全国普遍设置。这一情况，和我们前面分析《宋会要辑稿·方域》所见文献在熙丰时期普遍修城是一致的。基于此我们可以推想，除建国之初外北宋并未一直推行"毁城"或者"不修城"政策，而是首先在沿边地区重视城池的修筑，随后推广到了内地。当然，由于沿边地区有着军事的压力，因此城池的修筑活动与内地相比显然要频繁和受重视得多，这也是十分正常的。

除上以外，本书所进行的研究，还为我们了解北宋时期城市的修筑提供了新的视野。如本书第三章第一节的分析，北宋时期由于黄河水患的加剧，使得不少城址易地新建。这一历史事实，在以往对宋代城市建设活动的研究中，大多被忽略了。通过本书的研究，在今后讨论宋代城市建设活动时，也应注意这类材料。而这类城址的营建过程，往往难以体现在宋代文献的直接记载中，需要我们深入发掘才能彰显出来①。

二　宋代北方地区新建城址反映的历史趋势

唐宋时期，全国经济中心进一步南移，随之城市发展也进入了一个新的阶段。南宋章如愚编《山堂先生群书考索·续集》卷四六《东南县邑民财》曾对南北经济的发展做了概要的比较：

　　自晋元南渡，东南文物渐盛，至于李唐，益加繁昌。安史之乱，江淮独全；历五季纷争，中原之地五易其姓，杀戮几尽。而东南之邦，民有定主，七八十年间，咸获安业。逮宋龙兴，伐罪

---

① 此外，在以往学术界对壮城兵的研究中，还指出尽管中央政府要求壮城兵"专治城隍，不给他役，别为一军"，"专充修城，不许招拣填别军分"，但事实上，壮城兵往往还承担了其他军役，其中尤以守城、治河和运输为多。北宋时期厢军是治河的主要力量之一，隶属的壮城兵因此也承担了这一任务 。如果进一步推测的话，宋代北方地区因水患迁治的城址，尽管文献没有记载其营建活动的主体，但很有可能就是由壮城兵来完成的。

吊民，五国咸归，未尝妄杀一人；自后数十百年间，西北时有少警而东南晏然，斯民弥得休息。以至元丰中，比往古极盛之时，县邑之增，几至三倍；民户之增，几至十倍；财货之增，几至数十百倍。……故自东南渐重，则西北渐轻；以至宋，东南愈重而西北愈轻。

南方地区到北宋盛期，"县邑之增，几至三倍"。而北方则战火纷乱而"渐轻"，这和本研究所见的北方地区新建城址的情况是相符的。本书第二章第一节所列举的城址中，除了少数几座由于文献的阙载难以确知其迁治的原因外，因为人口的增长或经济的发展而新建的，仅有三座。其余城址中，因为水患不得不迁治新建的共16座，占到了近一半。如前所述，这和这一时期黄河下游时常决溢的情况密切相关。太原城是因为政治军事的需要毁旧城异地新建的，桐柏城则是随着淮渎庙而迁治的。可以看出，在所列城址中，绝大多数都是因为自然条件和政治、军事的需要而迁治的，因为经济发展原因的则屈指可数。这正是经济中心南移，北方地区经济滞后的反映。本书由于考虑田野调查和城址复原的需要，特别是第二章第二节重点讨论的案例都是宋代新建并沿用到今天的城址，虽无法完全准确地反映当时北方地区城市情况的全貌，但也可以为之提供一个侧面的参考。

第五节 对未来城市考古工作和历史文化名城保护的思考

国家历史文化名城从1982年国务院公布首批名单至今，数目已经达到117座。国家历史文化名城公布之后，各地也陆续公布了一些地方历史文化名城，并由此影响到了古镇、古村落的保护。从2003年起建设部和国家文物局又开始陆续公布中国历史文化名镇（村）名录。上述工作对于保护当地的历史文化风貌，对于影响和干预市政规划的总体方向，对于提高全社会的文化传承意识都起到了积极的作用。

此外，早在1987年10月，国际古迹遗址理事会（ICOMOS）全体大会第八次会议就通过了《保护历史城镇与城区宪章》，即俗称的《华盛顿宪章》。在宪章中，就已经明确地强调了多学科研究对于历史城镇和城区保护的重要性，强调了保护规划的重要作用和确保历史城镇和城区"作为一个整体的和谐关系"的重要性，说明了历史城镇和城区在新建、改建和发展过程中应注意的问题。

在中国的城市规划实践中，学术界和政府职能部门也逐渐意识到了古代城市的利用和保护这一重要问题，有了相应的政策调整。2007年新颁布的《城乡规划法》就要求"保护耕地等自然资源和历史文化遗产"；在进行城市总体规划时，"自然与历史文化遗产保护"的内容被列为强制性内容；要求"旧城区的改建，应当保护历史文化遗产和传统风貌，合理确定拆迁和建设规模"。

但尽管如此，历史文化名城保护的情况仍不十分乐观。在进入工业化社会以前，中国古代城市在低速发展状态下，城市的局部改建是渐进式的，总的来说，其整体是协调的。目前，由于经济发展进入高速状态，城市化进程不断加速，古代城市的协调状态很容易被打破。由此，城市的发展带来了建设与保护的种种矛盾，特别在大部分古代城市制定总体规划时缺少对文化遗产特别是城市遗产的保护内容，对于如何对待老城、或如何建设新城、或老城和新城的关系问题上处理不当，由此带来了古代城市随时面临被改造甚至破坏的命运。

由此带来的启示是多方面的。一方面，现在对于古代城市和历史文化名城的保护，仍然相对滞后。历史文化名城的保护规划在编制时是否是在充分调查、研究清楚古代城市基础上做出的，是否得到了很好的执行；未被列入历史文化名城的城市在编制城市总体规划时是否充分考虑到了古代城市遗迹、城市遗产的保护，这些问题都值得及时总结，认真思考。

另一方面，本书的研究特别是针对宋代北方地区新建城市的田野考古调查工作表明，目前对于历史时期古今重叠型城址的考古调查和研究工作，开展得尚十分有限。这已经严重影响了学术界对中国古代城市的基本面貌和发展规律的认识。对于唐宋时期城市变革的研究，亟待在进一步展开考古工作的基础上，继续深化。

但同时对包括宋代北方地区在内的众多中国古今重叠型城址进行的田野考古调查也说明，尽管不少古代城市的遗迹遭到了不同程度的破坏，但在现阶段仍有大量古代城址保存了其原有的格局（如本书所调查的惠民、昌邑、隆平、岚县、文水和笔者以往调查的河北威县、尧山、陕西绥德、清涧、四川广元等均属此类）。这类城址如在现阶段尽快展开调查，尚可以了解其古代城市的大致面貌和格局，应抓紧时间进行保护，否则将造成进一步的损失。这是历史赋予我们的使命！

本书针对宋代北方地区新建城址的调查和研究，还是初步的，还有待于更多调查实例的积累，以深化有关认识。眼下随着社会经济的高速发展，历史文化名城的保护既面临着机遇，更面临着挑战。展开对古代城市的考古调查和研究工作，是认识古代城市和保护历史文化名城的首要基础工作。同时，也应该清醒地认识到，与建筑、规划、旅游部门的工作相比，文物考古部门的工作明显处于劣势[1]。

正如侯仁之在调查研究北京城市建设过程中的河湖水系时所说的："遗迹的泯灭，使前人煞费苦心的经营，无复踪迹可见，这也是很可惜的。"[2] 而倘使由于学术界调查和研究的不足，造成了对古代城市尤其是历史文化名城建设性的破坏，那就不只是可惜了。

---

[1] 杭侃：《古今重叠型地方城址的考古方法刍议》，载中国考古学会、沈阳市文物考古研究所编《庆祝宿白先生九十华诞文集》，科学出版社2012年版，第337—354页。
[2] 侯仁之：《北京历代城市建设中的河湖水系及其利用》，载侯仁之《北京城的生命印记》，生活·读书·新知三联书店2009年版，第105页。

第四章 结语

由于城市在中国古代历史中的重要地位和作用，还由于城市在中国考古学、历史学、历史地理学、建筑史学等学科研究中的重要位置，更由于唐宋之际古代城市制度发生的重大变革，以及城市研究的基础工作——考古学的调查与研究工作的长期不足，结合考虑新建城址对了解宋代城市的历史面貌的重要作用，本书选取宋代北方地区的新建建制城址作为研究对象展开研究工作。

在梳理文献、比对历代方志和今天保存的城市地图的基础上，本书遴选出了三十余处宋代新建的建制城址。并进一步先后对其中的二十余座宋代新建城址进行了田野工作，取得了这些城址的第一手资料。进而选取遗迹保存较好、文献记录较为清楚的聊城、长清、文水、岚县、隆平、黎城、昌邑、惠民、淳化、乡宁数座城址，按照古今重叠型城址的考古研究方法进行了初步复原。

在此基础上，本书首先梳理了宋代北方地区新建建制城址的背景及其新建原因，发现其中特别显著的是北宋时期黄河河道附近或者黄河支流（包括二级支流）附近因水患迁址新建的城址，这和这一时期黄河水患的加剧是有直接关系的。同时，仔细梳理城址的新建时间和位置，发现因水患迁址新建的城址逐渐从今山东北部转移到河北一带，这正和北宋黄河东流、北流的变迁有关。同时，在宋代以后的城市建设中，这一地区的城市建设活动，也反映了黄河水患的影响，并提示在城市研究中需要注意不同地区城市的不同特点。

继而，本书对宋代北方地区新建建制城址的布局和类型进行了分析，将这些城址按照其街道类型分为三类，即：十字街类型、丁字街类型及一条主街类型。从宋代城址的整体面貌来看，城镇类型远较隋唐时期丰富是这一时期城镇发展的显著特征之一。其中，十字街型城址和丁字街型城址的共存，是其体现方面之一。除了街道类型以外，这些不同类型的城址在布局上虽然不像隋唐时期衙署多安排在城内西北一区，但也仍体现了一些共性，即城内的重要建置——尤其是衙署——虽然没有一定的分布方位，但无一例外都选择在城内地势较高爽的区域。这说明宋代北方平原地区城址中重要建置的选址，从规划精神上与隋唐时期的城址一脉相承。不仅如此，这一规律在华北华中地区的元明清城址中，也得以继承。

其次，对宋代新建建制城址的规模和等级做了进一步分析，发现对应着城市的行政等级，宋代北方地区新建建制城址的规模总体上与之呈现粗略的相应关系。但仔细分析，特别在府、州、县城的规模上，显示出没有严整的规律。这展现出与隋唐时期北方地区城市整齐划一的等级规模相不同的、较为显著的时代差异。同时，宋代新建建制城址的规模也体现出很强的不平衡性。

再次，通过对宋代文献的爬疏分析和对宋代壮城兵的设置与发展的梳理，我们认为，除了建国之初以外，北宋并没有一直推行"毁城"或者"不修城"政策，而是首先在沿边地区重视城池的修筑，随后推广到了内地。不仅如此，除了文献所记载的情况以外，本书所调查研究的宋代北方地区新建城址也是北宋时期的城市建设活动的重要方面。

最后，宋代北方地区新建城址多由自然、军事、政治的原因迁址新建，因为人口的增长或经济的发展而新建的很少，正是经济中心南移，北方地区经济滞后的侧面反映。

但是也必须认识到，本书针对宋代北方地区新建建制城址调查的研究，尚是初步的，有待于更多调查实例的积累，深化有关认识。这是城市考古学自身发展的要求，同时也是学术界对古代城市特别是历史文化名城保护和发展义不容辞的责任！

附录一　新建城址大事年表长编*

一　聊城

年代	事件	文献记录	资料来源
宋淳化三年(992)	迁治	博州。春秋时齐之西界聊摄地也。战国时为卫、齐、赵三国之交。秦属东郡，汉为东郡、平原、清河三郡境。后汉属东郡、平原二郡地。晋属平原国，宋分置魏郡，后魏因之。其后置南冀州，隋初废。后置博州，炀帝初州废，以其地属武阳郡。唐复置博州，或为博平郡，属河东道，领县六。（原注：聊城、博平、清平、唐邑、高唐、武水。）周废武水县入聊城。宋为防御，以清平县隶大名，属河北路。淳化三年（992），以河决，移治于孝武渡西。建炎后没于金，金属山东西路。嘉定十二年淮东制置贾涉纳降恩博景德四州，旋失之。贡平紬。领县四，治聊城。	《文献通考》卷三百十七《舆地考三》
宋淳化三年(992)	迁治	博州，上，博平郡，防御。淳化三年河决，移治于孝武渡西。	《宋史》卷八十六《地理二》
宋淳化三年(992)	迁治	博州聊城县，淳化三年河决，移州治李（孝）武渡西，并县迁焉。	《宋会要辑稿·方域》五

---

* 说明：兹将各类文献和金石材料所见的，有关本书第二章重点讨论的聊城、长清、惠民、昌邑、隆平、岚县、文水、黎城、乡宁、淳化诸城址之城建相关大事，整理成年表，附录于此。

续表

年代	事件	文献记录	资料来源
宋熙宁三年(1070)	筑城	府城，在漕河西岸。宋淳化三年自巢陵迁此，熙宁三年建城市，旧筑以土。	嘉庆《东昌府志》卷五《建置一》城池
宋元丰间	建文庙	文庙，旧志在府治东。宋元丰间博州知州徐爽建，后改为聊城县署，金天眷间学正祁彪即旧都监廨址建，大定间防判冯子翼、王遵古修，王去非、元好问并有记。元至元间兵毁。	乾隆《东昌府志》卷十三《建置三》学校
金天眷间	迁文庙	天眷间，赵大夫为学官，以此地创建，几于苟完，今颓若此，适太守完颜国公复修崇之，新大成殿，俄而去郡，厥功弗集。公闻而叹曰，今不嗣续其功，殆非体上意而昭吾道也。于是确乎以兴作为己任，乃请于州。赖太守金吾刘公贤明乐善，欣从其请，于是正其地而垣之，广袤五亩有奇，鸠材募工，自大成殿始涂塑润色，役不踰时，而制作灿然，宣圣之貌则取乎厥里之像，颜孟之容则法乎秘阁之本，皆作藻井、华盖，以尊严之……	宣统《聊城县志·耆献文征》卷又上，王去非《博州重修庙学记》
金天眷间	迁文庙	〔东昌府文〕庙，在府治东。宋元丰间博州知州徐爽建，后改为聊城县署，金天眷间学正祁彪即旧都监廨址建，大定间防判冯子翼、王遵古修，王去非、元好问并有记。元至元间兵毁。	乾隆《东昌府志》卷十三《建置三》学校
明洪武二年(1369)	建县署	聊城县署，在府治东南。明洪武二年县丞蒋子昭建，天顺元年知县毛骥重修，罗彦洪有记，万历十六年知县韩子庑建礼贤馆。国朝乾隆三十三年知县夏玢重修二堂，嘉庆二年知县科普通武重修大堂。	嘉庆《东昌府志》卷五《建置一》官署
明洪武三年(1370)	重建府署	府署，在城西北隅，明洪武三年建，天顺七年重修，东曰承流坊，西曰宣化坊，中曰古东郡，大门内东为土地祠，悉为寅宾馆，仪门内甬道，中为戒石坊，东为仪仗库今废，左碑一，右井亭一今废，两廊为各吏科大堂牓曰体仁……	嘉庆《东昌府志》卷五《建置一》官署

续表

年代	事件	文献记录	资料来源
明洪武三年（1370）	建城隍庙	城隍庙。在府治东，明洪武三年同知魏忠建，天顺间知府徐垠修，宏治十六年知府李举，嘉靖隆庆间知府盛周、宋豫卿，万历初知府罗汝芳重修，国朝康熙二十七年知府杨朝桢重修，有记，乾隆三十七年知府胡德琳重修，乾隆六十年知府张官五首捐俸署聊城县沈廷谐酌捐大加修葺，至今鼎新。	嘉庆《东昌府志》卷五《建置一》官署
明洪武五年（1372）	甃甓城垣	明洪武五年，守御指挥陈镛陶甓焉，周七里有奇，高三丈五尺，基厚二丈。门四，东曰寅宾，南曰南熏，西曰纳日，北曰锁钥。楼橹二十有五，环城更庐四十有七，附城为郭，郭外各为水门，钓桥横跨水上，池深二丈，阔倍之三。护城堤延亘二十里。	嘉庆《东昌府志》卷五《建置一》城池
明洪武七年（1374）	建光岳楼	光岳楼，在城中央。明洪武七年东昌卫指挥佥事陈镛以修城余木建，名余木楼，以料敌望远。后西平李赞名之曰光岳，取其近鲁有光于岱岳也。成化丙午，知府杨能修，邑人梁玺记。嘉靖间知府陈儒重修，自记，邑人许长名记。万历间知府莫与齐重修。国朝顺治十七年知府卢鋐，乾隆二十年知府蔡学颐重修，自记，牛运震记。道光二十八年重修，邑人杨以增记。	宣统《聊城县志》卷一《方域志》
明天顺间	重修县学	唐置博州以聊城为附郭之邑，州再徙于巢陵，三徙于孝武渡西，今之城是也。洪武初年置东昌府，建城池，而聊城县治在古楼西偏，县学旧在东关铁塔寺旁，学舍颓废，县令齐搏移学于南关。正统丙寅以其僻远，乃徙城东门外总铺为学，学未有庙，以其规制备于郡，故县学从省也。景泰乙亥，陕右毛君骧以上舍释褐来令是邑，公暇诣学舍周环目觇，累欲徙之。或曰，此地亦胜也，而堂宇卑隘，弗称观瞻。毛君欲图营而未能，白于郡太守徐公廷玉定议，遂与寅僚捐俸赀为倡，邑之司义者亦乐助，乃市材木陶瓦甓诹日鸠工择能干者理之，毛君日督其工程鼎建明伦堂，广三寻八楹七檩，次建东西二斋，各三舍扁曰诚意正心，讲堂后有文会堂，翼以厢房六间……经始于天顺己卯九月，毕工于辛巳之岁十月，落成之日，士民瞻仰，欣叹伟然壮观……	宣统《聊城县志》卷十三《艺文志》，《许彬重修儒学记》

续表

年代	事件	文献记录	资料来源
明万历七年(1579)	修城	万历七年莫与齐奉抚按檄重修敌楼二十七座，垛口二千七百有奇，窝铺四十八座。	嘉庆《东昌府志》卷五《建置一》城池
清雍正九年(1731)	修城	国朝雍正九年重修护城堤，知县蒋尚思有碑记，载艺文。	宣统《聊城县志》卷二《建置志》城池
清乾隆五十五年(1790)	修城	乾隆五十五年巡抚长麟奏准借帑生息，修筑通省城垣于乾隆五十七年知县科普通武承修。	宣统《聊城县志》卷二《建置志》城池
清道光间	修城	道光□□年邑人杨以增出俸金捐修南面。	宣统《聊城县志》卷二《建置志》城池
清光绪间	修城	光绪十□年邑人朱学笃等筹款补修。	宣统《聊城县志》卷二《建置志》城池

二　长清

年代	事件	文献记录	资料来源
宋至道二年(996)	迁治	泰安州之长清县，济南西南七十里。本卢地，齐公子傒食采于卢。汉为县，属泰山郡。元魏孝昌二年自山茌故城移东太原郡置此，后废。隋开皇五年置长清镇，取清水为名，十四年改为县，属济州。唐贞观十七年属齐州。宋因之，至道二年徙治刺榆店，今县理。金亦属济南，国初乙未年属泰安。	《齐乘》卷三
宋至道二年(996)	迁治	长清中。至道二年，徙城于刺榆。	《宋史》卷八十五《地理志一》
宋至道二年(996)	迁治	长清县，至道二年徙治刺榆店。	《宋会要辑稿·方域》五之一五

续表

年代	事件	文献记录	资料来源
宋至道二年(996)	迁治	长清县……隋始析卢长清镇置县名，属济北郡，唐仍之，武德初年析置山茌，天宝元年改山茌曰丰齐，元和十五年省入属齐州济南郡。五代仍长清县，卢县省入。宋仍长清县，属京东东路济南府，至道二年徙治刺榆店，即今治。金仍长清县，属济南府。元仍长清县，改属泰安州。明山东布政司济南府，长清县编户四十一里，增四十四里。国朝因之。	雍正《长清县志》卷之一《地里志》沿革
宋至道三年(997)	创建衙署	县治在城内正北近东，宋至道三年肇造，至洪武初县丞石贵、正统中知县汤思恭、典史何聪重建。至弘治六年有回禄之变，俞庠冀公谏改而新之，视旧加详，及崇祯十六年焚毁殆尽。国朝顺治间邑侯吴公道凝、李公维翰、牛公友月相继修筑，始渐次复旧云。	雍正《长清县志》卷之二《建置志》公署
宋天禧二年(1018)	创建庙学	儒学在县治东南。宋天禧二年县尹薛璘建。元至元间县尹赵文昌、明永乐中教谕邢哲、成化丙申县尹朱珙俱重修。元时名乐育堂，明时改为明伦堂，仁和朱义重修。弘治六年桐庐俞谏重修。隆庆间刘启汉增工大成殿为五楹，两庑增四楹，计二十四楹，一时轮奂，顿异昔年。迨崇祯癸未之变，殿堂门庑以及古槐旧柏悉化瓦砾灰烬。国朝顺治初年，知县吴公道凝、吕公朝辅草创兴作，至李公维翰、牛公友月极力措置，庀材鸠工，规模粗备。杨公弘业、吴公从仁渐次修葺，及岳公之岭多方润色，先后继修者二十余年，迄今始焕然改观矣。	雍正《长清县志》卷之三《学校志》儒学
宋元祐二年(1087)	真相院舍利塔地宫	洞庭之南有阿育王塔，分葬释迦如来舍利。尝有作大施会，出而浴之者，缁素传捧，涕泣作礼。有比丘窃取其三，色如含桃大如薏苡。将寘之他方为众生福田，久而不能以授白衣方子明。元丰三年轼之弟谪官高安，子明以畀之。七年轼自齐安恩徙临汝，过而见之。八年移守文登，召为尚书礼部郎，过济南长清真相院。僧法泰方为砖塔十有三成，峻峙蟠固，人天鬼神所共瞻仰，而未有以葬。轼默念曰：子弟所宝释迦舍利意将止于此耶。昔予先君文安主薄赠中大夫讳洵，先夫人武昌太君程氏，皆性仁行廉，崇信三宝，捐馆之日，追述遗言，舍所爱作佛事。虽力有所止，而志则无尽。自顷忧患废而不举，将二十年矣。复广前事，庶几在此。泰闻踊跃，明年来请于京师，探箧中得金一两、银六两使归，求之众人以具棺椁……	《山东长清县宋代真相院释迦舍利塔地宫》，《考古》1991年第3期。苏轼，《真相院舍利塔铭》

226

续表

年代	事件	文献记录	资料来源
元至正十四年（1354）	筑城	县城自汉唐宋以来未有城池，逮元至正十四年始城之，土筑。	雍正《长清县志》卷之二《建置志》城池
明成化年间至隆庆间	重筑四门、包筑石城、筑长堰、修筑堤坝	明成化四年重筑四门，至十一年邑侯解公瑛始为石城。正德间邑侯刘儒、县丞吕俊再筑长堰。城高一丈五尺，阔一丈，周围四里，环甃以石，女墙以砖，雉堞一千四百一十有奇，城门楼额四，东为迎恩门景阳楼，南为距鲁门向离楼，西为挹清门怀庚楼，北为拱极门安贞楼。其角楼有四曰乾角楼、坤角楼、艮角楼、巽角楼。城外为池，深一丈五尺，阔二丈五尺。堤外有马道三尺，日久堤圮道湮，隆庆间邑侯柴宗义鸠工修筑，植树弥堤，止完东南一带升任去。	雍正《长清县志》卷之二《建置志》城池
明崇祯间	修城	至崇祯间以后，刘公之蛟于四门各增月城，为重门四，东曰青阳，南曰南熏，西曰西成，北曰拱宸。邑侯王公心学复增高女墙三尺，减雉堞为八百六十有奇。	雍正《长清县志》卷之二《建置志》城池
清顺治、康熙年间	修城	国朝顺治六年，夏雨连绵，四垣崩颓过半，邑侯吕朝辅大兴工作，亲督坚筑，二十余年无大倾圮。康熙六年地大震，四城楼尽坏，北月城大半不存，至十年邑侯岳公之岭次第重修，今皆复旧，而玄帝神像之在北城楼者庄严整理，视前焕然矣。	雍正《长清县志》卷之二《建置志》城池

三 惠民

年代	事件	文献记录	资料来源
宋大中祥符间	迁治建新城	大中祥符八年正月十七日，诏徙棣州城于州之西北七十里，阳信县界八方寺，即高阜居之。先是河北运使李士衡言棣州河流高于郡城者丈余，朝廷累年役兵修固，盖念徙城重劳民力。而去冬已来，凌冰下尚有冲害，如解冻之，河流迅奔，必有决溢之患，今请移州于阳信县界，改筑城邑，以今年捍堤军士助役，则永久甚利。诏可。仍命度支判官张续，内押班周文质乘传与士衡等同莅其事，因降诏谕棣州官吏僧道百姓等仍月给本州公用钱十万，许造酒，每月三犒军校，两月一赐役夫钱。其居口田优给以直，常租及浮客食盐钱悉蠲之，城中居民屋税免一年。大中祥符八年三月二十一日，棣州新城毕，以图来上。旧城广袤九里，今总十二里。郡民所居悉如旧而给之，其外创营宇、廨舍，赐役夫缗钱，仍宴犒官吏将士，帝以执役有死亡者，又遣使命僧为水陆斋。	《宋会要辑稿·方域八》"棣州城"

续表

年代	事件	文献记录	资料来源
宋大中祥符间	迁治建新城	徙棣州城。先是,河北转运使李士衡、张士逊等言:"河流高于州城者丈余,朝命累年役兵修固,盖虑徙城重劳民力。而去冬盛寒,尚有冲注,若冻解,必致决溢,为患滋深。今请于州之北七十里阳信县界,地名八方寺,即高阜改筑州治,以今年捍堤军士助役,则永久之利。"诏可。令权度支判官张绩、内侍押班周文质乘传与士衡、士逊等同莅其事,三月而役成。时故城积粮甚多,或者病其难徙,士逊视濒河数州方歉食,即计其余以贷民,期来岁输新治,公私便之。孙冲既徙知襄州,复上疏论徙州非便,且著河书以献,既而大水没故城丈余(原注:据孙冲《本传》云:河决棣州,知天雄军寇准请徙州滴河,命冲往按视,还,言徙州动民,亦未免治堤,不若塞河为便,遂以知棣州。自秋至春凡四决口,皆塞之。及准为枢密使,卒徙州阳信,而冲坐守护堤过严,民输送往来堤上者辄榜之,为使者论奏,徙襄州。按实录、《会要》及本志,则徙河之议乃王曙、李应机所建,非出于准也。曙即准女婿,岂当时议果出于准耶?及是,则曙已去矣,众见准在枢密,棣州卒徙,因以为徙州实准初议,恐未必然也。冲既徙襄州,犹争徙州不便,然故城没水丈余,则州岂可不徙耶?冲传不究其本末,似因当时人所作碑志、行状略删润之耳,盖不可信,当考)。	《续资治通鉴长编》大中祥符八年正月戊戌条
宋大中祥符间	迁治建新城	棣州,春秋、战国属齐。秦为齐郡之地。汉属平原、渤海、千乘三郡地。后汉为平原郡、乐安国。晋为乐陵、乐安二国地。宋为乐陵郡。后魏又为乐陵、乐安二郡地。隋属渤海郡。唐武德四年分置棣州,或为乐安郡,属河北道(原注:宋同)。领县五。(原注:厌次、商河、阳信、渤海、蒲台)周以蒲台、渤海二县置滨州。宋因之,建隆二年升为团练,俄为防御。大中祥符八年移治阳信县界八方寺,建炎二年没于金。贡绢,领县三,治厌次。	《文献通考》卷三百十七《舆地考三》
宋大中祥符间	迁治建新城	棣州。大中祥符八年徙州城及厌次县于阳信县地,徙阳信县于故厌次县。	《宋朝事实》卷十八《升降州县一》

续表

年代	事件	文献记录	资料来源
宋大中祥符间	迁治建新城	棣州，上。府东北二百四十里。禹贡青兖之交，周封齐履之北境，秦属齐郡，汉兼平原渤海千乘郡邑。魏建安中分为乐陵郡，元魏又析乐陵为二。隋开皇十年以郡置厌次县，属北海。十七年以阳信县置棣州。大业二年废棣州，自饶安县徙沧州于信阳。唐武德四年析沧州之阳信、滴河、乐陵、厌次置棣州。八年又废入沧州。贞观十七年复于乐陵置棣州，其后以乐陵还沧州，割淄州之蒲台来隶，徙州治厌次（原注：故城在州东北四十余里，土人名曰北旧城）。天宝元年改为乐安郡，属河南道。乾元元年复为棣州。五代梁刺史华温琪以河水为患，徙州于厌次东南（原注：州东南五十三里，土人名曰旧南城）。宋建隆二年为团练，乾德三年升为防御州。大中祥符四年清河水溢坏州城，以厌次与阳信互易其地，徙州治厌次，金因之。国初滨棣自为一道。中统元年置滨棣路安抚司，至元二年隶济南路。领县四，曰厌次，曰阳信，曰商河，曰无棣。以厌次为治所。	《齐乘》卷三《郡邑》
宋大中祥符间	迁治建新城	府城旧基，历有徙置。今城初为信阳之乔氏庄，宋大中祥符八年徙此。崇宁元年始诏工部牛保修筑，周围十二里，崇二仞有二尺，阔丈余，基倍之。按惠民册周围九里十三步。	咸丰《武定府志》卷六《城池公署志》
宋大中祥符间	建州治	府治即旧州治，在城中北偏。宋大中祥符间建，明永乐末，册封汉王高煦于此，遂并为藩府，移州治于西门。	咸丰《武定府志》卷六《城池公署志》
宋崇宁元年（1102）	建州学	府儒学，在府治东南，即旧州学。宋崇宁元年建，金天眷间毁于兵。	咸丰《武定府志》卷之八《学校志》
金天眷间	重建州学	（旧棣州学）……金天眷间毁于兵，知州萧恭重建。	光绪《惠民县志》卷九《建置志》学宫
金大定十九年（1179）	修城	金大定十九年，诏守臣修葺。	光绪《惠民县志》卷七《建置志》城池

续表

年代	事件	文献记录	资料来源
金明昌间	重修州学	东南为宣圣庙，即殿之后为横舍，积岁欹倾。客有梁珪者，来自黄龙乐州之风土而家焉。其子栋肄业学馆，有场屋声一日谓栋曰，异时营缮尔，当三十万为助，明昌三年郭公安民由礼部侍郎出守是州，慨然有修旧起废之意，方复经度，会有移镇之命。明年石公玠实始继来，思举前作，独念给用不足，栋因告其遗命，复有郡人荣昌闻风欣然愿同栋数，既又厌次进士李俌亦以帛吊为为助，副以梁榱众材，直百千。石公闻之喜曰，可矣。经始于五年春三月，而工毕于是年季秋。落成之日，士庶耆老咸叹相贺，以为壮丽严敞，视旧有加焉。明昌六年秋七月记。	光绪《惠民县志》卷二十八《艺文志》，《修棣州文庙记》，党怀英撰
元至治三年（1323）	重修州学	元至治三年州尹晁显修。	光绪《惠民县志》卷九《建置志》学宫
明洪武二年（1369）	建城隍庙	城隍庙。在府治东南。明洪武二年同知夏昱建，内有诰命楼一座，宏（弘）治二年知州贾澄重修。	咸丰《武定府志》卷之九《坛壝志》
明洪武三年（1370）	重修学宫	明洪武三年同治夏昱，天顺四年判官贺祥相继重修。十五年金事王玑创建尊经阁。二十五年金事王煜拓治规制如济南郡学。三十三年金事曹天宪剙建聚奎楼，徙门外泮池于内。三十五年金事张谧，四十三年金事黄正色，万历二十五年金事孙承荣，四十年知州宋大奎，崇祯十一年副使曾棪，知州王永积相继重修。	光绪《惠民县志》卷九《建置志》学宫
明永乐年间	移府治	明永乐末徙封汉王高煦于此，遂为藩府，移州治于西。	光绪《惠民县志》卷八《建置志》公署
明宣德年间	迁回府治	宣德初，汉府除，仍复于旧。国朝雍正十二年升州为府，以州治为府治。	光绪《惠民县志》卷八《建置志》公署

续表

年代	事件	文献记录	资料来源
明成化五年(1469)	修城	明成化五年,知州卫述重修。宏治十四年,知州赵永祯与千户所分修。正德八年佥事许逵,嘉靖十四年佥事王玑重修,更楼额四,东曰眺海,南曰仰岱,西曰带河,北曰拱京。城外旧惟土乃各易以砖,门之外又各垒以墙,两翼与桥相接,并葺四门,南关直绰楔题曰齐北古镇。天启元年知州南拱极,崇祯十一年副使曾棨,知州王永积相继重修。	光绪《惠民县志》卷七《建置志》城池
明嘉靖三十三年(1554)	移建三皇庙	三皇庙。旧在西门街,嘉靖三十三年佥事曹天宪疾,梦神授方疗治,移建于州治东北废土地祠处。	光绪《惠民县志》卷十《建置志》坛庙
清康熙四十二年(1703)	重修城隍庙	城隍庙……国朝康熙四十二年郡人李钟麟等重修。	咸丰《武定府志》卷之九《坛壝志》

四 昌邑

年代	事件	文献记录	资料来源
宋建隆三年(962)	新建城	潍州,上,团练。建隆三年,以青州北海县建为北海军,置昌邑县隶之。乾德三年,升为州,又增昌乐县。……昌邑(原注:望。本隋都昌县,后废。建隆三年,复置)。	《宋史》卷八十五《地理志一》
宋建隆三年(962)	新建城	潍州,唐武德二年以青州之北海营邱下密置潍州。八年州废,复隶青州。宋建隆三年以青州北海县建为北海军,又置昌邑县隶之。	《文献通考》卷三百十七《舆地考三》
宋建隆三年(962)	新建城	昌邑县城,宋建隆三年土筑,周五里,高一丈八尺,阔一丈五尺,门三,东曰奎聚,南曰阳鸣,西曰瞻宸,池深九尺半,广倍之。	万历《莱州府志》(民国重刊本)卷三城池
金大定间	建儒学	儒学,在县治东。金大定间建。	康熙《昌邑县志》卷三《建置志》学校
元(前)至元十一年(1274)	修城	元至元十一年重建,增角楼四。今角楼废。	康熙《昌邑县志》卷三《建置志》城池

续表

年代	事件	文献记录	资料来源
明洪武三年(1370)	重修衙署	昌邑县署,在城内西北,洪武三年县丞程福山建。中为正堂,东西为两库。堂东为赞政堂,后为退思堂,为知县宅,堂东为县丞宅,前为迎宾馆,堂西为主簿宅,县丞宅……	万历《莱州府志》(民国重刊本)卷三公署
明洪武三年(1370)	重修文庙	圣皇临御改元之三年,邑令郭侯视篆莅政之四载也,岁当丁亥春三月朔旦,侯与寮寀集邑之耆老谒大成殿,诣明伦堂,课诸生毕,谋于众曰:学校乃育才之地,实治化之源,学校兴则人才出,人才出则治化隆。兹学殿堂庑门久为风雨震凌,弗堪祀事,何以耸士庶之观仰乎?……于是卜,既允臧,乃忻然经营筹划,鸠工庀材,易其腐败,剔其挠折,栋宋櫺桷槾栌棨梲,非坚美而弗取,皆闳大其规制,而精巧乎雕镂,伐石于山,淘以瓴甓,乘之以农隙,役之以公,人民之趋事者,咸不惮劬劳,涌跃功作,鼙鼓之弗胜,增修大成殿五间,戟门如之,兽吻、垂带俱琉璃绿色,东西庑各十四楹,棂星门三座,悉雕莞云,构如翚斯飞,高明而爽垲,丹腹而粉饰,又石甃泮桥三空于门内,祭器库房三间于殿之乾,角门楼三间于殿之艮,皆新置也。是以庙貌巍隆,赫赫奕奕,轮焉奂焉。圣哲塑饰,衮冕辉煌,两庑先贤仪象倍异昔时,诚冠诸他邑也。经营于是年四月,至明年冬十又一月而落成……	光绪《昌邑县续志》卷八"艺文",《重修文庙碑记》,明刘翔撰
明洪武三年(1370)	重修文庙	明洪武三年县丞程福山修。景泰七年知县叶蕃重修。成化四年知县郭质重修。有碑文,见《艺文志》。弘治八年知县孙荣、嘉靖七年知县载缨、四十二年署县本府通判王孚、四十五年知县李天伦相继重修。迩来殿宇、堂斋、门垣尽皆圮坏。万历五年知县侯鹤龄申请通行修饰,大殿、两庑、斋房、门垣俱已改观,所增明伦堂二门、棂星门、泮池高深其制。启圣祠、敬一亭并教官宅俱新创。有义民买民房添儒学东一间,有碑文见《艺文志》。万历三十三年知县王三槐、天启二年知县李凤相继重修,崇祯二年知县李联芳修,有碑文见《艺文志》。	康熙《昌邑县志》卷三《建置志》学校

续表

年代	事件	文献记录	资料来源
明洪武三年（1370）	建城隍庙	城隍庙在县治南。明洪武三年县丞程福山建。嘉靖二十一年邑都御使翟瓒重修。万历五年知县侯鹤龄捐俸率民大兴工役，大殿、两廊、寝殿、神像、门垣灿然改观，有碑文见《艺文志》。崇祯十五年知县刘丕基重修，国朝顺治十七年知县党丕禄重修。	康熙《昌邑县志》卷三《建置志》坛庙
明正德六年（1511）	修城	正德六年值流贼之变，本府同知刘文宠重修，邑人知府朱珉记。	万历《莱州府志》（民国重刊本）卷三城池
明嘉靖三十一年（1552）	重修衙署	县治在城内西北，大门砖砌为台，上有钟鼓楼。嘉靖三十一年知县曾廷芝建。至万历三十九年，知县卜有征废鼓楼，建今大门。门外东有旌善亭三楹，西有申明三楹，隆庆五年知县陈文建，至崇祯十五年因兵乱随废。至国朝顺治十八年，知县党丕禄重建。仅门三间，角门各一间，知县侯鹤龄修，至顺治十七年知县党丕禄重修，高大其制。北有正堂五间，其东西二间为库。万历元年，知县于孟阳重建，至崇祯十五年因兵变焚毁……	康熙《昌邑县志》卷三《建置志》公署
明嘉靖四十五年（1566）	修城	嘉靖四十五年，知县李天伦重修，增东南角楼，以为文笔峰，塑文昌像于上，颜曰奎楼。又缮完各堡。	康熙《昌邑县志》卷三《建置志》城池
明万历间	修城	万历五年淫雨，塌毁多处。知县侯鹤龄修补，增添瓮城。建三外门，城池益高深其制。万历三十八年六月初四日，潍河决，浸滩城垣。至三十九年，知县卜有征重修，将三门俱改，东曰映瑞，西曰迎禧，南曰延爽。至四十六年移文昌像于东山顶。东南角楼遂废。	康熙《昌邑县志》卷三《建置志》城池
明崇祯十三年（1640）	修城	至崇祯十三年，奉旨易土城为砖城，比旧高二尺、阔五尺。	康熙《昌邑县志》卷三《建置志》城池
清顺治七年（1650）	修城	至国朝顺治七年七月二十五日潍河决浸东门，知县刘士伟改东门南向，题曰永顺，西门曰重庆。夫城以卫民，池以卫城，乃先王设险意也。今既及时修正，万一有警，邑人其有恃乎？	康熙《昌邑县志》卷三《建置志》城池

续表

年代	事件	文献记录	资料来源
清康熙七年（1668）	重修文庙	顺治十七年知县党丕禄修，康熙七年六月地震，尽倾圮。知县许全临捐资募修。大殿五间，两庑共二十八间，戟门五间，泮池桥三洪，棂星门三座。	康熙《昌邑县志》卷三《建置志》学校
清乾隆五十九年（1794）	修城	乾隆五十九年，邑侯兰廷芳重新全修，外筑月城，上建重楼。东门原南向，后改东向。周围一千五百六十二弓，雉堞一千四百四十，女墙高一弓。东门曰承德，西门曰瞻宸，西南门曰兴化。四面池水，皆距城丈余。道光十、二十等年，经朱令、华令，率绅士捐资修理月城、外墙。	光绪《昌邑县续志》卷二城池
清光绪间	修城	光绪十三年、二十三年，罗令、赵令亦先后补筑东、北两墙。	光绪《昌邑县续志》卷二城池

五　隆　平

年代	事件	文献记录	资料来源
宋大观二年（1108）	迁治	（大观二年五月）丙申，邢州言河决，陷巨鹿县。诏迁县于高地。又以赵州隆平下湿，亦迁之。	《宋史》卷九十三《河渠志三》
宋大观二年（1108）	迁治	本县旧城在县治东十二里，大宋间为水淹没，乃迁今治，元末兵毁。	隆庆《赵州志》卷二《建置志》
宋大观二年（1108）	迁治	隆平故城在县东二十里，宋大观二年被水，遂迁于此。	正德《赵州志》卷六《隆平县》"古迹"
宋	迁文庙	文庙。县治东南。宋靖康毁于兵，金太和间复创于此。国朝洪□□正间，知县罗敏中、黄友、柳绅、关瑜、纪世相相继修葺。嘉靖间义官赵廷相修大成殿及东西两庑。□万□乙酉，知县林天秩修棂星门，门东西监、二坊，规制略备。学制旧无月池，有之自知县徐彬始。而池上石栏并城云梯则乡宦赵炳捐资重修者。初棂星门外地狭甚，炳南拓五丈余，浚泮池，未就而炳卒。万□戊申知县仙克瑾继成之，乡宦郝佩倡议甃以砖。天启癸亥庑圮，乡宦张如钰葺之，自圣殿、启圣、暨门、庑俱焕然矣。知县陈三重有碑记。	崇祯《隆平县志》卷三《学校志》

续表

年代	事件	文献记录	资料来源
元至大至大德间	重修文庙	隆平县庙学废于靖康之兵故……/ 进士□身□□□尝以县无庙学为愧，泰和改元之春以奉训大夫中……/ 乃议兴建土木之功既毕大观作开宝重修二碑□□序之□□□石……/ 以纪本末及命记而公亦捐□贞祐间河朔丧乱□二十……/ 宣圣庙正殿门楼耳岁月既久瓦木随撤□路……/ 于是时□礼□□矣至元二十年主簿张公以文资而登仕……/ 备涂垩修饰之用时以□□不果□代而□以其物付诸……/ ……/ ……/ □□敬焉大德二年夏六月县尹□公来宰是……/ 朝廷崇儒重道开设学校作成人材奉而□之□在吾……/ 协之力□金曰惟命遂捐月俸而聚义财购求□物……/ 可观又以余材作斋舍为生徒□□游憩之所是以位……/ 有所占者人□□□□而□付越明年二月……/ 跄观者如堵公犹有所慊故圣贤仪□章……/ ……/ ……/ ……/ ……/ 大德五年五月□□日记监造	隆平县文博馆藏碑《重修宣圣庙学贤廊记》（按，此碑漫漶已甚，左栏为部分录文）
明洪武间	重修文庙	……目睹礼殿因历年久废坏，貌像崩堕，堂屋隘陋，弗堪故常，命监县者悉心修理，为学者宗时则有若县尹者池阳黄公友尊承委命，同心协力，以是经其始，遂命匠计，所费乃徧语邑人之宦学者久之得木料砖甓，首理大成殿，再新明伦堂，不逾年而讫工，栋宇崇丽，貌像显严，诚非畴昔之可例论矣，则又振其余材以及斋庑库厨，师生之舍亦葺其旧而一新焉。今年厥功悉成，黄公意谓余操觚翰以兴斯学，宜为文以记其事之本末，余惟道之在天下而存于诗书易礼乐春秋之藉，明夫道以弱成国家非托于文学讵能以自传哉？……	乾隆《隆平县志》卷十《艺文志》，《重修文庙记》时明洪武年间，教谕徐碧撰

续表

年代	事件	文献记录	资料来源
明洪武间	重修衙署	县治,在大街北,洪武间知县罗敏中建,正统间知县黄友、成化间知县柳绅相继重葺。前忠爱堂为知县正厅,三楹。六曹廊房在两掖,戒石在甬路中……	崇祯《隆平县志》卷二《制置志》公署
明洪武至成化间	修城	至洪武初知县罗敏中重建,正统间知县黄友、成化间知县柳绅相继修拓。城广袤六里三百一十二步,高三丈,阔一丈五尺,基阔三丈三尺,东、西、南、北门上楼橹三间,门外有桥。筑堤护城,阔三丈,深一丈三尺。	崇祯《隆平县志》卷二《制置志》城池
明正德间	修城	正德间知县黄钟修葺,始作瓮城,设戍楼,浚池植柳,渐次壮伟。	崇祯《隆平县志》卷二《制置志》城池
明嘉靖间	修城	嘉靖二十四年,知县杨自劾起镇安楼于北城垣之西,今改玉皇阁。嘉靖三十一年,知县王德盛起文奎楼于城垣之东,今改文昌阁。	崇祯《隆平县志》卷二《制置志》城池
明隆庆五年(1571)	辟北门	先,城辟三门,隆庆五年知县苏伟刱开北门。	崇祯《隆平县志》卷二《制置志》城池
明万历间	修城	万历三年,知县李应麟议建重门城铺十二座,吊桥三座,垛口二千一百三十二个,敌楼三十五座。万历四年,知县黄荣构成匾额,东门曰近圣,南曰南熏,西曰宝成,北曰拱极。万历十三年知县林天秩葺。	乾隆《隆平县志》卷二《建置志》城池
明天启七年(1627)	修城	天启七年知县陈所学重修。	乾隆《隆平县志》卷二《建置志》城池
明崇祯六年(1633)	修城	崇祯六年知县关燫倡捐助修,加增千余丈,高厚改观。	乾隆《隆平县志》卷二《建置志》城池

六 岚县

年代	事件	文献记录	资料来源
宋元丰至绍圣间	新建新城	岚之城垣，隋大业十年始建，周围六里又四步。至宋知岚州事王舜臣于故城南改筑新城，周围计四里，高一丈五尺，濠深一丈，东西北三门，起工于元丰己未之仲夏，告成于绍圣丙子之仲秋，有《郭孚新城记》。	雍正《岚县志》卷二《城垣》
宋元丰间	建文庙	明伦为民睦之源，士行实民风之倡，设学彰教诚政治之要务。稽岚学创建始于南宋元丰，元末兵毁惟存圣殿。明洪武四年县丞高九万重建，自作记。天顺四年参政杨璇、知县王准修大成殿、明伦堂，增建尊经阁、射圃。成化二年知县孙缉复增葺之，教谕张铎建朱文公祠于大成门西。洪（弘）治年知县胡泰、王宏，嘉靖九年知县张淮，二十年知县张崇德俱重修，雍正七年训导常大升重修崇圣祠。	雍正《岚县志》卷七《儒学》
宋	建衙署	衙署之建，不知始于何代，观诸堂壁所刻宋元诗，疑即古岚州衙舍也。元大定二年重建，洪武二十一年知县陈圭重修，正统间知县郝凤重修，相沿日久，堂宇倾毁，万历十四年知县谈应春大加创修，体制斯备。厥后官兹土者，亦时补葺第无土木大功，概不载。	雍正《岚县志》卷三《衙署》
元大德至至大间	重修文庙	自京师下逮府州郡县，皆有文宣圣庙，所以报德也。岚州在河东为名郡，例有文庙，板荡后圮坏殆尽，我国家自定鼎以来，文教勃兴，郡守尚不能举，逮将仕崔宁来判是州，始有完复之志，仍庙学故地，量度广袤，经营伊始，即解组去。大德己亥知州郝承来守是郡，到任之初，同州判冀将仕安仁谒视文庙圮毁，慨叹荒芜，咨于僚佐椽属，谋于学官丁恭及耆老张邦直、刘仔、范桢、范珪等，同心协力，孜孜于庙事，树板干，建基址，募工计役，选用梓材，肇正殿及两庑，装塑宣圣，配以颜孟，列以十哲，未悉而去，岁在乙巳冬，史承务好礼字彦和，奉圣州人，为人端肃，所举廉平，来同知是州。一日彦和与同僚监郡不兰奚敦武、岚州王利宾、节判耿将仕观同议曰："此郡文庙，前任创修，未经完备，各任终代去，莫若出己俸金，绘曾子以下诸子于两廊，将殿宇金碧，亦胜事也。"……时元至大元年九月吉日。	雍正《岚县志》卷十四《艺文》，《创建宣圣庙碑记》，前奉御王居实撰

续表

年代	事件	文献记录	资料来源
明洪武间	重修文庙	夫学宫为礼义教化之原,岚为古并西八州之一,其来尚矣。征诸遗碣,粤自宋元丰年间,城依崇岗,俯瞰城中,矢石可及,预备未良,是故,阙冈阜而城之,迄今四百有余年矣。历岁滋久,累罹兵燹,悉皆瓦砾,惟圣庙在焉。惟我圣朝开国,膺天混一寰宇,四海一家,设官责任,崇尚文治,建州立邑,务在质实,所以等户田之优劣以为州县。……时洪武九年二月。	雍正《岚县志》卷十四《艺文》,《重修庙学记》,岚县县丞高九万撰
明洪武二十一年(1388)	重修衙署	洪武二十一年知县陈圭重修。	雍正《岚县志》卷三《衙署》
明正统十三年(1448)	修城	至明正统十三年县令郝凤复增筑之,城高二丈,濠深一丈。	雍正《岚县志》卷二《城垣》
明正统间	重修衙署	正统间知县郝凤重修。	雍正《岚县志》卷三《衙署》
明嘉靖间	修城	嘉靖十一年知县吴璋复修水门于城之东南隅。嘉靖二十年,知县张崇德因十九年大遭兵燹,又增筑之,城高三丈,濠深二丈。嘉靖三十五年,知县李镕重修,建舒啸楼三十六座,敌台八座,浚壑濠隍,深阔俱足二丈。	雍正《岚县志》卷二《城垣》
明隆庆四年(1570)	修城	隆庆四年知县李用宾感石州之变,砖砌女墙,建城门楼三座,东曰迎曦,南曰永康,北曰保安。	雍正《岚县志》卷二《城垣》
明万历间	修城	万历五年巡抚高兵备、萧轸念边陲,为防守计,请旨砖包城垣,委岢岚州守董督其事,仍大发军壮搬运灰炭,本县知县张继勋劝率士夫黎庶,输材助工,併力营造,戊寅(六年)兴工,壬午(十年)始落成焉。东城南有水门,年远淤壅,久雨灌损,知县谈应春复疏通修整。	雍正《岚县志》卷二《城垣》
明万历十四年(1586)	重修衙署	万历十四年知县谈应春大加创修,体制斯备。	雍正《岚县志》卷三《衙署》
明崇祯九年(1636)	修城	崇正(祯)九年知县郝锦复修理城垣。	雍正《岚县志》卷二《城垣》

七 文水

年代	事件	文献记录	资料来源
宋元丰七年(1084)	水坏旧城	故县城，在县东十里，周二十里，后魏建于此。子城二里二百步，唐天授二年修，宋元丰七年废…… 文水城，隋开皇二年改西寿阳文水县，取文谷村为名。宋元丰间，城为汾水、文水所圮。	《永乐大典·太原府·古迹》
宋元丰八年(1085)	迁治建新城	宋元丰七年甲子，为汾、文二水涨溢，城为隳坏，基址不存。元丰八年，邑宰薛昌构于西山之下十里南张陀村，据高阜处筑兹邑，周九里。元因之，属太原路。国朝仍旧，属太原府。	《永乐大典·太原府·建置沿革》
宋元丰八年(1085)	迁治	元符（按为元丰之误）间，避水患迁城于章多里之南，即今县治也。金元仍旧，属太原路。明因之，属太原府，编户七十九都。我朝定鼎亦因之，康熙七年并户七十都。	光绪《文水县志》卷二《地利志·建置沿革》
宋元丰八年(1085)	筑城	按：土城肇自宋元符（按为元丰之误）间，县令薛昌始建筑，周围九里一十八步，高仅三丈二尺，厚亦如之，门壕马路粗备。	天启《文水县志》卷二《规制志·城池》
宋元丰间	建衙署	（县治）在城西街……以上建修年月，详不可考，大略肇创（自）宋元符（按为元丰之误）间县令薛昌。	天启《文水县志》卷二《规制志·县治》
元至正十四年(1354)	修庙学	至正十四年春三月，文水县尹许君重修宣圣庙学成，主簿王凤、典史刘居敬、教谕田立本等同抵卦阳请纪其绩，将诸刻石，以为《修庙学记》。予惟文教之重不敢固辞，欣然诺之。 主簿等重以书来督，备陈所以缮修之由：文水县学宫自延祐四年丁巳之修，逮今盖三十有八年矣。壁穿瓦解，风雨肖然，新令尹以十三年冬二月始至，则慨然捐俸，倡为兴修，凤等暨尉诸史莫敢不协力赞画，邑之士，民莫不闻怿经营，劝相奔走成事，月再望而功毕，自庑而廊庑阶庭，自堂而斋序井灶，通门外屏，星明载幽，神位像设，冕服有章，作绘阕严，冯负致美，规制弘新，越轶旧贯，盖劳于创造，而大于兴继也……	天启《文水县志》卷九《艺文志》，《重修庙学记》翰林待制奉议大夫兼国史院编修官郝忠恕撰

续表

年代	事件	文献记录	资料来源
元	三皇庙	三皇庙,在县西北隅。	《永乐大典·太原府·祠庙》
明景泰初	修城	国朝景泰初,守道魏公琳修城,高增四尺。	天启《文水县志》卷二《规制志·城池》
明天顺二年(1458)	修城	天顺二年,知县范瑄建门楼四、角楼四。	天启《文水县志》卷二《规制志·城池》
明弘治间	重修文庙	文水县乃太原府属邑也,成化二十一年夏,刘侯伟来知县事,以故事谒庙,见大成殿倾圮,两庑并斋堂馆舍亦弊,且规模狭隘浅陋,不足以妥安神灵,栖息士子,乃慨然曰:学校者,风化之原也。今废坠若此,非朝廷兴学养贤之意。遂与同寅谋用羡财,庀工徒,斥旧基而阔之,彻腐材而新之,创大成殿若干楹,东西两庑若干楹,庖湢库廪亦皆创建,金碧辉焕,壮伟宏丽。复创棂星门、戟门、明伦堂东西斋室,并肄业之所。门外复创牌坊三间,皆绘以五彩,饰以金膏,丹漆黝垩,焕然一新。墙之四角,甃以砖石,既坚且久。于是文水之学遂隐然为一邑伟观,其乡人士子举忻然有喜色,以为衣冠盛事。巡按山西监察御史岐山米公德见而美之,命伐石以记。其事始于弘治三年三月,工方就于四年九月,而侯以德政之美征入中台,为监察御史。	天启《文水县志》卷九《艺文志》,《重修儒学记》工部右侍郎前都察院右佥都御使翰林院修撰经筵讲官兼文华殿讲读官致仕维扬张颐撰
明嘉靖间	重修衙署	前嘉靖二年夏五月,中山李公奉命来治文水,时邑堂第倾颓,不蔽风雨。越二岁九月,中山公集工聚材,讲堂五楹,左有厅,邑幕长清李公营之,右有厅,邑判簿岐山孟公营之,厥后曰藏府,厥前曰社仓,皆中山公改创也。邑丞通州曾公尝以公委不在,且专力城工,故不及是。时维五年,例该朝觐,中山公以绩最南迁,复得鄌州杜公宰邑,政通人和,上下相得,尝嘉三公之举,欲底厥成,以六年十月之暇,兴事继工,内营吏、户、礼、兵、刑、工房十有八楹,外申明亭、旌善亭各成三楹,迄今年三月,厥工告就,数十年废坠,一时成伟观也。	天启《文水县志》卷九《艺文志》,《重修县治记》邑进士郭廷冕撰

续表

年代	事件	文献记录	资料来源
明嘉靖间	修城	嘉靖二十年，北虏犯境，巡道郭公春震檄祁县丞李爵复修城，倍高四尺，建敌台一十有六。二十一年，知县王一民修东西二门。城外周回列垣为蔽。二十三年，知县张源澄增修敌台四十有八。二十九年，知县范从简帮筑城西面，高加三尺，阔一丈二尺，虽屡厪筑浚，终非经久之谟。	天启《文水县志》卷二《规制志·城池》
明万历五年(1577)	修城	万历五年，知县郭宗贤暨县丞韩登始以砖石坚修，围广如旧，高厚增之。今计城高四丈五尺，基阔四丈，顶阔二丈五尺。重门四：东匾曰瞻太、表曰朝阳；南曰迎熏，表曰带汾；西曰靖陲，表曰环岫；北曰忘恒，表曰拱辰。四门四隅为重檐高楼八，堞楼六十有四。濠深三丈，阔四丈。城外垣墙为蔽，高七尺，金汤壮丽，百世永赖。郭公之功，实多焉。天启四年，知县米世发重修城门楼堞，焕然聿新，又修复旧断四隅城路各一道，以便登陴，城内墙下新拓马道，阔丈余，周围各为垣七尺，以捍之，有基无坏，永为保障之计。	天启《文水县志》卷二《规制志·城池》
清顺治十二年(1655)	修城	国朝顺治十二年，知县刘乃桂补修北面雉堞十余丈，各门楼悬匾，东曰汾水环流，南曰南风熏阜，西曰商峰迭翠，北曰北拱紫垣。历年大雨圮坏。	光绪《文水县志》卷四《分建志》
清顺治十八年(1661)	修城	十八年知县王家柱补修东南角楼一座，南面雉堞十余丈，凡大小楼俱为整饬。	光绪《文水县志》卷四《分建志》
清康熙十一年(1672)	修桥	康熙十一年南门外浮桥水冲，知县傅星修之，较旧加固。	光绪《文水县志》卷四《分建志》
清光绪元年(1875)	修城	光绪元年春，西南角倾塌十余丈，知县吴超补休，又增修角楼若干座，凡破缺处皆修葺整齐，依然壮观，城上有碑记。	光绪《文水县志》卷四《分建志》

八 黎城

年代	事件	文献记录	资料来源
宋天圣三年(1025)	迁治	天圣三年徙治涉之东南白马驿。熙宁五年省入潞城县。元祐元年复。	宋史卷八十六《地理志二》

续表

年代	事件	文献记录	资料来源
宋天圣三年（1025）	迁治	今白马镇之黎城，自宋始。……宋仁宗天圣三年乙丑，迁其城于白马镇，即今黎城也。熙宁中，省入潞、涉二县，元祐复置。金元明因之，而隶山西布政司，乡凡四，里凡四十五。嘉靖八年乙丑，升州为潞安府，创置平顺县，析黎之东南五里以隶之。后又并集三里，至崇（祯）间并为二十七里。国朝亦因为黎城县，康熙五年编审并为一十五里，凡四乡，村落一百一十五处。	康熙《黎城县志》卷一《地里志》沿革
宋天圣三年（1025）	迁治	宋天圣三年，移治白马镇，即今城也。周围四里有奇，高三丈余，东北隅依旧阜，隍深阔俱丈许。	康熙《黎城县志》卷一《地里志》城池
元（前）至元年间	重修宣圣庙	黎城南门左，旧有宣圣祠，金大定间，昭义军节度使李文简公宰是邑，庙宇视它邑为最巨，兵革之际，焚荡殆尽。踰三十年，至国朝己未年，县长赵思忠访庙故址，筑以续垣，而无朔望祭之所。中统建元，先伯父凤岩君主簿事为屋三楹，春秋□筑焉。厥后莅县者浸不加省。迨至元十年，□□州□刘渥来□于此，下车即慨然有修废之心，越明年，政通民和，乃谋诸僚吏暨乡先生，鸠工募材，庀徒蒇事，以庙故址偏促，□徙于后。簿尉姬绍荣董其工役，不一岁而庙成，高□□垲，令人望而生敬，乃塑圣人及十哲像，冕珪珠□，悉用周制……李琳代任，思继厥功，泊同□末，鲁不花温庭瑞筑建大成门，余亦阙如也，三十一年春建鲁花赤也孙朵力图兴修，同县尹成簿尉冯集邑之二十二社长想与计工，度木为周庑，为讲堂，为斋舍，为应门，为诸生肄业之所，凡七十二楹。又绘七十二弟子配享汉唐以来诸大儒从祀焉。今年夏，余受命过里拜先圣先师，顾瞻其礼殿巍如，两庑翔如，门□□如，讲堂遂如，斋舍洁如，……元贞元年秋九月望日记。	康熙《黎城县志》卷四《艺文志》，《黎城县重修宣圣庙记》元权秉中
元至元末	修城	元至元末，知县崔聚□旺继修。	康熙《黎城县志》卷一《地里志》城池

续表

年代	事件	文献记录	资料来源
明洪武二年(1369)	重修衙署	县治在城西北隅，中为忠爱堂，堂左为赞政厅，右为库，东西分列为各房科堂，后为退省堂，为式清亭，稍西为知县廨，堂前为戒石亭，为仪门，门内西折而北，为典史廨，又北为丞廨，仪门外左为宾馆，为土地祠，右为狱，为仓，又前为县门，申明亭、旌善亭在县治前，阴阳医学在县治东隅，钟鼓楼在县治东北，养济院在县治东，预备仓在县治北，教场在南门外西南一里，行台有察院，在县治东南，视事堂东壁嵌故县寺法堂记，纪县沿革，略置于堂壁备稽考也。以上署次，洪武二年知县崔凤同主簿严杞因旧址创建，永乐二年知县刘浩重建，成化五年知县李进重修退省堂，知县金山创建公□□□，知县刘大伦建大门，知县任应祺建式清亭，知县张遵约建靳惟精为之记。	康熙《黎城县志》卷二《政事志》公署
明洪武二年(1369)	重修庙学	儒学在县治正南宣教坊。宋金元所建，毁于兵。明洪武二年知县崔凤因旧址创建。成化间知县李善、李进重修，诸所建修皆旧学也，在先师殿后，嘉靖甲申知县杨良臣乃迁建于殿之东北隅，大门三楹，仪门三楹，门左右各翼以砖圭门一，明伦堂三楹……	康熙《黎城县志》卷二《政事志》学校
明洪武二年(1369)	重修城隍庙	城隍庙。在县治东北隅，元至正戊戌红□□□□据之，庙毁。明洪武二年己酉四月知县崔凤、主簿严杞倡民即旧址创建，至六月十二日甲戌□成□□新庙，即今庙也。十四日丙子□城□□□至县越□丁丑□□……	康熙《黎城县志》卷二《政事志》祠祀
明洪武二年(1369)	重修城隍庙	天下府州县皆有庙以祀城隍，府有封王爵者，州县则未有也。洪武元年，诏封府州县城隍爵位有差，县曰：鉴察司民城隍显佑伯，锡以七旒七章，衣纁裳冕服焜煌于戏盛哉。黎城旧庙，毁于兵，明年正月予佐知县崔君来董是邑，民皆逃散大惧弗称图惟安集，俄而四民来归，议欲复庙城隍。适太守潘公以天子命立庙设像，乃仍旧址为正屋十有二楹，中置神像侍以内官，周环墙垣，崇峙门庑，仪卫森列，晨昏钟鼓，享祭有仪，气象规式，于邑适足以奉扬明命，足以告虔妥灵。夏四月癸酉，经始营之，六月甲戌落成荐享，民相与曰，曩邑民切切于祀事，为强兵之所窟宅而不敢为也，因有司之所征敛而不暇及也……	康熙《黎城县志》卷四《艺文志》，《建城隍庙记》严杞

续表

年代	事件	文献记录	资料来源
明景泰初	修城	明景泰初,知县廖靖重修。	康熙《黎城县志》卷一《地里志》城池
明正德间	修城	正德中,知县苟京高广门基,甃以砖石,门咸观楼,楼各十二楹。	康熙《黎城县志》卷一《地里志》城池
明嘉靖间	重修城隍庙	黎城县城隍神庙,幽邃严寂,灵应丕着,一方民物,□在鉴庇。其庙之门旧有楼,嘉靖十六年丁酉夏六月乃倾圮,维时县人典膳官连芳王骞郎图再建,……是月二十九日丙子,即楼遗址为楼一十二楹,迨嘉靖己亥（十八年,1539）六月之五日,工竣。嘉靖壬子（三十一年,1552）春三月首事官始过予问记。予谓天下城隍皆有庙,庙必有门,门未必有楼也。唯此黎庙之门有楼,意在饰庙云尔。粤自宋天圣三年乙丑迁创今县,高城深隍,其英灵之气,寓于城隍之中,而实超乎城隍之表萃而为神受命与上帝以主斯土者,盖五百二十八岁于今矣。其神栖有庙,肇构莫稽,元至正戊戌之乱爇毁一尽。我皇朝明洪武己酉,县令簿戒董部民仍庙旧地而创之,即今庙也。遡庙之成,以迨于丁酉仅一百六十九禩法庭殿庑咸无倾折而楼之系于门者,独坏谓之非数不可,然旧者虽毁,新者即□且其临正据胜,台层而础奠,柱直而栾横,□隆而□密,……嘉靖三十一年冬十一月。	康熙《黎城县志》卷四《艺文志》,《重修城隍庙门楼记》邑人靳惟精
明嘉靖间	修城	嘉靖中,知县李良能增筑城垣,四面各厚一丈许。	康熙《黎城县志》卷一《地里志》城池
明隆庆二年（1568）	修城	隆庆戊辰,知县张遵约创筑敌台二十,上各系以楼,楼各一稳。角楼四,上咸冠以角楼,楼皆十二楹。又于三门外,咸创建重门,各饰以砖石,增雉堞一千五百有奇。□□□□□各一丈五尺,□□□□□□度教谕□□□之记东城下水门一□□石□出城中水者,县丞刘靖建。	康熙《黎城县志》卷一《地里志》城池
明崇祯十四年（1641）	修城	崇（祯）十四年,知□靳之屏将前所增堞俱易以砖,城内外建坊二十八座。	康熙《黎城县志》卷一《地里志》城池
清顺治十四年（1657）	重修文庙	文庙久已鞠为茂草,国朝顺治十四年诸生李鼎黄、李芳黄各捐银叁百两,粟叁百石,焕然新之。	康熙《黎城县志》卷二《政事志》学校

九　乡宁

年代	事件	文献记录	资料来源
宋皇祐三年(1051)	迁城	县初在鄂城西南三里许，值水患移于此城。	《山右石刻丛编》（四编）卷二十八，白贲撰《后土庙重修记》
宋皇祐三年(1051)	迁城	乡之城池，创自古昔，相继增修，足称一方之保障矣，是用纪之。宋皇祐中，以旧县患河水，公私以改邑便。知县刘舒即鄂侯故墟，移建今制，更历金元以及国朝……	顺治《乡宁县志》卷一《舆地志》"城池"
宋皇祐三年(1051)	重建文庙	舒是岁（引者按：皇祐三年）被命理兹邑，授署越三日，恭谒先圣之故祠，观其宫宇隘陋，加之颓颓，不堪其忧，会此移邑，乃于传舍卜得隙地余亩，可为基址，于是鸠工度材，诹日经营，遂命他山伐其木，埏埴陶诸瓦，日番公隶，版筑外端，先构中殿，次及两庑，栋梁合度，丹臒不华，至于绘塑圣哲，尽出官缗，儒宫一成不劳民力。	顺治《乡宁县志》卷四《人文志》"碑记"，刘舒撰《重建文庙记》
宋皇祐中	寿圣寺钟	圣寿神钟（原注：钟大数围，宋皇祐中昔人建，昔人移之县，不动，叩不鸣，复移之圣寿寺，叩之大鸣，远近俱闻，名曰神钟）。	顺治《乡宁县志》卷一《舆地志》"形胜"
金大定二十五年(1185)	移建后土庙	乡宁后土庙者，创自金国大定二十五年，移建于兹矣。	《山右石刻丛编》（四编）卷二十四，张安石撰《后土庙重修记》
金大定初	后土庙	城东北有后土圣母之祠，创建于亡金大定之初，地形高阜，庙貌雄伟，环列诸神之祠，醮台露砌甬道三门无不完备，中有繁荫蔽日，虽酷暑，而游人罢扇，乃官僚香火之场，真士庶祈祷之所，一旦兵尘所废，几为灰烬，止有正殿及武安王之祠。	《山右石刻丛编》（四编）卷二十八，白贲撰《后土庙重修记》
金兴定三年(1219)	城陷	己卯城陷，是庙也焚灭殆尽，止存正殿，及有崇口真君之祠，以彰灵应。厥后凶年，人皆逃散，以致庙貌疎坏，不待风雨，瓦鲜鸳鸯，梁摧蝽蜥，砌草带露而朝泣，庭木号风而夜悲，日月亡迈，孰陈香火，阖邑无人。	《山右石刻丛编》（四编）卷二十四，张安石撰《后土庙重修记》

245

续表

年代	事件	文献记录	资料来源
1233年	复立城池	至大朝癸巳年，权州赵仲、刘琛等募民还集，复立城池，经画田舍，渐成伦理。有本县令张渐暨紫川吴善志悯此荒凉，乐摅丹恳，重为修寓，及盖五岳龙神之位。噫！人知父母生长之恩，而不知天地之恩甚于父母之生长也。以母氏之劬劳，不过为一己之德，况地之博厚，含□光大，无所不载，无所不生，实应地无疆之德也。且五岳大者，以其为天下之镇，四渎广者，以其贯九州之远，岳渎之神，尚忝王者之祀，为万民所归仰，我后土之圣，尊为万物之母，经络江河，子孙山岳，皆以长养之仁，无出载持之外，功德之大，岂胜言哉？张宰、吴公，悯其绘像，重修庙宇，有以答灵祇之德，会襄陵李用和来簿是邑，刻石传二人之美，姑以斐辞纪其岁月云耳。旹大蒙古岁次壬寅季秋望日乡宁县主簿李用和立石。	《山右石刻丛编》（四编）卷二十四，张安石撰《后土庙重修记》
元前至元末	复立县治	至元三年，有司阅实郡国户口之数，以多兼少，以旷归聚，汰其旷冗，庶生民休息耳。由是县归于吉。县之东偏去吉二百里，而遥南亦如之，讼者役者奔走，而集事者声其劳，或强击暴詈，寡弱者隐而不能诉。十三年，坊郭白珪等六十四人赴州府陈告："本县系春秋晋侯之故垒，四邻十县，地理遐远，自古设官为治，今并于本州，凡有征差、词讼、勾证往回四五百里，夏暑秋霖，溪涨沮行，实误官事，若将本县依例复立，官民两便，迤逦上达居无几何奉符文即目科差时分已后定夺。"二十一年吴预曹随史秉、杜房、白贲、曹骥、冀载等二十一人，复以词控告，二十二年费邦彦、张湮等一十四人又陈于上。二十三年王韦、曹麒复有首燕之行。二十四年本县巡检孙亨乃聚众，谕以连年申告可但已即众应之各持蟹稻以赞行者，于是杜房、张湮再赍体复图画文字垒赴愬于尚书省。二十五年二月，钦奉圣旨允从之。当是时也，县人费国宝与弟用之辈，为曹橡缔构之功居多焉。二十八年，余至是邦，独以厅事在翠微间，檐瓦半落，庭草滋茂，风雨之夕，倚槛而避往来飞鸟若惊冠带之吏者，再造之邑，首图兴作，虑始之际，莫不用劝。继之达噜噶齐暨主簿者踵而至，督责益勤，榱橡瓦甓之物，四乡蚁来，近功倍远，壮力兼老，秋筑春桷，左右之夹室，东西之两庑，仪门翼如，塞门鐉如，称男邦之治。古人谓，有志者事竟成也，若白、吴、曹、史、冀、王、费、杜、两张者，率飙百余人裹道路之粮，腾颊舌之说，以图久败难成不可必之事，荏苒寒暑殆二十年，劳益坚而勤益壮，复隍之城，再立官守，亦可谓有志者。……至元三十二年冬十二月立。	民国《乡宁县志》卷十二"文选上"，元县令宋景祁撰《复立乡宁县治碑记》

续表

年代	事件	文献记录	资料来源
明洪武八年	重建县署	县治初附河，宋皇祐知县刘舒改迁鄂侯故垒，即今在城西北隅，至元末知县宋景祁复建，国朝洪武八年知县荆守正重建，牧爱堂三间，库房二间在堂西，佐治厅一间在堂东，圣谕坊一座在甬路中，知县焦守巳建，匾曰仰止……	顺治《乡宁县志》卷三《官司志》"县治"
明正德年间	修城	宋皇祐中，以旧县患河水，公私以改邑便。知县刘舒即鄂候故墟，移建今制，更历金元以及国朝正德壬申，知县赵元筑东西二城门楼及西城外石桥。	顺治《乡宁县志》卷一《舆地志》"城池"
明嘉靖年间	修城	嘉靖壬午知县王杨，辛丑知县惠及民相继增筑南城建楼。	顺治《乡宁县志》卷一《舆地志》"城池"
明嘉靖四十五年（1566）	修城	（嘉靖）丙寅，知县王国祯因河水冲塌，复增修之，缭以女墙。	顺治《乡宁县志》卷一《舆地志》"城池"
明隆庆二年（1568）	修城	隆庆戊辰，因备房患，知县马秉直承檄筑北城。	顺治《乡宁县志》卷一《舆地志》"城池"
明隆庆六年（1572）	修城	（隆庆）壬申，知县张一敬复修东城，周围女墙增高，城始高大，计城周三里，高厚二丈有咫。池东西南北深广各二丈许，东西南有门，门各有楼。	顺治《乡宁县志》卷一《舆地志》"城池"
明万历十七年（1589）	修城	万历十七年，西城久缘山水，冲蚀陊阤，知县焦守巳申请报俞乃役丁夫□饬城根，甃以石，浚湟水西注，增以垛口，修城楼如故，匾曰登龙门，仍捐俸金充役人舖饟为百年记焉。	顺治《乡宁县志》卷一《舆地志》"城池"
明万历十七年	重修庙学	儒学在县治西，宋皇祐三年知县刘舒建，国朝洪武十一年知县荆守正重葺。嘉靖三十四年地震，庙学俱坏，知县张云从复修，万历十七年知县崔允恭申请重修，典史徐文钟任其劳。	顺治《乡宁县志》卷三《官司志》"公署"

续表

年代	事件	文献记录	资料来源
明、清、民国	城垣	春秋时晋鄂侯故垒。宋皇祐三年知县刘舒因迁县治筑。明正德间知县赵元重修，建东西二城楼及西门外石桥。嘉靖间知县王杨、辛丑知县惠及民相继增筑南城建楼，后河水冲塌，知县王国正复增修之，缭以女墙。隆庆间知县马秉直筑北城，张一敬修东城，增四围女墙，城始高大，计周二里半，高厚各二丈有奇，池深二丈、广称之。万历十七年，山水蚀西城，知县焦守己甃以石，浚池增垛口，新城楼题曰登龙。天启间知县张文熠铸铁牛、铁幢于东门外镇水。清康熙五年，知县张联箕重修增筑护城石堰，后因水涨坏城，复修建石堤一道，长二十五丈，高一丈二尺，阔八尺，联箕自为记。四十七年知县屠辉加修。道光二十六年知县王筠重修四城，今惟东西南各有城楼一座，北无楼，上有碾台四座，下为水门。东门外瓮城一所，西门外关厢一所。乡宁治城东西麦长，南北短狭，县署居东西之中，县署东百余步有桥，旧名永宁桥，父老传言明以前桥之西皆属城内，桥之东为东关。不忆明代何官并东关圈入城内，工程颇巨。考之《通志》及旧县志，殆隆庆间张一敬之功乎。又考寿圣寺后土庙及东街各坊今皆在城内，而乾隆时旧志犹云在县东关，盖沿康熙时旧志，而康熙时志又沿明之旧志，均未改也。今则城坏不堪矣。自道光二十六年重修之后，间亦补修，随修随圮，昔浚之池，今成平地，纵使后人不惜万金重加筑凿，无如北山一面处处可通，一登北山，全城在掌握中矣。或有建议仍移治阴城者，其弊与今治等。南山犹北山，非计也。有谓移至金牛阜者，地势过高而水乏，非计也。有谓守城不如守山，增兵防守各峪口，毋令敌近城，斯言庶乎近之。然民贫财匮，至今已极，无亦能言而不能行耳。	民国《乡宁县志》卷六"城邑考"附"县城"
明、清、民国	衙署	宋皇祐间知县刘舒由阴城迁治于阳城，公署建筑形势弗可考。元末宋景祁复建，碑记未详述。明洪武年知县荆守正重建，旧志虽详，与今亦异。其后重修者，清雍正间知县田文镜（原注：旧志漏载，今惟大门内"表里山河"一坊尚存），乾隆壬午知县钟声峻有碑记……同治七年知县俞承奎。其补修增建工资不巨者，明隆庆间知县王国正，万历戊寅知县李枝、焦守巳，清康熙壬子知县张联箕，同治十二年知县许贞元，光绪十八年知县葛玫，三十二年知县李文辉。	民国《乡宁县志》卷六"城邑考"附"公署"

续表

年代	事件	文献记录	资料来源
明、清、民国	庙学	乡宁万山之中，学者素少，其科举时代瞠乎后矣，变而为学校，已十余年，而乡间读书之声，有减而无增，此守土者之过欤？亦风气使之然也，瞻望前哲，惓怀后进，记者有余思焉。 文庙释奠之礼，向归学制，不与群祀同列，今儒学已废，此礼久虚，应屏入裡祀门矣。记者狃于故习，仍以冠学制，欲学者不忘本焉。 …… 学宫在县治西，宋皇祐三年知县刘舒建（原注：与县治同时徙），计大成殿五间，东西庑各七间，戟门三间，阶下石坊一，前为泮池，中小桥通，又前为棂星门，又前为影壁，左右两角门，角门外各石坊一。大成殿后为崇圣祠，其东为明伦堂，两楹为斋舍，左博文，右约礼，各三间。又各四间，其南为礼门，阶下建木坊曰义路，明伦堂西后为训导宅，东为御碑亭，又东为教谕宅，今两学官宅、义路坊俱废，斋舍东西各存五间，余俱如故。 其后重修者，明万历二年知县张一敬，清康熙二十四年知县张禄征，四十四年知县田文镜，五十三年知县屠辉，雍正五年知县朱元仲，乾隆六年知县张孙鋐，十六年绅士阎上复，四十二年训导阎乘升，五十四年训导曹兆凤，道光二十年训导王同寅，同治六年知县陈鲁，宣统三年知县陈世昌，民国四年知事屠仁彬。	民国《乡宁县志》卷七"学制记"

十 淳化

年代	事件	文献记录	资料来源
唐乾宁二年（895）	攻梨园镇	冬十月丙戌，河东将李存贞败邠宁军于梨园北，杀千余人，自是梨园闭壁不敢出。……克用令李罕之李存信等急攻梨园，城中食尽，弃城走。罕之等邀击之，所杀万余人，克梨园等三寨，获王行瑜子知进及大将李元福等。克用进屯梨园。	《资治通鉴》卷第二百六十七《唐纪七十六》
宋淳化四年（993）	新建城	淳化四年，升耀州云阳黎国镇为县。	《宋史》八七《地理志三》

续表

年代	事件	文献记录	资料来源
宋淳化四年(993)	新建城	梨园镇，在金龟乡，王褒《云阳宫记》曰：车箱坂下有梨园，汉武筑之，大一顷，树数百株，青翠繁密，望之如车盖，镇因名之。唐李克用以并师讨邠、岐，驻军梨园寨。皇朝淳化四年建为淳化县，以云阳金龟、平泉、古鼎三乡，仍析山后，甘延、温丰、威遂三乡属焉。（原注：按太子舍人黄观言，此地山林深僻多聚贼盗，遂建为县。）	《长安志》卷二十《县十》
宋淳化四年(993)	新建城	淳化四年以云阳县梨园镇为淳化县。	《元丰九域志》卷三《陕西路》
宋淳化四年(993)	新建城	中，淳化县，本云阳县之梨园镇，皇朝淳化四年置县，属耀州。	《舆地广记》卷十四《陕西永兴军路下》
宋淳化四年(993)	新建城	耀州，开宝五年为感义军，太平兴国元年改感德军。淳化四年，以云阳县之梨园镇置淳化县。	《宋朝事实》卷十八《升降州县一》
宋淳化四年(993)	新建城	明万历中，城为五里三分，高三丈五尺，上阔一丈，下阔二丈五尺。南、北、西沟，东河。三面有门，门各一楼，东曰迎和，南曰阜民，北曰拱极。	乾隆《淳化县志》卷二《土地记》"明淳化城"条
宋淳化四年(993)	新建城	宋淳化四年，割金龟、平泉、古鼎、甘延、温威、威远六乡，升梨园镇为淳化县。	隆庆《淳化县志》第四卷《地理志》
宋淳化中	新建衙署	县治宋淳化中建，在北门内西。	隆庆《淳化县志》第五卷《建置志》
宋宣和七年(1125)	整葺衙署	梨园，昔云阳支镇尔。我宋淳化间为县，隶华原，宣和初，请复属南豳，羽檄飞书，控扼两路，今为冲途。簿书之繁，户口之伙，不减剧邑，名公巨儒，临莅于此者比比焉。盖亦善地也。方朝廷遴选守令，为民长人，岁在乙巳，命宣教郎赐绯鱼袋张公安祖来典是邑。到官未期月而一境称治，老奸滑吏，屏肩缩首。州郡知其贤而事亦简，百里之民，安居乐业，岂不趋与，县舍倾坠，前后作治者，侘傺于簿书间，而修置补废鲜能及之。公一日环视其宇，重兴叹曰：君子之居，一日必葺，况令居一邑事？遂完西堂，使之南向，命曰吏隐。……宣和七年十月初三日杜陵石彦政记并书。	隆庆《淳化县志》第八卷《艺文志》，宋《吏隐堂记》

续表

年代	事件	文献记录	资料来源
明洪武六年(1373)	迁衙署	县治宋淳化中建，在北门内西。洪武六年知县楚桓移置今处。正中为县堂，左为赞政厅，右为鄹侯土地马神祠，嘉靖叁拾贰年，知县郭儒移置仪门外，隆庆肆年知县汤浙重修，改为迎祥祠。堂东西为六房，为库房。前为仪门，仪门中为戒石亭，后北为知县宅，西为县丞宅，宅前为预备仓，为吏舍，为马厩。东为典史宅。吏隐堂旧在堂西，宋宣和七年知县张安祖建，有碑。旌善厅、申明亭始建县治西北，嘉靖三年易为民居，后徙仪门南，今又移北。	隆庆《淳化县志》第五卷《建置志》
明嘉靖三年(1524)	迁庙学	粤昔淳化在洪武时建学，县治之左，门临通衢，当时士乐于学，多显者焉。厥后令有李仲贤者，以学为神祠而迁于南城之下，后又坏而不加葺也。于是士荡析废，学而鲜成名矣。故淳化之人，小大咸怨。小人曰：昔吾学美矣，由李令迁之，使吾士居于面墙之下，迁乔而入幽，抱阴而负阳，恶乎不荡析也？此风水之咎也。君子曰：昔吾学美矣，由李令迁之，使吾士居于面墙之下，藏修焉而非其宜，游息焉而无所适，恶乎不荡析也？此有司之咎也。故君子小人异言而同情焉。正德甲戌，臬司大夫何公至淳化，谒庙视学而病焉，淳化师生以众情告之。公曰：吾意也，乃为身相地焉。乃得县北废仓及城隍庙地，曰：于此建学，如是如是，善矣。时令未之能行也。岁庚辰，令缺，丞毕氏至。谒庙视学而病焉。学谕王氏以往告之。丞曰：令在，吾不可专，今诚吾责矣。于是学谕谘之，丞任之，乃白于当路，咨于有众，乃取薪于山，以甄以然，取材于巅，以栋以枅，取石于川，为础孔坚。作庙渊渊，为堂为廨；为舍联联，如翚斯妍，如鸟斯骞。凡数月而讫工矣。丞又曰：庙学之前，无通衢焉，未善也。乃悉召诸居民，谓曰：若属后园墙地若通以为衢，则士利于行，而尔辈亦利于廛矣，如何？皆唯唯于是。悉取其壤，为衢为廛，如矢如弦，士民攸便，凡数日而讫工矣。于是小人观之乐焉，曰：美哉，阴阳顺矣，风水萃矣。士于此不成，吾不信也。君子观之乐焉，曰：美哉，藏修宜矣，游息适矣。士于此不学，吾不信也。……嘉靖三年四月吉立。	隆庆《淳化县志》第八卷《艺文志》，《淳化县新迁庙学记》

251

续表

年代	事件	文献记录	资料来源
明嘉靖三年（1524）	迁庙学	县学旧在县南一百步，洪武二十年移置东南面城。嘉靖三年按察司副使何天衢莅县以逼南城下，令县丞毕经移置今地。中为明伦堂五楹，后为敬一亭三楹，东为传文斋，训导宅居其后。上西为约礼斋，教谕宅居其后。上东西号舍各十间。育才仓在西斋之上，藏有祭器、书籍。堂上有卧碑、宸翰碑、新迁庙学碑，光禄卿金赠都御使三原马口撰记。	隆庆《淳化县志》第五卷《建置志》
明嘉靖三年（1524）	迁城隍庙	城隍庙在县治北街之西。旧直距城下。嘉靖三年于后隙地建学，移庙于前。隆庆初封郎中罗中夫纠众重修。	隆庆《淳化县志》第五卷《建置志》
明嘉靖九年（1530）	修城	嘉靖九年，知县马崇增筑。	乾隆《淳化县志》卷二《土地记》"明淳化城"条
明嘉靖四十三年（1564）	修城	四十三年，知县张介设垛楼。	乾隆《淳化县志》卷二《土地记》"明淳化城"条
崇祯中	修城	崇正（祯）中，赵之琴增修。末年，知县孟学孔设敌台西南角。	乾隆《淳化县志》卷二《土地记》"明淳化城"条
清顺治五年（1648）	修城	顺治五年知县赵宾修城楼。	乾隆《淳化县志》卷二《土地记》"国朝淳化城"条
清康熙三十九年（1700）	修城	康熙三十九年冬十月，知县张如锦捐俸补筑垣城一百三十余丈，县册城皆山，围东西一百七十步，南北一里二百六十步，周四里一百七十步，高二丈五尺，池深一张，阔五尺。东、南、北三面有门，东曰迎和，南曰阜民，北曰拱极。南北以沟为隍，东以河为隍。	乾隆《淳化县志》卷二《土地记》"国朝淳化城"条
清乾隆二十八年（1763）		至乾隆二十八年，知县吴国栋详请动项重修城垣一座，周围四里一分二十步二尺，其西城依塬修筑，无城门，周围长七百四十八丈二尺。	乾隆《淳化县志》卷二《土地记》"国朝淳化城"条

附录二 河北省定兴县金代城址调查及其相关问题[*]

河北省定兴县今属保定市辖，位于冀中平原腹地，北距北京89公里，南距保定54公里。南拒马河从县城西侧流过，县境内地势平坦开阔。

为进行宋金时期中原北方地区城址的考古学研究，笔者曾先后于2008年7月、2015年9月对定兴进行了两次田野调查，现就调查所获结合有关文献资料撰此札记[①]。

一 定兴城沿革

定兴县老城位于今河北省保定市定兴县城的西部一带。

据《金史·地理志》记载，定兴于金大定六年（1166）以范阳县黄村置县[②]。大定九年（即宋乾道五年，1169）楼钥使金曾过定兴县，记录了定兴县筑城的实况："（乾道五年十二月）二十五日丙午，晴，五更，车行三十里定兴县早食。县本黄村，近以为邑，今岁九月

---

[*] 附记：本书的写作得到了杭侃教授的指导，在定兴调查期间承蒙定兴县文物保护管理所丁金铎所长的帮助，谨此一并致谢！

[①] 定兴县城址作为金代城址的代表，曾为学术界注意。最早的考古调查参见杭侃《中原北方地区宋元时期的地方城址》，北京大学考古学系博士学位论文，1998年，第14页；又见杭侃《宋元时期的地方城镇——以中原北方、川东和江南地区为例》，载《燕京学报》新23期，北京大学出版社2007年版，第2—4页。

[②]《金史》卷24《地理志上》，中华书局1975年版，第575页。

方筑城，四旬毕工，雉堞甚整，独门楼未起。驿舍亦创造，始待使客于此。"①

此后，定兴县隶属有所改易。光绪《重修定兴县志》（以下简称《光绪志》）卷一《地理志》"沿革"条记云："金世宗大定六年始置定兴县，属中都路涿州。元改属大都路易州，至元二十二年（1285）又属保定路。明属保定府，国朝因之。"民国曾改保定府为保定道，后又改直隶省为河北省，定兴县属之。抗日战争及解放战争其间，定兴县屡有置废，至 1949 年恢复定兴县建制，属察哈尔省保定专区。1958 年又一度裁撤，至 1961 年恢复定兴县建制，属河北省保定专区。20 世纪 90 年代，定兴县行政中心从老城内迁出至老城以东，老城一带大型行政单位和居民遂不断迁出。

要之，定兴县隶属虽有改易，但自金大定六年置县以来，定兴县城的治所未曾迁移，一直沿用至今，是一处金代始建的古今重叠型城址。

二 定兴城现状

定兴老城一带地势平坦，没有明显的高差。旧垣地面以上已无遗迹保存，但东、西两侧护城河的北段，北侧护城河现尚有遗迹保留。查阅 1967 年 9 月 20 日 Corona 卫星拍摄的卫星影像可以发现，当时北城垣、东城垣和城东南角、西南角皆有部分城垣保留下来，城东、北、西三面的护城河也均清晰可见（附图 2-1）；查 1971 年航摄、1972 年调绘的定兴城区 1：5 万地形图，所见护城河情况也和 Corona 卫星影像基本一致。据此基本可以了解，20 世纪 60 年代后期定兴城垣及护城河的保存情况。

定兴城内现存最重要的遗迹是全国重点文物保护单位慈云阁。慈云阁旧名大悲阁，位于定兴县老城中心的十字路口（附图 2-2），原为一组建筑。1934 年 9 月刘敦桢调查慈云阁记云："定兴县城的平面，

---

① 楼钥：《北行日录》（丛书集成初编本），中华书局 1991 年版，第 20—21 页。

附录二　河北省定兴县金代城址调查及其相关问题

附图 2-1　定兴周边 Corona 卫星影像
（上为北，图片由中国社会科学院考古研究所刘建国先生提供）

略近方形，每面辟有城门一座，门内很规则地排列东、西、南、北四条大街，在四街的交叉点，留下一块狭长如洲的地带，中央建立慈云阁。……在平面上，慈云阁可分为前、中、后三部。中部系阁本身，前、后二部，都是附属建筑。现在前部充民众教育馆会堂，后部拨归定兴县第一区区公所，虽结构都不十分宏大，但后殿系用四注庑殿顶，它的后面，又接上一所卷棚式的两层楼，使屋顶参错变化，不落常套。"[①]（附图 2-3）20 世纪 50 年代慈云阁总体布局尚基本保存，

---

①　刘敦桢：《河北省西部古建筑调查记略》，载刘敦桢《刘敦桢全集》第二卷，中国建筑工业出版社 2007 年版，第 262 页。

附图 2-2　定兴城现状
（上为北，底图采自谷歌地图软件，拍摄时间：2015 年 3 月 9 日）

平面整体呈船形（附图 2-5）[1]；今附属建筑已毁，惟阁仅存。

慈云阁坐北朝南，面阔进深各三间，重檐歇山顶（附图 2-4）。其楼阁做法与常见的宋金元时期楼阁建筑不同，其上檐实为一独立的建筑，下檐在上檐建筑四周加出，但椽架甚短，不足为外廊[2]。上、

---

[1]　聂金鹿：《定兴慈云阁修缮记》，《文物春秋》2005 年第 3 期。
[2]　刘敦桢已注意到定兴慈云阁在楼阁做法上的特别之处，见前引《河北省西部古建筑调查记略》第 262—263 页。

附录二 河北省定兴县金代城址调查及其相关问题

| 定兴县慈云阁北面外观 | 慈云阁东面外观 | 慈云阁东北角外观 |

附图 2-3 慈云阁建筑组群
（摄于 1934 年，采自刘敦桢《河北省西部古建筑调查记略》，第 263 页）

附图 2-4 定兴慈云阁现状

下檐柱皆包砌在墙身之内，下檐柱下施素平柱础，上檐柱下施素覆盆柱础，覆盆柱础尺寸大于柱径 2 倍有余。阁上檐四架椽屋，通檐两柱（附图 2-6）。于前后檐和两山平柱柱头间施抹角梁承驼峰，其上承托

257

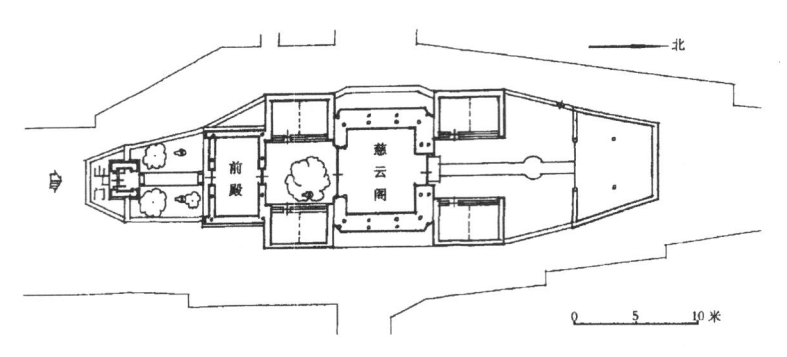

附图 2-5　定兴慈云阁 20 世纪 50 年代平面图
(采自聂金鹿《定兴慈云阁修缮记》,《文物春秋》2005 年第 3 期)

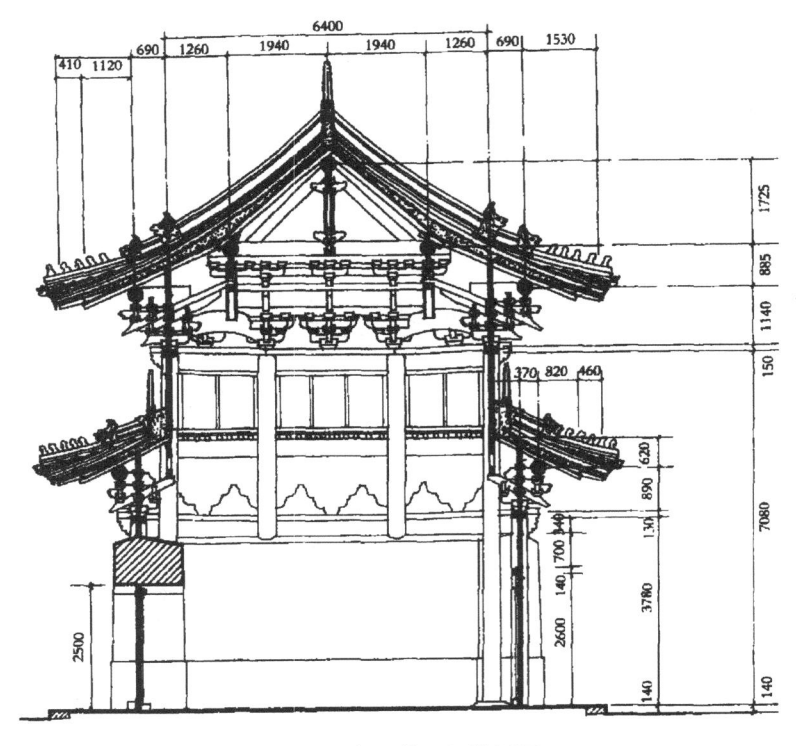

附图 2-6　定兴慈云阁横剖面图
(采自聂金鹿《定兴慈云阁修缮记》,《文物春秋》2005 年第 3 期)

转角铺作第二跳昂后尾，下昂后尾内伸插入殿内垂柱柱身并上承角梁后尾及阑头栿、平槫。下檐前后檐当心间双补间、两次间单补间，两山逐间单补间，施四铺作单昂斗栱，柱头铺作施假昂、用足材爵头式耍头，补间铺作施真昂、用单材爵头式耍头。上檐铺作布局与下檐同，惟四檐各次间补间铺作横栱皆与角铺作连为一体，其中令栱作鸳鸯交手，角铺作瓜子栱与小栱头相列出跳，小栱头上散斗贴于令栱内侧；施五铺作双下昂斗栱，当心间两柱头铺作与两补间铺作第一跳下昂为假昂，第二跳下昂为真昂，各铺作皆用单材爵头式耍头。上下檐无论真假下昂，皆斫为琴面式，昂嘴扁弧，真昂下施用三瓣华头子，假昂在昂下部隐刻出与之相若的华头子。慈云阁殿内原还保存有四十二臂观音立像一尊，高二丈余（附图2-7），已毁。

附图2-7 慈云阁观音像
（摄于1934年，采自刘敦桢《河北省西部古建筑调查记略》，第265页）

元大德十年（1306）立石的《大元保定路易州定兴县创建大悲阁记》，载于《光绪志》卷十七《金石志》，记载了僧人德宝创建慈云阁的经过。有关慈云阁的纪年材料还有于1998年修缮时发现的几处题记："一是梁架东山面中平槫下皮的墨书题记'东头槫大元国大都路易州定兴县在德□全□及多'；二是上檐攀间散斗槽内题的'大元国'三个字，另外在下檐栌斗上也发现有题记，但字迹已分辨不清①。"崔金泽曾据此将慈云阁现存木构的创建年代系于（前）至元十年至十七年（1273—1280）之间②，应是基本可信的。又按《光绪志》载《大元保定路易州定兴县创建大悲阁记》碑文末署记"银青荣禄大夫平章政事蒙古汉军都元帅张宏（弘）范"，张弘范为元初重臣张柔第九子，《元史》有传③，弘范墓志近年来亦已发现④，参稽本传及墓志资料，可知弘范拜蒙古汉军都元帅在（前）至元十五年（1278），因此可以进一步将慈云阁的年代系于（前）至元十五年至十七年之间（1278—1280）。

城内尚存的其他重要遗迹还有城西南隅的文庙大成殿（附图2-2）。文庙大成殿位于定兴县实验小学内，建在一高畅的台基之上，面阔五间，进深两间，单檐庑殿顶（附图2-8）。木构架为七檩，明次间四缝梁架为后金柱前出六架梁对单步梁，六架梁及单步梁皆入后金柱柱身，其下托雀替。后金柱上承五架梁后尾，前金柱不落地（附图2-10）。四檐逐间用平身科三攒（附图2-9），斗栱为五踩重昂，皆为假昂，昂琴面起脊，昂嘴近五边形，昂身下线开始于十八斗中线之下；撑头木外拽与挑檐枋相交出头，后尾作麻叶头，线条较简单。柱头科昂身，较平身科加宽，重昂等宽，其上承硕大的挑尖梁头，后尾绞栿（附图2-11）。额枋平板枋截面成"T"字形，平板枋至角柱出头刻海棠瓣，额枋出头类似霸王拳。明间脊枋及上金枋下有雍正五年（1727）、乾隆六年

---

① 聂金鹿：《定兴慈云阁修缮记》，《文物春秋》2005年第3期。
② 崔金泽：《河北省中南部地区明以前寺庙建筑研究》，北京大学考古文博学院硕士学位论文，2012年，第59—74页。
③ （明）宋濂等：《元史》卷156，中华书局1976年版，第3679—3685页。
④ 易县博物馆：《河北易县发现元代张弘范墓志》，《文物》1986年第2期。

(1741)、宣统二年（1910）重修题记，字迹统一，当是宣统二年重修后统一重写更换的。文庙大成殿大木作法时代性颇不统一，但从构架的舒朗和斗栱、额枋及平板枋的细部来看，斗栱及大木主体似仍是不晚于明的木构遗存。特别值得注意的还有大成殿所使用的柱础。该殿前檐平柱下所用柱础，皆为古镜式；殿内后金柱下所用的四枚柱础，皆作宝装莲瓣式（附图2-12），与山西霍州署仪门及保定直隶总督府二堂所用柱础颇类似，似为不晚于元的遗物。

附图2-8　文庙大成殿

附图2-9　文庙大成殿全景

附图 2-10　文庙大成殿明间西缝梁架

附图 2-11　文庙大成殿前檐斗栱

附录二 河北省定兴县金代城址调查及其相关问题

附图 2-12　文庙大成殿檐柱柱础（左）及后金柱柱础（右）

在城西北隅石狮子街西段路北侧党校旧址门前，还保存有残石狮一（附图2-13），承定兴县文物保护管理所丁金铎先生见告，原有石狮二，其一已佚。此外城内保存的旧迹还有跨南大街两侧、南径胡同口稍北的木牌坊的夹杆石（附图2-14）。

附图 2-13　党校旧址门前残石狮

263

附图 2-14　南大街木牌坊夹杆石

三　定兴城的布局与主要建筑

定兴城清代的布局可以参考康熙《定兴县志》（以下简称《康熙志》）、乾隆《定兴县志》（以下简称《乾隆志》）和《光绪志》中的城图（附图 2-15、附图 2-16），三图所见定兴城的整体格局和衙署、文庙、城隍庙等重要建置的布局均大体相同，只有个别建置、牌坊有所增减。三图中《康熙志》县城图所示城内道路格局最详，将 1967 年 Corona 卫星影像（附图 2-1）与之对比，不难发现二者所见道路格局几乎完全相同，没有变动；此后的近 50 年间，除石狮子街与西大街之间和城南部近南城垣一带的道路格局随着城市建设稍有改易外，其余道路也基本沿用至今（附图 2-2）。如附图 2-15、附图 2-16 所示，清代定兴城内以东、南、西、北四条大街为主干，城中心为慈云阁；县治位于西北隅，文庙（学宫）位于西南隅，东林寺和小寺位于东北隅，城隍庙、聚仙观位于东南隅，南、北大街上有跨街而建的三座牌坊。

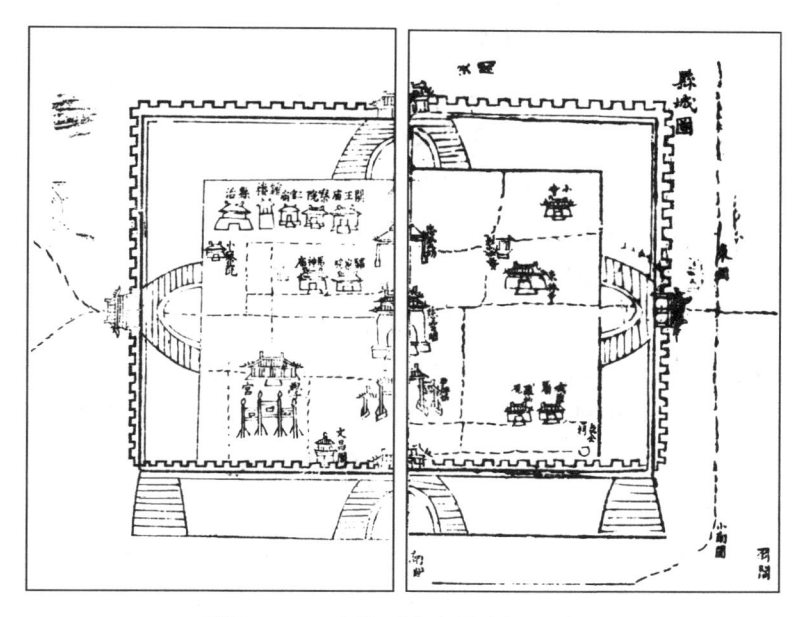

附录二 河北省定兴县金代城址调查及其相关问题

附图 2-15 康熙《定兴县志》县城图

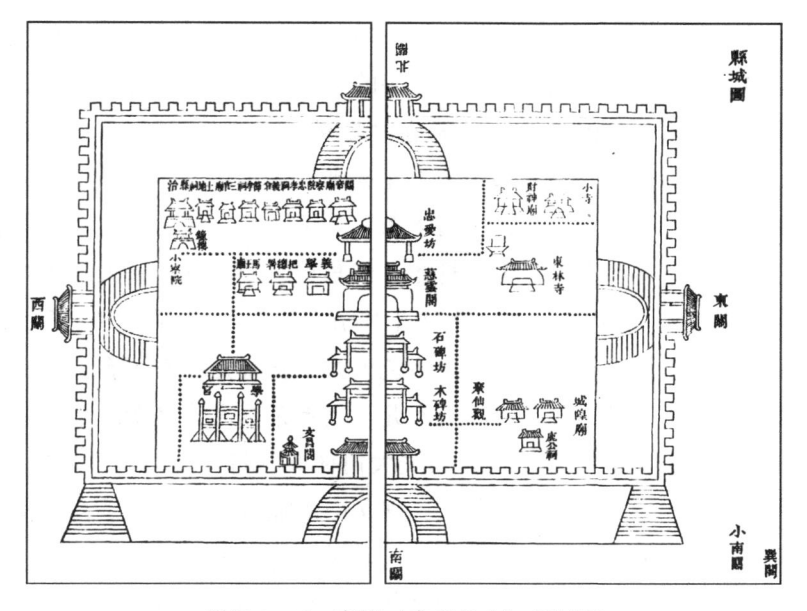

附图 2-16 光绪《定兴县志》县城图

其中，旧县治也就是衙署所在，即是党校旧址，其门前的石狮子今仍残存其一。文庙的位置可以凭借尚存的大成殿确定，即今定兴实验小学一带。此外，可以基本推定位置的比较重要的建筑，还有小寺和城隍庙、聚仙观。小寺即东林小寺，位于城东北隅，应在今民用胡同以北、小寺街以东一带。城隍庙和聚仙观在城东南隅，应在今兴华西路以南、振兴南街以东、南径胡同一线以北一带。

又如前节所述，定兴老城的城垣和护城河遗迹在1967年的Corona卫星影像上尚可识别，可据之复原城垣和护城河的四至。按照复原后的规模利用谷歌地球软件检核城垣周长约2.6千米，这和《乾隆志》卷三《建置志》"城池"条记"基围五里八十步，高二丈、阔一丈五尺，隍深八尺"是基本符合的。据此，我们可以作出一张清代定兴县城的复原图（附图2-17）。基于此，我们就可以结合城内遗迹的情况和文献的记载，对定兴城更早的情况作进一步的探讨。

前节所述《大元保定路易州定兴县创建大悲阁记》是定兴县郭西相盖里大龙兴寺住持僧德宝创建大悲阁（即慈云阁）的碑记，记叙了德宝的生平和重建大龙兴寺与慈云阁的经过，记云："（德宝）一日闲诣本县市井间，有致兵革以来遗迹大悲阁，所唯存故基，余无所在。视斯愤念志发，遇寒则冰涕交溢，逢暑则汗膏相伴，实忍力上士，处位贤人，兹者可费资万余，用植千条，人工颖匠，所历及多，不繁徧叩，英豪悉蒙喜舍厥工，仍就丹楹，刻角兽，鹏鸰冤，镂大悲圣像一区，绘彩俱完。"碑记后署"大德十年五月日普悟大师德宝立石，定兴县都纲保正太师亦失八，随路诸色人匠奥鲁都提举石可台，昭信校尉大都屯田千户所达鲁花赤脱脱木儿，银青荣禄大夫平章政事蒙古汉军都元帅张宏（弘）范，光禄大夫大司徒兼领将作院事阿尼哥"。其中特别值得注意之处有二。其一，碑文记德宝所创大悲阁是在"有致兵革以来遗迹大悲阁，所唯存故基，余无所在"的基础上进行的，这提示我们注意在德宝创建大悲阁之前，定兴城中心已有一旧阁。其毁于兵革，"唯存故基"，推想应在金元之际，那么城中心建大悲阁的做

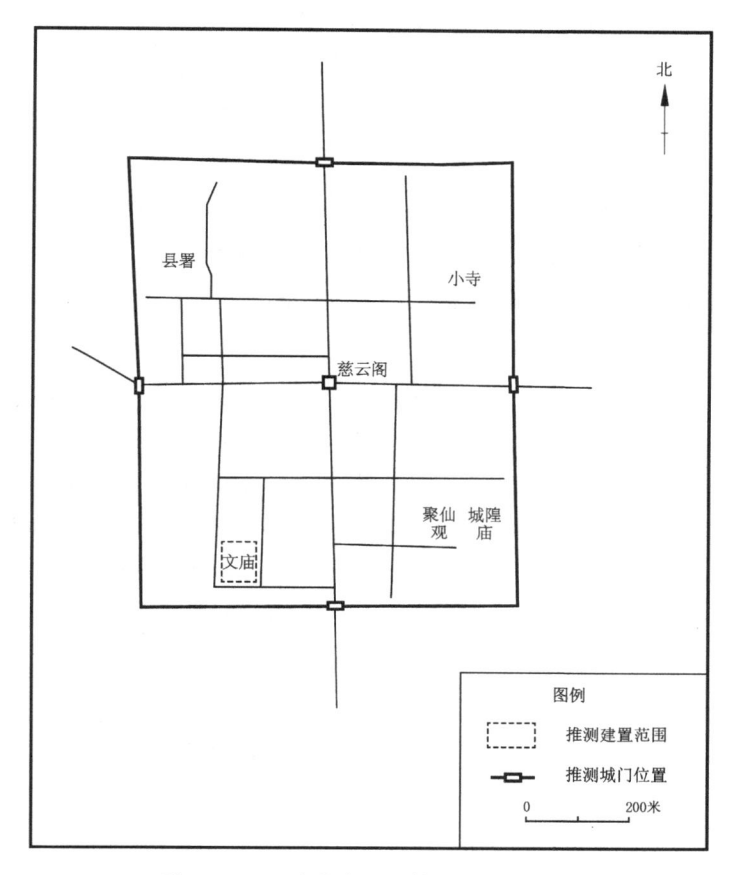

附图2-17 清代定兴县格局复原示意图

法就应是金代的旧制①。其二，崔金泽已据此碑记指出定兴慈云阁内已毁的元代观音像，或许即是阿尼哥的作品。若进一步考虑阿尼哥与

---

① 崔金泽曾推测金代的大悲阁为大定九年（应为大定六年、1166年之误）定兴县城初置时所创，按若以乾道五年（1169）楼钥使金时定兴门楼未起、乾道六年（1170）范成大使金时定兴尚显凋敝推测（范成大诗《定兴》云："新城迁次少人烟，桑柘中间井径寒。亦有染人来卖缬，淡红深碧挂长竿。"并题注曰："旧黄村，房新建为县，井邑未成。"见《范石湖集》卷12，上海古籍出版社1981年版，第156页），则大悲阁之创建不大可能成于定兴城初置之时。参见崔金泽《河北省中南部地区明以前寺庙建筑研究》，北京大学考古文博学院硕士学位论文，2012年，第65页。

大都的联系，以及张弘范与其父张柔、其兄张弘略（曾任大都"筑宫城总管"）之关系①，则慈云阁所具有的元代官式建筑风格值得特别注意，或许不只观音像为阿尼哥的作品，阁之建筑也出于大都工匠之手②。

如果前述慈云阁建于城中心是金代旧制的推想不误，那么就基本可以肯定，定兴城在金代即是四门十字街的格局。

《乾隆志》卷三《建置志》"坛庙"条记云：

> 文庙草创于金大定，旋沦兵燹。元至元二年县尹孟世杰卜邑西南隅建大殿三楹，厥后吴、杨、谢、赵四尹修葺，洎二十二年杨尹始塑宣圣及邹兖二公像。太（泰）定二年县尹梁羡始图两庑七十子及许衡像四十二幅。元统元年县尹王居敬凿泮池，建棂星门，制渐改观。明洪武中，知县卞礼、熊文美先后补修，嘉靖中易象以主，嗣是随时缮补，其详莫纪。天启六年大水，爨官为壑，周垣倾圮殆尽，邑人鹿正慨肩厥事三越月而功竣，规模准旧，扩大成殿五楹，东西庑、神厨、神库左右各十七楹，戟门三楹，棂星门亦鼎新。康熙年间知县张其珍重修，乾隆七年知县王源泗、二十五年知县刘致中相继重修。

《光绪志》卷二《建设志》"文庙"条小注中，录谢端（后）至

---

① 张氏籍贯定兴，金元之际张柔以武力显于时，为元朝所重，张氏一门为元灭金、南宋屡建功勋。柔（前）至元三年（1266）判行工部事，城大都，四年进封蔡国公，五年六月卒。柔共十一子，以弘略、弘范最显。弘范为柔第八子，至元三年城大都时，佐其父为筑宫城总管。柔及弘略本传见《元史》卷147，中华书局标点本，第3472—3478页。近年来张氏家族墓地也已经过调查和清理发掘，参见孟繁峰、孙待林《张柔墓调查记》，《文物春秋》1996年第3期；河北省文物保护中心等：《元代张弘略及夫人墓清理报告》，《文物春秋》2013年第5期。

② 有关慈云阁所具有的元代官式建筑风格，已引起部分学者的注意，参见徐怡涛《从斗拱形制探析13—15世纪中国北方官式建筑与江浙营造的渊源关系》，《故宫博物院院刊》2014年第6期。除慈云阁外，北方地区具有官式风格的元代建筑还有已被学界重视的芮城永乐宫、曲阳北岳庙德宁殿及尚未引起足够重视的浑源永安寺传法正宗殿，有关元代官式建筑的相关问题，已超出本书范围，将另文研讨。

元二年（1336）所撰《大元保定路定兴县重修孔子庙记》，详记了（前）至元、天历①、元统年间文庙的修建历史，可订补元代文庙修建的情况。谢端在记中引礼部郎中杜德远的书信曰："孔子庙在县治南，至元初县尹孟伯英始为屋四楹，几五十余年，无能继而完治者。天历初，尹梁羡乃殿于中，庑于旁，门于外，周以垣墉，砌以阶陛，馈神有庖，讲习有堂，又为夫子像于殿，别绘从祀诸子于庑。元统元年，尹王公居敬、薄刘彦文扩池水为泮，象棂星为门，瓴甓以为墀，帷帘以为障，黝垩以为饰，……乡校之制乃得粗备。"

由此可知，定兴文庙创建于金大定年间（建县之时），后遭兵燹所毁。《乾隆志》称（前）至元二年（1265）县尹孟世杰"卜邑西南隅建大殿三楹"，未说明元初所建文庙大殿与金代文庙之关系。如细审前引谢端记文中"孔子庙在县治南，至元初县尹孟伯英始为屋四楹②"之意，似孟世杰所建文庙大殿未曾迁址，但较金代文庙大殿规模有所增加，则金代"草创"的文庙大殿当为一规模较小的建筑。元代在孟世杰所建三楹大殿的基础上，不断扩大文庙规模，制度渐趋完备。至明天启六年（1626）因大水毁庙，遂改建大成殿为五楹，此后明清屡有修葺。这样基本可以确定今天所见的文庙大成殿应是明天启改建以来的遗构。而殿内的宝装莲瓣柱础，正是元代文庙大成殿留下的遗迹。宝装莲瓣柱础共计四枚，也恰与元代文庙大殿三楹相对应。

《乾隆志》卷三《建置志》"公署"条记云："县治金元在城东南，今城隍庙其基也，后改设于城西北隅。洪武三年主簿费皋经始，十三年知县卞礼、主簿萧翰翔扩修。堂三楹，匾曰忠爱，接以抱厦，

---

① 梁羡任职定兴在泰定二年（乙丑，1325）冬，其主持的文庙修建工程始于泰定四年（丁卯，1327），讫于天历元年（1328），故《乾隆志》卷三《建置志》"坛庙"与谢端撰《大元保定路定兴县重修孔子庙记》所记时间稍有不同。详参（元）张琬撰《大元保定路易州定兴县重修孔子庙堂记》，载《光绪志》卷十七《金石志》，第32—35页。

② 谢端记文称大殿"四楹"，与《乾隆志》"三楹"不同，是河北、山西、陕西部分地区元明时期的习惯称法。这一时期上述地区地方志及其他文献中论及建筑，屡有将三开间之殿称为"四楹"、五开间之殿称为"六楹"者，这大概相当于清代称牌楼时所说"三间四柱"，是指其面阔方向的柱楹数而非开间数。

前为露台,中甬道为戒石坊,又南为仪门,左右有翼门,直南为大门,上为谯楼,更夫戍之,匾曰定兴县。堂左吏户礼仓房,右粮房承发房招房兵刑工房。东南为库楼。堂后有堂一楹,题名碑在左右穿堂,创自知县丁启明,今无。再入为三堂五楹,其后为知县内宅厅事五楹,左右翼房。二堂前西行厅事三楹,曰西厅堂。后西行北转为书房,堂东为厨房,仪门外有河淤籽粒碑,两翼有小房五六楹,为征收之所,俱废。少南左为寅宾馆三楹,今无,馆后为土地祠,狱在仪门内之西,大门外故有申明亭、旌善亭及榜房,今皆不存。"同书同卷《建置志》"坛庙"条记云:"城隍庙,在治东南隅,元延祐五年邑人张伯祥建。元末毁于兵。明洪武二年知县卞礼重建,天顺七年知县甄铎增葺,正德中邑人张景芳,嘉靖中邑人吴廷玉、萧济民等相继缮修,规模整备。有明洪武二年敕封显佑伯碑。"结合上引这两条记载可知,明代初年定兴城的建置进行了一次比较大的调整,洪武二年到三年(1369—1370)陆续将原在定兴城东南的县署迁到了城西北,并在城东南县署旧址重建了城隍庙。这应是与明代初年对地方衙署的改造及城隍制度的确立与改革直接相关的。

洪武初年,天下初定,明太祖推行了一系列措施以整齐制度,对地方衙署的改造是其中的一个重要方面。根据前引《乾隆志》卷三《建置志》"公署"条的记载,在洪武三年定兴县署迁建至城西北隅以后,至洪武十九年(1386)间对公署进行了新建和扩修。这番修建工程完成后,衙署中路上的核心建筑是前接抱厦的三开间大堂"忠爱堂",堂前有甬道,甬道上建有戒石坊,其南通向有两侧翼门的仪门,仪门前有上建谯楼的大门。大堂院中,建有供吏户礼兵刑工六房办事机构为主兼及其他需要的办公机构和库舍。大堂之后建有二堂,再后即是供县署主任官员居住的内宅。这个布局,正是明代华北地区普遍流行的衙署布局[1],是根据洪武初公廨修建的"法式"改造的,部分

---

[1] 参见李志荣《元明清华北华中地方衙署建筑的个案研究》,北京大学考古文博学院博士学位论文,2004年,第113—115页。

学者将这个"法式"称为"洪武定制"①。"洪武定制"在衙署布局上的具体内容,或可参考明人陆容《菽园杂记》的记载:"公廨正厅三间,耳房各二间,通计七间。府州县外墙高一丈五尺,用青灰泥。府治深七十五丈,阔五十丈。州治次之,县治又次之。公廨后起盖房屋,与守令正官居住,左右两旁,佐贰官首领官居之。公廨东另起盖分司一所,监察御史、按察分巡官居之。公廨西起盖馆驿一所,使客居之。此洪武元年十二月钦定制度,大约如此。见《温州府志》。"②以往研究者已经指出,这是我们了解洪武初年地方衙署制度的重要文献③。以往论者解释"洪武定制"推行的原因,往往引用由元入明的名臣王袆《义务县兴造记》中的一段话:"今天子既正大统,务以礼制匡饬天下。乃颁法式,命凡郡县公廨,其前为听政之所如故,自长贰下逮吏胥,即其后及两傍列屋以居,同门以出入,其外则缭以周垣,使之廉贪相察,勤怠相规,政体于是而立焉。命下郡县,奉承唯谨④。"藉此,我们可以了解洪武初年通过对地方衙署布局的整顿来规范吏治的目的⑤,而由此推行的"钦定公廨制"则是一项具有全国性

---

① 柏桦:《明代州县衙署的建制与州县政治体制》,《史学集刊》1995年第4期,第16—23页。早在1988年,傅熹年就曾在《中国大百科全书·建筑园林城市规划卷》"衙署"词条中提出"洪武二年定制"的说法,中国大百科全书出版社编辑部编《中国大百科全书·建筑园林城市规划卷》,中国建筑工业出版社1988年版,第484—485页。此后他又根据地方志特别是洪武《苏州府志》的材料进一步申说,指出洪武二年(1369)曾颁布官府图式,见氏著《中国古代城市规划、建筑群布局及建筑设计方法研究》,中国建筑工业出版社2001年版,第82—84页。

② (明)陆容:《菽园杂记》卷13,中华书局1985年版,第163页。这段记载与查继佐《罪惟录》卷二十八《将作志》中所记"钦定公廨制"基本相同。参见查继佐《罪惟录》,浙江古籍出版社1986年版,第993—994页。《罪惟录》与《菽园杂记》的主要不同在于其将"钦定公廨制"系于洪武二十七年(1394)。

③ 胡介中:《明代地方治所衙署之建筑与规模等级初探》,载王贵祥等《明代城市与建筑——环列分布、纲维布置与制度重建》,中国建筑工业出版社2013年版,第249—261页。

④ (明)王袆:《王忠文公集》卷六(丛书集成初编本),中华书局1985年版,第156—157页。

⑤ 前引傅熹年《中国古代城市规划、建筑群布局及建筑设计方法研究》,中国建筑工业出版社2001年版,第83页;前引李志荣《元明清华北华中地方衙署建筑的个案研究》,北京大学考古文博学院博士学位论文,2004年,第113页。

影响的事件。定兴县署的迁建正是在洪武元年"钦定公廨制"颁行的背景下进行的。

在洪武初年的制度改革中，礼制的改革是另外一个重要方面。其中占有重要位置的是围绕祭祀的一系列改革。洪武二年，太祖下诏封京都及天下城隍神，确立了具有等级体系的城隍制度和具有人格神性质的城隍神，并将城隍神依其所在之不同定为五等，其中凡县城隍均为"鉴察司民城隍显佑伯"，为城隍神等级中最低的正四品。前引《乾隆志》中记载的定兴城隍庙所存洪武二年"敕封显佑伯碑"即是此次改革的遗物。洪武三年，城隍神的祭祀再度有了较大调整，传统的城隍神被改为不具有人格神性质的城隍神，与之相伴城隍庙的建筑也作出了明确规定。洪武三年六月戊寅诏天下府州县城隍庙制"高、广各视官署厅堂，其几案皆同，置神主于座。旧庙可用者修改为之。"也就是说，洪武三年改制后明确了城隍庙的建筑完全比照地方衙署的等级和规模①。

据此，我们可以推测，洪武元年"钦定公廨制"颁行后，定兴县署需要据此加以改造；而洪武二年城隍制度改革后，定兴县"元末毁于兵"的城隍庙也已不敷祭祀之用，需重新修建。正是在这样的背景下，定兴县知县卞礼与主簿费皋便有计划地在洪武二年至三年将县署从县城西南隅迁到了东北隅，并在原县署旧址重建了城隍庙，从而既使新迁建的定兴县署满足了洪武元年"钦定公廨制"的要求，也使新改建的城隍庙符合了洪武三年城隍庙制的要求。

这里需要补充的是"元末毁于兵"的元代城隍庙的有关情况。元代著名文人揭傒斯撰《易州定兴县城隍庙记》云：

> 城隍神天下通祀，或有天子封，或无封。其垣屋器服一拟于王者，虽有强毅聪察之吏不敢废，水旱疾疫必祷焉。

---

① ［日］滨岛敦俊：《明初城隍考》，载《榎博士颂寿纪念东洋史论丛》，汲古书院1998年版，第347—368页。中译本见《社会科学家》1991年第6期。

易之定兴庙于邑之西南隅，制古而地僻，大木蔽亏，苺墙藓砌，黮然云兴，肃焉风行，过者悸心，入者易虑，而祷亦辄应。屋之挠坏缺漏以时葺之，无所改作，而垣独完。于是邑人张伯祥等同翰林从事杜德远谒记勒石。

……延祐三年夏四月癸酉，翰林国史院编修官揭傒斯记[1]。

这篇记文亦见于《光绪志》卷十七《金石志》，题为《定兴城隍庙记》，与文集收录者有以下几点不同处。一为"于邑之西南隅"的"西南"作"东南"，二是记文之末作"延祐五年夏四月己酉县人张伯祥、张思、庞德良等立石，翰林国史院编修官揭傒斯记，承事郎郊祀署令程大本篆题，本郡逸人于翼书，金玉局石匠提控纪庭秀刊"。按翻检《光绪志》卷十七《金石志》，其中不少碑刻录文皆记录有其碑石刊刻的具体情况，甚至包括碑石上字体的大小；这说明《光绪志》之《金石志》在编纂时，应是有条件也的确核对了部分碑石的原文。这提醒我们应重视《光绪志》对元代定兴县城隍庙位于"邑之东南隅"的记载。又翻检《光绪志》卷十四《古迹志》"寺观"条，记"聚仙观，古城隍庙址。元碑泐。明正德中设道会司，以谷道全为道会，始定观名"。附图2-15中绘出了聚仙观的位置，恰在清代迁址后的城隍庙之西，据此可知元代的城隍庙确应在城之东南隅。另一点值得注意处则是揭傒斯记城隍庙"制古而地僻"，则定兴城隍庙之始建，尚在延祐以前。

定兴城中金元时期的建筑在文献记载尚有迹可循的还有城内的三皇庙。所谓三皇是指伏羲、神农、黄帝。有元一代将三皇作为医学神进行祭祀，并制度化命郡县通祀。根据以往学者的研究，世祖忽必烈（前）至元年间诏天下郡县建立三皇庙，并往往与医学相列，到成宗元贞元年（1295）将它进一步制度化划为郡县祭祀，将之视为全国郡

---

[1] （元）揭傒斯著，李梦生标校：《揭傒斯全集》"文集卷5"，上海古籍出版社1985年版，第337—338页。

县都举行的国家祭祀①。有学者注意到三皇庙的建造存在着北方与江南的地域性差异，北方在元代之前就有三皇庙的建设，只是当时尚未形成三皇庙祭祀的制度②。

《光绪志》卷四《祠祀志》"丛祠"条载元人阎复撰大德九年（1305）立石的《三皇庙碑记》云：

> 圣朝自至元以来，诏立三皇祠，始于京师，达乎郡邑，著之甲令，以为彝典。定兴有祠在县东北隅，亡金大安庚午所建，前进士张玼文石在焉。国初蔡国张公改筑于县治西南河内村，距城二十里，而近藻荐之仪弗克时举。大德壬寅秋，邑主簿刘君弼会邑人王仲义、张伯祥、李继明，耆老蔡德泽、郭通等谋曰：三皇氏立人之极，功被万世，而陋祠于野，渎神孰甚焉。邑址固在盍更诸众以为然。伐木于山，甄甓于郊，鸠财僝工，士胥用劝，闳殿穹窿，像设尊严，取法邃古，十大医师，配坐侑食，翼以修垣，敞以阃扉。会刘君满秩后，簿许谦继董其役，县长纽里皆泊、尹李从庆、尉那怀实始终之，落成于九年之春。

据此可知，定兴三皇庙正是在元代以前、金代大安二年（1210）即已建立，元代初年张柔将其改建于定兴城外西南二十里的河内村。但随着元贞元年（1295）将三皇庙确立为郡县祭祀，远在城外的三皇庙既已不便，因此大德六年（1302）遂在定兴城内金代三皇庙旧址上予以重建。

逮元明易代，洪武初年尚沿袭元代旧制通祀三皇，但很快随着儒

---

① 池内功：《异民族支配与国家祭祀——谈元朝郡县祭祀》，载郝时远等主编《蒙元史暨民族史论集——纪念翁独健先生诞辰一百周年》，社会科学文献出版社2006年版，第149—167页；杭侃、彭明浩：《三皇庙铜祭器及其相关问题》，载北京大学中国考古学研究中心编《古代文明》（第8卷），文物出版社2010年版，第267—284页。

② 水越知：《元代的祠庙祭祀与江南地域社会——三皇庙与赐额赐号》，载姜锡东等主编《宋史研究论丛》（第八辑），河北大学出版社2007年版，第523—549页。

家的崛起，认为府州县祭祀三皇"以医药主之，甚非礼也"，于是在洪武四年（1371）"命天下郡县毋得亵祀"。三皇庙由此衰落，"三皇"也再度从医学祖神转变为民族始祖神和圣贤先哲①。定兴三皇庙也应是在这一大背景下消失的。《乾隆志》卷三《建置志》"坛庙"条记城内"东林小寺"云："在城内，旧为三皇庙，元张柔移三皇像于河内，今止原碑存。后人于基上建殿，奉观音大士，故又曰观音寺。"据此，清代三皇庙已经改建为东林小寺了。如前节述，东林小寺见于附图2-15、附图2-16，在城内东北隅，藉此我们可以确定金元时期三皇庙的位置。

在基本梳理清楚上述慈云阁、县署、文庙、城隍庙、三皇庙等城内主要建置的情况后，我们可以结合清代定兴县城的复原图，对此前的定兴城格局做进一步的推考。总的来看，清代定兴城的格局基本是继承于明代的，明清之间并无大的改易。而明代洪武初年，定兴城内主要建置的分布做了一次较大的调整，包括县署自东南隅迁至西北隅，城隍庙在县署旧址重建，三皇庙在明初以后逐渐废弃后改为东林小寺。不难发现，这些重要建置的改易，都是和明代初年全国整体性的制度建设和改革相联系的。进一步，如果综合考虑洪武迁址以前位于东南隅的县署、位于西南隅的文庙、位于东北隅的三皇庙和位于城中心的慈云阁，都可上溯至金代，那么也就有理由推定金大定六年新建、九年筑城的定兴城即是一座四门十字街的城址，试做复原图以示之（附图2-18）。

四 结语

上文对定兴城的复原研究，说明其是一座金代始建的四门十字街式城址，其街道格局基本沿用至今。笔者以往的研究曾指出，此类城址自隋唐以来在中原北方地区的平原地带普遍流行，并在宋金元明时期保持了这一趋势，应和这类城址规划在平原地带的合理性和便利性

---

① 张世清：《元代医祀三皇考》，《史学月刊》2004年第7期。

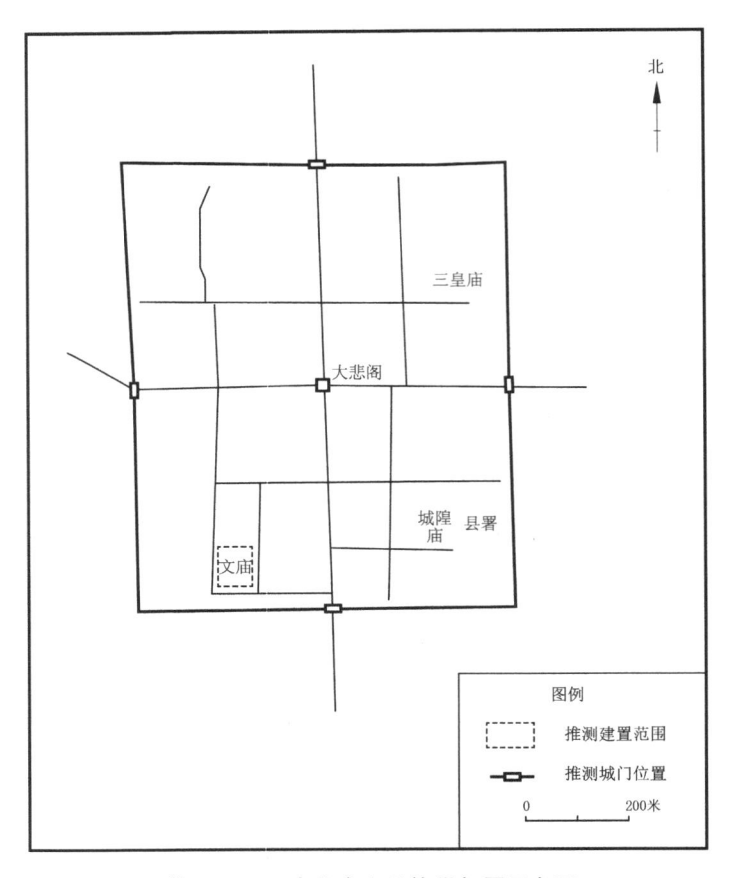

附图2-18　金代定兴县格局复原示意图

有关①。

然而尽管长期作为县城治所的定兴城街道格局自金代始建以来没有大的改易，城内的建置却在历史演进中做出了相应的调整。元代初年三皇庙迁至城外，又在大德六年迁回城内旧址，这和元代三皇庙的祭祀制度调整有关。明代初年县署自城东南迁至西北，城隍庙迁至元代县署旧址重建，三皇庙逐步废弃，则和明代初年的一系列国家制度

---

① 杭侃、王子奇：《宋代北方地区新建城市的考古学研究》，载魏坚主编《2012东北亚古代聚落与城市考古国际学术研讨会论文集》，科学出版社2014年版，第333—362页。

建设和改革有关，是一个集中调整的时期。这提示我们在进行城址个案的研究过程中，不仅要关注其城内建置的改易，更要重视建置改易背后的原因。定兴城是一个难得的珍贵个案，反映了元明两代城址建置的变迁，殊值重视。一个地方城址的建设历史，不仅是地方史的见证，更折射出国家历史演进中的宏阔变化。

本书原载《扬州城考古学术研讨会论文集》，科学出版社2016年版。

参考文献

一 中文文献

古籍

（后晋）刘昫：《旧唐书》，中华书局 1975 年点校本。

（唐）李吉甫：《元和郡县图志》，中华书局 1983 年点校本。

（宋）陈规撰、林正才注释：《守城录注释》，解放军出版社 1990 年版。

（宋）范成大撰、孔凡礼点校：《范成大笔记六种》，中华书局 2002 年校点本。

（宋）乐史：《太平寰宇记》，中华书局 2007 年点校本。

（宋）李焘：《续资治通鉴长编》，中华书局 2004 年点校本。

（宋）楼钥：《北行日录［《丛书集成新编》（九三）影印知不足斋丛书本］》，新文丰出版公司 1985 年版。

（宋）马端临：《文献通考》，中华书局影印商务印书馆《万有文库》十通本，1986 年版。

（宋）欧阳忞撰，李勇先、王小红校注：《舆地广记》，四川大学出版社校注本 2003 年版。

（宋）欧阳修：《新五代史》，中华书局 1974 年点校本。

（宋）欧阳修、宋祁：《新唐书》，中华书局 1975 年点校本。

（宋）王存：《元丰九域志》，中华书局 1984 年点校本。

（宋）王象之：《舆地纪胜》，四川大学出版社2005年点校本。

（宋）王洙等编撰、金身佳整理：《地理新书校理》，湘潭大学出版社2012年版。

（宋）薛居正等：《旧五代史》，中华书局1976年点校本。

（宋）祝穆撰、祝洙增订、施和金点校：《方舆胜览》，中华书局2003年版。

（元）孛兰肹等撰、赵万里校辑：《元一统志》，中华书局1966年版。

（元）脱脱等：《金史》，中华书局1975年点校本。

（元）脱脱等：《宋史》，中华书局1977年点校本。

（元）于钦撰、刘敦愿等校释：《齐乘校释》，中华书局2012年版。

（明）蔡懋昭纂修：《（隆庆）赵州志》，上海古籍书店1962年影印天一阁藏明代方志选刊本。

（明）陈所学纂修：《（崇祯）隆平县志》，1712年清康熙五十一年增刻本。

（明）程遵纂修：《（正德）赵州志》，1515年明正德十年刻本。

（明）傅淑训修、阎期寿等纂，郑际明等续修：《（万历）泽州志》，1611年明万历三十九年续修刻本。

（明）焦守巳纂修、（清）侯世爵续修：《（顺治）乡宁县志》，1650年清顺治七年增刻本。

（明）李侃修、胡谧纂：《（成化）山西通志》，1475年明成化十一年刻本。

（明）龙文明修，赵耀、董基纂：《（万历）莱州府志》，1604年明万历三十二年刻本。

（明）米世发修、郑宗周纂、李裕民点校：《（天启）文水县志》，山西古籍出版社点校本1996年版。

（明）宋濂等：《元史》，中华书局1976年点校本。

（明）汤浙修，罗廷绣纂：《（隆庆）淳化县志》，1570年隆庆四年刻本。

（明）郑希侨修，刘继先、崔士伟纂：《（嘉靖）武定州志》，1963年天一阁藏明代方志选刊本。

（明）郑相修、黄虎臣纂：《（嘉靖）夏邑县志》，1963年天一阁藏明代地方志选刊本。

（明）朱学介修、缑纯纂：《（万历）兴县志》，1577年明万历五年刻本。

（清）陈嘉楷修、韩天衢纂：《（光绪）昌邑县续志》，1907年清光绪三十三年刻本。

（清）陈起凤修、邢琮纂：《（顺治）临邑县志》，1652年清顺治九年刻本。

（清）陈庆蕃修、叶锡麟、靳维熙纂：《（宣统）聊城县志》，1910年清宣统二年刻本。

（清）程大夏修，李御、李吉纂：《（康熙）黎城县志》，1682年清康熙十一年刻本。

（清）程云原本、蓝山增修：《（乾隆）兴县志》，1880年清光绪六年重刻本。

（清）党丕禄修、李肇林纂：《（康熙）昌邑县志》，1672年清康熙十一年增刻本。

（清）范绳祖修、庞太朴纂：《（顺治）高平县志》，1658年清顺治十五年刻本。

（清）傅德宜修、戴纯纂：《（乾隆）高平县志》，1774年清乾隆三十九年刻本。

（清）傅星修、郑立功纂：《（康熙）文水县志》，成文出版社中国方志丛书影印1673年版。

（清）葛清等纂修：《（乾隆）乡宁县志》，1784年清乾隆四十九年刻本。

（清）顾祖禹：《读史方舆纪要》，中华书局2005年校点本。

（清）胡德琳等修、周永年等纂：《（乾隆）东昌府志》，1777年清乾隆四十二年刻本。

（清）李登明等纂修：《（乾隆）曹州府志（点校本）》，齐鲁书社1988年版。

（清）李熙龄修、邹恒纂：《（咸丰）武定府志》，1859年清咸丰九年刻本。

（清）刘德昌修、叶沄纂：《（康熙）商丘县志》，1705年清康熙四十四年刻本。

（清）沈淮纂修：《（道光）临邑县志》，1837年清道光十七年刻本。

（清）沈继贤修、常大昇纂：《（雍正）岚县志》，1730年清雍正八年刻本。

（清）沈世铨修、李勗纂：《（光绪）惠民县志》，1899年清光绪二十五年柳堂校补刻本。

（清）舒化民等修、徐德城等纂：《（道光）长清县志》，成文出版社中国方志丛书影印1835年清道光十五年刻本。

（清）嵩山修，谢香开、张熙先纂：《（嘉庆）东昌府志》，1808年清嘉庆十三年刻本。

（清）苏性纂修：《（同治）平乡县志》，1868年清同治七年刻本。

（清）唐开陶修、高元贞纂：《（康熙）重修临邑县志》，1713年清康熙五十二年刻本。

（清）万廷树修、洪亮吉纂：《（乾隆）淳化县志》，成文出版社中国方志丛书影印1931年民国二十三年重刻本。

（清）王谟辑：《汉唐地理书钞》，中华书局1961年影印本。

（清）王图宁修、王肇栋纂：《（康熙）宁陵县志》，1693年清康熙三十二年刻本。

（清）倭什布修、刘长灵纂：《（乾隆）惠民县志》，1782年清乾隆四十七年刻本。

（清）徐松辑：《宋会要辑稿》，中华书局翻印北平图书馆影印本1957年版；上海古籍出版社2014年版。

（清）于沧澜、马家彦修，蒋师辙纂：《（光绪）鹿邑县志》，1896年清光绪二十二年刻本。

（清）袁文焕纂修：《（乾隆）隆平县志》，成文出版社中国方志丛书1969年影印1764年清乾隆二十九年抄本。

（清）岳之岭修、徐继曾纂：《（康熙）长清县志》，1727年雍正五年增刻本。

（清）张元鉴、蒋光祖修，沈俨纂：《（乾隆）虞城县志》，1743年清乾隆八年刻本。

（清）赵弼修、赵培基纂：《（康熙）平乡县志》，1672年康熙十一年刻本。

（清）郑灏等修、杨恩树纂：《（光绪）黎城县续志》，1883年清光绪九年刻本。

（清）周来邰纂修：《（乾隆）昌邑县志》，成文出版社中国方志丛书影印1742年清乾隆七年刻本。

崔公甫修，王树枏、王孟戌纂：《（民国）续修临邑县志》，1936年民国二十五年铅印本。

郭黎安编著：《宋史地理志汇释》，安徽教育出版社2003年版。

韩世勋修、黎德芬纂：《（民国）夏邑县志》，1920年民国九年石印本。

李起元修、王连儒纂：《（民国）续修长清县志》，成文出版社中国方志丛书影印1935年民国二十四年排印本。

马蓉等校点：《永乐大典方志辑佚》，中华书局2004年校点本。

项葆祯修、李经野纂：《（民国）单县志》，1929年民国十八年石印本。

赵祖抃修，吴庚、赵意空纂：《（民国）乡宁县志》，成文出版社中国方志丛书影印1917年民国六年刻本。

中华书局编辑部编：《宋元方志丛刊》，中华书局1990年影印本。

论著

北京大学考古文博学院、河南省文物考古研究所：《登封王城岗考古发现与研究》，大象出版社2007年版。

北京图书馆善本特藏部舆图组编：《舆图要录：北京图书馆藏6827种中外文古旧地图目录》，北京图书馆出版社1997年版。

长清县志编纂委员会编：《长清县志》，济南出版社1992年版。

陈高华、史卫民：《元大都上都研究》，中国人民大学出版社2010年版。

陈国灿：《南宋城镇史》，人民出版社2009年版。

陈明达：《应县木塔》，文物出版社1966年版。

陈正祥：《中国文化地理》，生活·读书·新知三联书店1983年版。

成一农：《古代城市形态研究方法新探》，社会科学文献出版社2009年版。

程存洁：《唐代城市史研究初篇》，中华书局2002年版。

董鉴泓：《中国城市建设史（第三版）》，中国建筑工业出版社2004年版。

傅斯年等著：《城子崖》，"中央研究院"历史语言研究所发行1934年初版，1992年影印版。

傅熹年：《傅熹年建筑史论文集》，文物出版社1998年版。

傅熹年：《傅熹年建筑史论文选》，百花文艺出版社2009年版。

傅熹年：《中国古代城市规划、建筑群布局及建筑设计方法研究》，中国建筑工业出版社2001年版。

傅熹年：《中国古代建筑史（第2卷）（第二版）》，中国建筑工业出版社2009年版。

傅熹年：《中国科学技术史·建筑卷》，科学出版社2008年版。

顾朝林等著：《中国城市地理》，商务印书馆1999年版。

顾宏义：《宋朝方志考》，上海古籍出版社2010年版。

郭黛姮主编：《中国古代建筑史（第3卷）（第二版）》，中国建筑工业出版社2009年版。

郭湖生：《中华古都——中国古代城市史论文集》，空间出版社1997年版。

国务院三峡工程建设委员办公室、国家文物局：《巴东旧县坪》，科学出版社2010年版。

韩光辉：《从幽燕都会到中华国都——北京城市嬗变》，商务印书馆2011年版。

韩光辉：《宋辽金元建制城市研究》，北京大学出版社2011年版。

杭州市文物考古所：《南宋临安府治与府学遗址》，文物出版社2013年版。

杭州市文物考古所：《南宋太庙遗址》，文物出版社2007年版。

杭州市文物考古所：《南宋御街遗址》，文物出版社2013年版。

河南省文物研究所、中国历史博物馆考古所：《登封王城岗与阳城》，文物出版社1992年版。

贺业钜：《考工记营国制度研究》，中国建筑工业出版社1985年版。

贺业钜：《中国古代城市规划史》，中国建筑工业出版社1996年版。

贺业钜：《中国古代城市规划史论丛》，中国建筑工业出版社1986年版。

侯仁之：《北京城的生命印记》，生活·读书·新知三联书店2009年版。

侯仁之：《历史地理学的视野》，生活·读书·新知三联书店2009年版。

侯仁之：《我从燕京大学来》，生活·读书·新知三联书店2009

年版。

黄宽重：《南宋地方武力：地方军与民间自卫武力的探讨》，国家图书馆出版社2009年版。

李德华：《城市规划原理（第三版）》，中国建筑工业出版社2001年版。

李祥耆、张厚璜编：《钜鹿宋器丛录》，天津博物院，民国十二年（1923）版。

李孝聪：《历史城市地理》，山东教育出版社2007年版。

李孝聪：《唐代的地域结构与运作空间》，上海辞书出版社2003年版。

李孝聪：《中国区域历史地理》，北京大学出版社2004年版。

李映福：《三峡地区早期市镇的考古学研究》，四川出版集团巴蜀书社2010年版。

梁庚尧，刘淑芬主编：《城市与乡村》，中国大百科全书出版社2005年版。

林立平：《封闭结构的终结》，广西人民出版社1989年版。

刘春迎：《北宋东京城研究》，科学出版社2004年版。

刘春迎：《揭秘开封城下城》，科学出版社2009年版。

刘敦桢：《刘敦桢全集》，中国建筑工业出版社2007年版。

刘敦桢：《中国古代建筑史（第二版）》，中国建筑工业出版社1984年版。

刘建国主编：《名城地下的名城——镇江城市考古纪实》，江苏人民出版社2006年版。

刘淑芬：《六朝的城市与社会》，台湾学生书局1992年版。

刘纬毅等辑：《宋辽金元方志辑佚》，上海古籍出版社2011年版。

刘致平：《中国建筑类型及结构（新一版）》，中国建筑工业出版社1987年版。

刘致平著、王其明增补：《中国居住建筑简史——城市、住宅、园林（第二版）》，中国建筑工业出版社 2000 年版。

鲁西奇：《城墙内外：古代汉水流域城市的形态与空间结构》，中华书局 2011 年版。

马正林：《中国城市历史地理》，山东教育出版社 1998 年版。

宁欣：《唐宋都城社会结构研究》，商务印书馆 2009 年版。

潘谷西：《中国古代建筑史（第 4 卷）（第二版）》，中国建筑工业出版社 2009 年版。

潘谷西：《中国建筑史（第 5 版）》，中国建筑工业出版社 2004 年版。

钱耀鹏：《中国史前城址与文明起源研究》，西北大学出版社 2001 年版。

秦大树：《宋元明考古》，文物出版社 2004 年版。

丘刚：《开封考古发现与研究》，中州古籍出版社 1998 年版。

曲英杰：《古代城市》，文物出版社 2003 年版。

阮仪三：《旧城新录》，同济大学出版社 1988 年版。

山东省聊城市地方史志编纂委员会：《聊城市志》，齐鲁书社 1999 年版。

施元龙：《中国筑城史》，军事谊文出版社 1999 年版。

谭其骧：《中国历史地图集》，中国地图出版社 1982 年版。

唐俊杰、杜正贤：《南宋临安城考古》，杭州出版社 2008 年版。

王兆春：《中国古代军事工程技术史（宋元明清）》，山西教育出版社 2007 年版。

吴庆洲：《中国古城防洪研究》，中国建筑工业出版社 2009 年版。

吴庆洲：《中国军事建筑艺术》，湖北教育出版社 2006 年版。

徐苹芳：《明清北京城图》，地图出版社 1986 年版。

徐苹芳：《元大都考古序论》（未刊稿），北京大学考古文博学院授课讲义，2002 年和 2009 年版。

徐苹芳：《中国古代城市考古学研究》（未刊稿），北京大学考古文博学院授课讲义，2008年版。

许宏：《先秦城市考古学研究》，北京燕山出版社2000年版。

严耕望：《唐代交通图考》，上海古籍出版社2007年版。

杨宽：《中国古代都城制度史研究》，上海古籍出版社1993年版。

于杰、于光度：《金中都》，北京出版社1989年版。

曾瑞龙：《经略幽燕：宋辽战争军事灾难的战略分析》，北京大学出版社2013年版。

张驭寰：《中国城池史》，中国友谊出版公司2009年版。

张志远：《台湾的古城》，生活·读书·新知三联书店2009年版。

中国科学院自然科学史研究所：《中国古代建筑技术史》，科学出版社1985年版。

中国社会科学院考古研究所、南京博物院、扬州市文物考古研究所：《扬州城1987—1998年考古发掘报告》，文物出版社2010年版。

中国社会科学院考古研究所等：《南宋官窑》，中国大百科全书出版社1996年版。

钟少异：《中国古代军事工程技术史（上古至五代）》，山西教育出版社2008年版。

周宝珠：《宋代东京研究》，河南大学出版社1992年版。

周长山：《汉代城市研究》，人民出版社2001年版。

周焜民主编：《泉州古城踏勘》，厦门大学出版社2007年版。

周一星：《城市地理学》，商务印书馆1995年版。

周振鹤：《中国地方行政制度史》，上海人民出版社2005年版。

邹逸麟：《中国历史地理概述》，上海教育出版社2005年版。

[德] 阿尔弗雷德·申茨著，梅青译：《幻方——中国古代的城市，中国建筑工业出版社2009年版。

[美] 林达·约翰逊（Johnson L. C.）主编，成一农译：《帝国晚期的江南城市》，上海人民出版社2005年版。

[美] 刘易斯·芒福德（Lewis Mumford）著，宋俊岭等译：《城

市发展史——起源、演变和前景》，中国建筑工业出版社 2005 年版。

［美］乔尔·科特金（Joel Kotkin）著，王旭等译：《全球城市史》，社会科学文献出版社 2006 年版。

［美］施坚雅（G. W. Skinner）主编，叶光庭等译：《中华帝国晚期的城市》，中华书局 2000 年版。

［日］成寻著、王丽萍校点：《新校参天台五台山记》，上海古籍出版社 2009 年版。

［日］加藤繁著，吴杰译：《中国经济史考证（第一卷）》，商务印书馆 1959 年版。

［日］斯波义信著，布和译：《中国都市史》，北京大学出版社 2013 年版。

［日］斯波义信著，方健、何忠礼译：《宋代江南经济史研究》，江苏人民出版社 2001 年版。

［日］中村圭尔、辛德勇编：《中日古代城市研究》，中国社会科学出版社 2004 年版。

［英］康泽恩（M. R. G. Conzen）著，宋峰等译：《城镇平面格局分析：诺森伯兰郡安尼克案例研究》，中国建筑工业出版社 2011 年版。

［英］李约瑟、叶山著，钟少异等译：《李约瑟中国科学技术史（第五卷 化学及相关技术第六分册 军事技术：抛射武器和攻守城技术）》，科学出版社 2002 年版。

论文

包伟民：《两宋"城市文化"新论》，《文史哲》2012 年第 5 期。

包伟民：《两宋时期城市的规模、类型与其特征》，载杭州文史研究会编《历史上的杭州与中国城市史学术研讨会论文集》，2013 年版。

包伟民：《试论宋代城市发展中的新问题》，《［韩］中国史研究》2006 年第 40 辑。

包伟民：《宋代城市税制再议》，《文史哲》2011年第3期。

包伟民：《宋代的城市管理制度》，《文史》2007年第2期。

包伟民：《宋代州县城市市制新议》，《文史》2011年第1期。

包伟民：《唐代市制再议》，《中国社会科学》2011年第4期。

包伟民：《唐宋城市研究学术史批判》，《人文杂志》2013年第1期。

包伟民：《意象与现实：宋代城市等级刍议》，《史学月刊》2010年第1期。

北京大学考古学系、湖北省文物考古研究所：《湖北秭归归州城址调查》，《江汉考古》1998年第2期。

陈振：《从厢坊制到隅坊（巷）制、厢界坊（巷）制——略论宋代城市管理制度的演变》，载漆侠先生纪念文集编委会编《漆侠先生纪念文集》，河北大学出版社2002年版；后收入陈振：《宋代社会政治论稿》，上海人民出版社2007年版。

成一农：《清代的城市规模与行政等级》，《扬州大学学报（人文社会科学版）》2007年第3期。

成一农：《中国古代地方城市形态研究方法新探》，《上海师范大学学报（哲学社会科学版）》2010年第1期。

戴应新：《银州城址勘测记》，《文物》1980年第8期。

丁晓雷：《大同旧城的形制布局及其所反映的时代特征》，载中国社会科学院考古研究所、《汉唐与边疆考古研究》编委会编《汉唐与边疆考古研究（第1辑）》，科学出版社1994年版。

郭英、曹红霞：《明清太原府》，《中国文化遗产》2008年第1期。

韩光辉：《12至14世纪中国城市的发展》，《中国史研究》1996年第4期。

韩明祥：《苏轼撰书〈齐州长清县真相院释迦舍利塔铭并引〉刻石》，《文物》1983年第6期。

杭侃：《古今重叠型地方城址的考古方法刍议》，载中国考古学会、沈阳市文物考古研究所编《庆祝宿白先生九十华诞文集》，科学出版社2012年版。

杭侃：《河北定州两塔基出土净瓶的几个问题》，载上海博物馆编《2002年中国古代白瓷国际学术研讨会论文集》，上海书画出版社2005年版。

杭侃：《孟州城址所反映的问题》，《中原文物》2001年第3期。

杭侃：《三峡工程淹没区的城址类型及其所反映的问题》，载许倬云、张忠培编《新世纪的考古学——文化、区位、生态的多元互动》，紫禁城出版社2006年版。

杭侃：《宋元时期的地方城镇——以中原北方、川东和江南地区为例》，载侯仁之编《燕京学报（新23期）》，北京大学出版社2007年版。

杭侃：《中国古代城墙的用砖问题》，《文物季刊》1998年第1期。

杭侃：《中原北方地区宋元时期的地方城址》，北京大学考古文博学院博士论文，1998年。

杭侃：《重庆忠州城址调查》，《四川文物》2001年第4期。

杭侃、彭明浩：《三皇庙铜祭器及其相关问题》，载北京大学中国考古学研究中心、北京大学震旦古代文明研究中心编《古代文明》（第8卷），文物出版社2010年版。

杭州市文物考古所：《杭州老虎洞南宋官窑址》，《文物》2002年第10期。

杭州市文物考古所：《杭州南宋临安府衙署遗址》，《文物》2002年第10期。

淮建利：《论宋代的壮城兵》，《中国史研究》2007年第1期。

黄宽重：《宋代城郭的防御设施及材料》，《大陆杂志》1990年第八十一卷第2期。

河南省文物研究所、周口地区文化局文物科：《河南淮阳平粮台龙山文化城址试掘简报》，《文物》1983年第3期。

济南市文化局文物处、长清县博物馆：《山东长清县宋代真相院释迦舍利塔地宫》，《考古》1991年第3期。

冀洛源：《9至12世纪幽、云地区的城址》，北京大学考古文博学院博士毕业论文，2013年。

蒋忠义：《隋唐宋明扬州城的复原与研究》，载中国社会科学院考古研究所编《中国考古学论丛——中国社会科学院考古研究所建所40年纪念》，科学出版社1993年版。

李德金、蒋忠义：《南宋永和镇的考察》，载中国考古学会编《中国考古学会第七次年会论文集》，文物出版社1992年版。

李昌宪：《也谈北宋转运司的治所》，《中国历史地理论丛》1992年第2期。

李海根、刘芳义：《赣州古城调查简报》，《文物》1993年第3期。

李蜀蕾、赵一杰等：《杭州白马庙巷南宋制药作坊遗址》，载《杭州文博（第6辑）》，杭州出版社2007年版。

李蜀蕾：《杭州严官巷南宋御街遗址发掘简报》，载《杭州文博（第3辑）》，杭州出版社2006年版。

李孝聪：《〈中华人民共和国国家历史地图集〉城市遗址与布局图组的编纂——兼谈历史地图与读史地图之别》，载北京大学历史地理研究中心编《侯仁之师九十寿辰纪念文集》，学苑出版社2003年版。

李孝聪：《公元十——十二世纪华北平原北部亚区交通与城市地理的研究》，载中国地理学会历史地理专业委员会编《历史地理（第九辑）》，上海人民出版社1990年版。

李孝聪：《论唐代后期华北三个区域中心城市的形成和演化》，《北京大学学报（社科版）》1992年第2期。

李孝聪：《明、清时期地方城市形态试析》，载武汉大学历史地理研究所编《石泉先生九十诞辰纪念文集》，湖北人民出版社2007年版。

李孝聪：《唐、宋运河城市城址选择和形态的研究》，载《环境变迁研究（第四辑）》，北京古籍出版社1993年版。后收入唐晓峰、黄义军编：《历史地理学读本》，北京大学出版社2006年版。

李志荣：《元明清华北华中地方衙署建筑的个案研究》，北京大学考古文博学院博士学位论文，2004年6月。

梁庚尧：《南宋城市的社会结构（上）（中）（下）》，《大陆杂志》81卷第4期、81卷第5期、81卷第6期。

林秀贞：《东北地区金代城市的类型》，载中国考古集成编委会编《中国考古集成·东北卷·金》，北京出版社1997年版。

刘未：《南宋临安城复原研究》，北京大学考古文博学院博士论文，2011年。

孟繁仁：《宋元时期的锦绣太原城》，《晋阳学刊》2001年第6期。

宁波市文物考古研究所：《浙江宁波市唐宋子城遗址》，《考古》2002年第3期。

山东聊城地区博物馆：《山东聊城北宋铁塔》，《考古》1987年第2期。

史念海：《历史时期黄河中游的森林》，载史念海著《河山集（二集）》，生活·读书·新知三联书店1981年版。

宿白：《北魏洛阳城和北邙陵墓》，《文物》1978年第7期。

宿白：《青州城考略》，《文物》1999年第8期。

宿白：《隋唐长安城和洛阳城》，《考古》1978年第6期。

宿白：《隋唐城址类型初探（提纲）》，载北京大学考古系编《纪念北京大学考古专业三十周年论文集（1952—1982）》，文物出版社1990年版。

宿白：《武威行》，《文物天地》1992年第1、2、3期。

宿白：《现代城市中古代城址的初步考查》，《文物》2001年第1期。

宿白：《宣化考古三题》，《文物》1998年第1期。

孙华：《秦汉时期的成都》，载何一民、王毅、蒋成主编《文明起源与城市发展研究》，四川大学出版社2004年版。

孙华：《唐末五代的成都城》，载宿白先生八秩华诞记念文集编辑委员会主编《宿白先生八秩华诞纪念文集》，文物出版社2002年版。

谭其骧：《何以黄河在东汉以后会出现一个长期安流的局面》，《学术月刊》1962年第2期。

唐俊杰：《武林旧事：南宋临安城考古的主要收获》，载何忠礼主编《南宋史及南宋都城临安研究（下）》，人民出版社2009年版。

王文楚：《北宋诸路转运司的治所》，载《文史（第28辑）》，中华书局1987年版。

辛德勇：《由元光河决与所谓王景治河重论东汉以后黄河长期安流的原因》，《文史》2012年第1期。

徐俊鸣：《宋代的广州》，《中山大学学报（自然科学版）》1964年第2期。

徐苹芳：《"宛署杂记"中的北京史料》，《文物》1959年第9期。

徐苹芳：《北京后英房元代居住遗址》，《考古》1972年第6期。

徐苹芳：《古代北京的城市规划》，载北京环境变迁研究会编《环境变迁研究（第一辑）》，海洋出版社1984年版。

徐苹芳：《关于中国古代城市考古的几个问题》，载北京大学中国传统文化研究中心编《文化的馈赠——汉学研究国际会议论文集·考古学卷》，北京大学出版社2000年版。

徐苹芳：《记元大都发现的八思巴字文物》，《考古》1972年第4期。

徐苹芳：《金上京遗址》，载中国大百科全书总编辑委员会等编《中国大百科全书·考古学》，中国大百科全书出版社1986年版。

徐苹芳：《金中都"四子城"说辨误》，载中国历史博物馆馆刊编委会编《中国历史博物馆馆刊（第十三、十四期）》，文物出版社1989年版。

徐苹芳：《金中都遗址》，载中国大百科全书总编辑委员会等编《中国大百科全书·考古学》，中国大百科全书出版社1986年版。

徐苹芳：《辽金城址的调查与发掘》，载中国社会科学院考古研究所编《新中国的考古发现和研究》，文物出版社1984年版。

徐苹芳：《论北京旧城街道的规划及其保护．历史、考古与社会——中法学术系列讲座（第一号）》，法国远东学院北京中心编印2002年版。

徐苹芳：《论历史文化名城北京的古代城市规划及其保护》，《文物》2001年第1期。

徐苹芳：《马王堆三号汉墓出土的帛画"城邑图"及其有关问题》，载李学勤主编《简帛研究（第一辑）》，法律出版社1993年版。

徐苹芳：《明北京城》，载中国大百科全书总编辑委员会等编《中国大百科全书·考古学》，中国大百科全书出版社1986年版。

徐苹芳：《明中都城遗址》，载中国大百科全书总编辑委员会等编《中国大百科全书·考古学》，中国大百科全书出版社1986年版。

徐苹芳：《南京历史文化名城保护的艰难历程》，载全国政协提案委员会编《情系国计民生——政协提案的故事丛书3》，新世界出版社2009年版。

徐苹芳：《南宋人所传金中都图——兼辨〈永乐大典〉本唐大安宫图之误》，《文物》1989年第9期。

徐苹芳：《十三世纪后中国北方"离宫"式的城市》，载许倬云、张忠培编《新世纪的考古学——文化、区位、生态的多元互动》，紫禁城出版社2006年版。

徐苹芳：《唐代两京的政治、经济和文化生活》，《考古》1982年第 6 期。

徐苹芳：《现代城市中的古代城市遗痕》，载陕西省考古研究所编《远望集——陕西省考古研究所华诞四十周年纪念文集（下）》，陕西人民美术出版社 1998 年版。

徐苹芳：《元大都的勘查和发掘》，《考古》1972 年第 1 期。

徐苹芳：《元大都路总管府址考》，载曾宪通主编《饶宗颐学术研讨会论文集》，翰墨轩出版有限公司 1997 年版。

徐苹芳：《元大都枢密院址考》，载庆祝苏秉琦考古五十五年论文集编辑组编《庆祝苏秉琦考古五十五年论文集》，文物出版社 1989 年版。

徐苹芳：《元大都太史院址考》，载宿白先生八秩华诞纪念文集编辑委员会编《宿白先生八秩华诞纪念文集》，文物出版社 2002 年版。

徐苹芳：《元大都也里可温十字寺考》，载中国考古学研究编委会编《中国考古学研究——夏鼐先生考古五十年纪念论文集》，科学出版社 1986 年版。

徐苹芳：《元大都遗址》，载中国大百科全书总编辑委员会等编《中国大百科全书·考古学》，中国大百科全书出版社 1986 年版。

徐苹芳：《元大都御史台址考》，载中国社会科学院考古研究所编《中国考古学论丛》，科学出版社 1993 年版。

徐苹芳：《元大都在中国古代都城史上的地位——纪念元大都建城 720 年》，《北京社会科学》1988 年第 1 期。

徐苹芳：《元大都中书省址考》，《中国文化研究所学报》，1997 年新六期（香港中文大学中国文化研究所三十周年纪念刊）。

徐苹芳：《元代的城址和窖藏》，载中国社会科学院考古研究所编《新中国的考古发现和研究》，文物出版社 1984 年版。

徐苹芳：《中国古代城市考古与古史研究》，载《中国考古学与历史学之整合研究（下）》，"中研院史语所"出版品编辑委员会 1997 年版。

杨晔：《山西、河北六座唐代州县城的初步考察》，北京大学考古文博学院博士论文，1989年。

俞伟超：《中国古代都城规划的发展阶段性》，《文物》1985年第2期。

袁纯富、范志谦：《从出土文物看古沙市位置的变迁》，《江汉考古》1984年第3期。

张薇薇：《太湖东南地区市镇的考古学调查研究》，北京大学考古文博学院博士论文，2012年。

赵正之遗著、徐苹芳整理：《元大都平面规划复原的研究》，载建筑史专辑编辑委员会编《科技史文集（二）·建筑史专辑》，上海科学技术出版社1979年版。

周魁一：《隋唐五代时期黄河的一些情况》，载水利水电科学研究院编《中国科学院水利电力部水利水电科学研究院科学研究论文集（第12集 水利史）》，水利电力出版社1982年版。

邹逸麟：《宋代黄河下游横陇北流诸道考》，《文史》第12辑，中华书局1981年版。

［日］妹尾达彦：《城市的生活与文化》，载谷川道雄编李凭译《魏晋南北朝隋唐史学的基本问题》，中华书局2010年版。

报纸

青岛市文物考古研究所：《山东胶州古板桥镇考古发现宋代建筑基址》，《中国文物报》2010年8月27日第4版。

徐光冀：《中国古代城市考古及其保护的有关问题》，《中国文物报》2008年1月25日第7版。

徐苹芳：《中国历史文化名城的保护》，《中国文物报》2001年4月11日第1—2版。

朱岩石、何利群：《二〇〇四年度杭州南宋临安皇城考古取得突破性进展》，《中国文物报》2004年11月17日第1版。

二　外文文献

［日］爱宕元：《中国の城郭都市——殷周から明清まで》，中央公论社 1991 年版。

［日］村田治郎：《中国の帝都》，综艺舍 1981 年版。

［日］吉冈义信：《宋代黄河史研究》，御茶の水書房 1978 年版。

［日］唐代史研究会编：《中国都市の歴史的研究》，刀水书房 1988 年版。

［英］Elvin M, *The pattern of the Chinese past. The revolution in market structure and urbanization*, California: Stanford University Press, 1973.

［美］Steinhardt, Nancy Shatzman et. al, *Chinese Traditional Architecture*, Exh. cat. New York: China Institute of America, China House Galley, 1984.

［美］Steinhardt, Nancy Shatzman, *Chinese Imperial City Planning*, Honolulu: University of Hawai'i Press, 1990.

［美］Wallacker, Benjamin E. et. al, *Chinese walled cities: A collection of maps from Shina Jōkaku no Gaiyō*, Hong Kong: Chinese University Press, 1979.

［美］Wheatley P, *The Pivot of the Four Quarters: A Preliminary Enquiry into the Origins and Character of the Ancient Chinese City*, Chicago: Aldine Publishing Company, 1971.

后　记

在燕园求学十年后，2014 年我完成博士论文，到中国社会科学院考古研究所从事一线考古发掘与研究工作。2024 年博士毕业十年后，我又重新回到高校，眼看博士论文即将付梓，忐忑与怅惘并存，心中感慨万千。不过还是应该把当年提交博士论文时附在文后的致谢首先移至于此，不致使其尘封在电脑硬盘的深处或是图书馆的角落。

致　谢

十年燕园生活，到此画下一个句点。

一生北大情怀，这里正是一个起点。

要感谢的太多太多，如果在此感谢过去十年在我北大求学经历中给予我生活和学习上帮助的所有人，那将是一个非常长的名单。限于纸幅，我无法将他们在这里一一写下，但他们已经深深地刻印在我的心中。

感谢北大和燕园，在这里我挥洒了青春也体味了成长。感谢北京大学考古文博学院，在这里我收获了过去的专业和未来的职业。

感谢杭侃老师，六年前，蒙杭师不弃，得入门墙。六年来杭师和师母陈平先生给予我的教导，是全方位的。从做人到胸怀，从学业到专业。我的每一点成长有他们的关怀，我的每一个错误因他们及时指出得以改正。这篇论文从选题到调查，从写作到成文，都贯穿着杭师的指导。而这仅只是我过去六年中收获的很小一部分。所有这些，无

后　记

不耗费了杭师的宝贵精力。而我也深知目下自己交出的答卷远不能让杭师满意，只是希望日后能够遵照杭师的教诲，尽力多做一些具体扎实的工作，以求不至距杭师的期望过远。

感谢我博士指导小组的先生们——徐光冀、秦大树、魏坚、孙华诸先生，从博士学习到综合考试，从论文选题到具体写作，从预答辩到答辩，几位先生对我给予的指导和帮助使我收益良多。

感谢李志荣老师，从我本科起，是李老师带领我走进古代建筑专业的天地，并在此后一次次耳提面命，在专业上给予我数不尽的帮助，不厌其烦地解答我一个个疑难。更要感谢的是李老师对于我的信任，我将永远感铭于心。

感谢孙华老师，孙老师从我上本科起，就在学业和生活上给予了很多指导和照顾。在博士论文写作时，孙老师的点拨常使我有醍醐灌顶之感；找工作时，孙老师的帮助也令我感念于心。

感谢秦大树老师，上硕士前秦老师的课堂就是我吸取专业养分的地方。自从博士阶段转入宋元考古方向学习后，秦老师更是以其全面广博而又扎实深厚的学养给予了我全方位的关怀和帮助。

感谢韩茂莉老师，逸夫二楼温馨的小办公室和韩老师富于启发性的谈话，总是我解决困惑的上佳去处和方法，无论是在海阔天空的任何方面。

感谢徐怡涛老师，从校园到田野在古代建筑专业学习上给予的诸多指导和帮助。感谢南舜薰、刘全义、周宏智、邓洁、董灏、蓝冰可、包世华等所有为古建专业付出过的老师们，感谢他们引领我一步步探索中国古代建筑的奥义。

感谢刘绪、徐天进、雷兴山、孙庆伟老师的时常关心与问候，从学习到生活；感谢博士班主任韦正老师对我一直的关心和对论文的多次指导；感谢胡东波老师和101办公室，从这里收获了太多；感谢杨哲峰老师，无论在北大校园还是在金泽客舍，把酒促膝的谈话总是充满了灵光。感谢北大考古文博学院的所有老师们，从你们身上我学到的远远不止于学术。

感谢刘未师兄一直以来的帮助，于我而言，师兄可谓半师半友。从上研究生以来我几乎是以刘师兄作为自己学习道路上的榜样。感谢陈冲师姐，无论在生活、学习中，还是在井井有条而又温馨舒适的资料室。感谢张薇薇师姐，与你的每一次相聚，都既充满了学术又浸润了生活。感谢杭侃老师门下的同学们，和你们一起学习、工作、谈天、吃饭，都满是快乐的回忆。感谢在北大的所有同窗们，从本科到硕士到博士，和你们一起穿行燕园间，问学红湖畔，是我毕生的幸福。

感谢硕士期间的舍友李飞，三年间关于人生与学术的漫天讨论和相互砥砺，是我巨大的收获和财富；感谢博士期间的舍友路国权，国权对于学问的执着和热情，令人感佩也时时自勉；感谢最后一年的舍友汤哲文，博士论文写作期间常常熬到深夜，添了不少麻烦，也得到了包容和理解，从无怨言。

完成这篇论文，还必须感谢我在调查中所走过的每一片土地和土地上的人们。特别是那些基层的文物工作者们，刘建华先生、姚生民先生、钟治先生、王伟波先生……等等等等，难以尽书。感谢他们为我调查所提供的便利条件，感谢他们赠予材料、惠我新知。没有他们，无法想象我将如何完成这篇论文。

此外，还要感谢的是已经离去的徐苹芳先生。2011年先生去世时，我正在黄土高原上参加考古发掘，竟没能回京见先生最后一面。先生去世前手拟的八十华诞祝寿文集邀请名单，当时我曾扫描了一份，至今仍存在电脑里。研究生读书期间，曾有幸聆听先生在北大考古文博学院开设的一整年《历史时期考古研究》课程，个中收获是难以尽述的。先生去世后，杭师嘱我帮助整理先生的文集，从先生的论著里所得到的教示是极大的。先生正直的为人，更是后学永远的榜样。

最后，感谢我的父母、亲人和朋友。感谢所有那些我爱和爱我的人。

后 记

现在重读这篇后记,博士论文调查和写作期间的种种景象不禁重回脑海,其间的辛酸、困惑、收获和兴奋仍那么鲜活。十几年前在学校读书时,城市考古是冷门的方向,同学们大多是从事墓葬、手工业或宗教方向的研究题目,选择城市题目的硕博士论文凤毛麟角。同是以城市考古研究为博士论文选题的杨清越师姐曾向我感叹,"城市考古的题目太难了"!的确,这样一个需要长期积累,出成果又较慢的学术领域,对于在读的研究生而言,无疑是充满挑战的。2009年夏天,刚结束研究生一年级课程学习的我第一次一个人外出进行城址田野调查。这不仅是我第一次独自进行田野调查,更是第一次进行城址的田野调查。该如何开始着手,心里充满疑问。解决这些疑问,是从研读赵正之、宿白、徐苹芳、徐光冀、孙华、杭侃等老师的文章开始的。每次调查回来向杭老师汇报收获,又得到具体的指导。寒来暑往,穿行于现代城市之间和城郊旷野之中探寻古代城市的遗迹,一直到博士毕业前调查过五十多处城址,自己才慢慢积累出一些心得。在调查时,从制定计划、收集资料,到画图记录、拍照速写,一个人面临过不少困难。甚至在河北调查时,因为连着几天在城里围着古迹转来转去,被老乡当作是"可疑分子",扣下盘问。幸好随身带着从河北省文物局开出的介绍信才解释清楚。

外出行走在田野间,归来埋首于故纸堆。如何把调查所获的资料串联成篇,并从其中发掘出有意义的学术问题,在完成调查之后更觉困难重重。我完成写作并公开发表的第一篇城址调查札记的对象是汀州城。当时枯坐在北大图书馆一层古籍阅览室里翻阅方志、梳理调查和文献材料的情景如在昨日,终于摸索出自己尚觉可行的个案城址的调查札记写作方式,那种如释重负现在还能体味。但这样的兴奋很快褪去,进一步将个案材料提升成具有学术价值的宏观研究,难度更大。特别是在写作博士论文时,包伟民老师关于宋代城市研究的精彩论文一篇接一篇发表,看着历史学界城市研究所讨论问题的深入、宏阔和思辨,我愈发感到考古学界对城市研究特别是古今重叠型城址的研究还有很大差距。回想起 2014 年博士毕业以至此后的好几年，我对自己的这篇博士论文都感到很不满意，甚至觉得就不要出版了。最终鼓起勇气，得益于诸位师友的鼓励，特别要感谢的是沈睿文老师和李志荣老师。2015 年冬，当时已经离开北京大学转任浙江大学的李老师在读完我的博士论文后曾打来一通一个多小时的电话，特别肯定调查提供的新资料和新认识，并且对论文的修改提出了详细意见。2017 年春在眉州开会，沈睿文老师关心地问起我的博士论文是否已经发表，我当时正苦恼于对论文的不满，沈老师鼓励说好文章是改出来的，不应该轻易放弃，让我重拾决心。在中国社会科学院考古研究所工作期间，三室的诸位师长、学友大都是长期从事城市考古工作的考古学家，一起发掘、讨论中所获的教益就更加直接。我入所后，时任三室主任的朱岩石老师让我在全所年终汇报会的青年论坛报告过论文，也是莫大的鼓励，汇报时不少老师当场提出切中要害的问题，更促使我进一步思考。这期间，所、室领导还安排我给主持《中国考古学》多卷本宋元卷编写工作的孟凡人先生充当学术助手，孟凡人先生和董新林老师曾希望我能执笔写作关于宋元地方城市考古的相关章节，但此事后来由于种种原因也未能完成。如今孟先生已驾鹤西去，恐怕难以弥补遗憾了。

在中国社会科学院考古研究所工作时，笔者承担了大量考古发掘和日常事务工作，博士论文虽然有局部小修小改，但出版的事一直无暇顾及，只是抽出部分章节单独发表，包括第一章有关研究史的部分内容（《宋代城镇考古发现与研究》，《文物、文献与文化——历史考古青年论集（第一辑）》，上海古籍出版社 2017 年版），第二章城址实例调查的部分内容（《山东省长清县城址调查札记》，《聚才揽粹著新篇——孟凡人先生八秩华诞颂寿文集》，科学出版社 2019 年版；《山西省乡宁县城址调查札记》，《芳林新叶——历史考古青年论集（第二辑）》，上海古籍出版社 2019 年版；《陕西省淳化县城址调查》，《华夏考古》2015 年第 3 期）；第三章第一至三节的部分内容和

后　记

其他第二章部分城址调查实例（《宋代北方地区新建城市的考古学研究》，《2012东北亚古代聚落与城市考古国际学术研讨会论文集》，科学出版社2014年版）。

2020年我调入中国人民大学，才开始着手博士论文的出版。但没想到出版事宜一波三折，很不顺利，甚至曾已定下出版计划却又半途夭折。数年后，终于在2023年从学校申请"百家廊"出版计划由中国社会科学出版社支持出版，要特别感谢这期间给予帮助的中国人民大学科研处和中国社会科学出版社的各位老师。尤其是在稿件编辑过程中，郭鹏、马明老师襄助实多，谨致谢忱！此外，我的研究生范馨雨、李施韵、闻桥妍帮助修改注释格式和承担部分校对工作，在此也并致谢意。

此后，我又对博士论文旧稿做了梳理。虽修改有限，但有必要加以说明。相比博士论文原稿而言，2015年底增补了第三章第四节"一、北宋时期的新建城址与城市建设"中的部分内容，2023年秋修改了第三章第二节有关丁字街型城址特点的部分内容，同年冬天又重描了第二章城址实例的复原图。此外的内容，除调整个别注释外，基本保持了十年前博士论文提交时的原貌。除了以上修改，因为与本书讨论的宋代新建城市特别是地方城市在元、明时期重要建筑如三皇庙、衙署等的制度性安排、调整有关，还将拙作《河北省定兴县金代城址调查及其相关问题》作为附录二收入本书。

笔者博士毕业之后，曾发愿希望沿着博士论文题目再做大量的补充调查，并扩展文献材料，对博士论文进行大幅修改。但此后除了常年在一线从事考古发掘以外，自己研究兴趣又驳杂且多转向，目前手头上的瓦作研究书稿才刚杀青，宋元时期建筑图像的研究也还尚未完成，在中国大运河博物馆支持下围绕宋元都城的第二个大型展览策划工作仍在继续，其他有兴趣的科研题目也在逐步推进，加之教学和其他压力，自己知道已无暇再对博士论文作大幅的修改了。尽管这份旧作至今仍然无法令自己满意，但作为个人学术历程成长的一个见证，现在只能忐忑地提交给学术界的师友们批评了。唯一可以安慰自己的，大约是从二十年前进入考古与古代建筑的学习领域至今，还保持了对学问相对安静和单纯的向往。

最后，把这本见证了我学习和人生历程的书稿，献给我的父亲母亲。

王子奇

2024 年 4 月 7 日于西安